墨香财经学术文库

智慧健康养老发展研究

Research on Development of Smart Healthy Care for Elderly

李健 张岩松 著

东北财经大学出版社 大连
Dongbei University of Finance & Economics Press

图书在版编目（CIP）数据

智慧健康养老发展研究 / 李健，张岩松著. —大连 : 东北财经大学出版社，2024.12. —（墨香财经学术文库）. —ISBN 978-7-5654-5500-1

Ⅰ. D669.6

中国国家版本馆CIP数据核字第2024K0Q201号

东北财经大学出版社出版发行

大连市黑石礁尖山街217号　邮政编码　116025

网　　址：http://www.dufep.cn

读者信箱：dufep@dufe.edu.cn

大连图腾彩色印刷有限公司印刷

幅面尺寸：170mm×240mm　字数：199千字　印张：13.75　插页：1

2024年12月第1版　　2024年12月第1次印刷

责任编辑：张晓鹏　王兆勇　　责任校对：郭海雷

封面设计：原　皓　　版式设计：原　皓

定价：69.00元

教学支持　售后服务　　联系电话：（0411）84710309

如有印装质量问题，请联系营销部：（0411）84710711

2020年度辽宁省教育厅科学研究经费项目
"辽宁省发展智慧健康养老问题研究"
(项目编号：JYT202004)
批准单位：辽宁省教育厅
承担单位：大连职业技术学院
项目负责人：李健
2022年度辽宁省教育科学"十四五"规划课题
"养老服务人才一体化职教培养体系构建研究"
(项目编号：JG22EB062)
批准单位：辽宁省教育科学规划领导小组
承担单位：大连职业技术学院
课题负责人：张岩松

前言

人口老龄化问题是我国无法回避的重大民生问题。第七次全国人口普查数据显示，我国60岁以上人口达2.64亿人，占比达18.70%，表明我国人口老龄化进程已明显加快。为应对人口老龄化与老年人失能化加剧的趋势，更好地实现健康老龄化、积极老龄化和成功老龄化，大力发展智慧健康养老已成当务之急。鉴于此，我们精心编写了《智慧健康养老发展研究》一书。它是2020年度辽宁省教育厅科学研究经费项目“辽宁省发展智慧健康养老问题研究”（项目编号：JYT202004）、2022年度辽宁省教育科学“十四五”规划课题“养老服务人才一体化职教培养体系构建研究”（项目编号：JG22EB062）、2023年度辽宁省现代远程教育学会研究项目“终身教育背景下老年智慧学习模式探索”（项目编号：2023XH-05）的重要成果，也是大连职业技术学院（大连开放大学）2021年度校级科研骨干项目的重要成果。

本书第一章在我国人口老龄化分析的基础上，对智慧健康养老的概念、功能、类型及相关理论进行了分析和探讨；第二章探讨了智慧健康养老服务需求、模式与标准；第三章在介绍物联网、“互联网+”、定位技术、云计算、大数据、区块链、人工智能、机器人、可穿戴设备等新兴技术的基础上，重点探讨了其在智慧健康养老服务与管理中的应用；第四章剖析了我国智慧健康养老产业发展存在的问题，并提出了切实可行的智慧健康养老产业发展路径；第五章探讨了智慧健康养老人才一体化职教培养体系的构建与供给路径选择。此外，每章最后还选择了智慧健康养老相关重点问题进行探讨，以开阔视野，把握智慧健康养老理论与实践前沿。

本书可为民政部门、各类智慧健康养老机构、开设智慧健康养老相关专业的职业院校和社会培训机构，以及关心我国智慧健康养老事业和产业发展的人士提供借鉴和参考。

本书由李健、张岩松著，其具体分工如下：第一章至第四章由李健完成，第五章由张岩松完成，全书由李健统稿。

本书在编写时参考了大量文献，在此向各位作者表示衷心感谢；同时，东北财经大学出版社对本书的出版给予了大力支持，在此一并致谢。

由于作者学识、时间、精力所限，书中不足之处在所难免，恳请各位读者指正。

作　者

2024年8月

目录

第一章　人口老龄化下的智慧健康养老

21世纪是人口老龄化的时代，目前世界上所有发达国家都已进入老龄化社会，许多发展中国家已经或者即将进入老龄化社会。1999年，我国也进入了老龄化社会，是较早进入老龄化社会的发展中国家之一。近年来，党中央高度重视人口老龄化问题。为了解决该问题，党中央积极提供解决策略。党的二十大报告中指出："完善基本养老保险全国统筹制度，发展多层次、多支柱养老保险体系。实施渐进式延迟法定退休年龄。扩大社会保险覆盖面，健全基本养老、基本医疗保险筹资和待遇调整机制，推动基本医疗保险、失业保险、工伤保险省级统筹。"党中央针对我国的人口老龄化进行积极的战略部署，将人口老龄化上升为国家战略，体现出了党的人民性，为我国全面建成社会主义现代化强国打下了坚实基础。人口是社会发展的重要源泉，我国的人口问题事关国家命运，事关社会安定和谐，事关人民切身利益，解决好人口问题对我国建成社会主义现代化强国具有重要意义。[①]正确分析我国的人口老龄化问题，清醒认识人口老龄化带来的机遇和挑战，是积极应对人口老龄化的关键。

① 况沛，王志.中国人口老龄化问题现状、成因及应对［J］.现代商贸工业，2024（10）：160-163.

第一节 我国人口老龄化分析

一、人口老龄化的界定

一个人可以变老，一个人口也可以变老，但是这两者在概念上有着本质的区别。一个人从出生到婴幼儿、青少年、中年、老年直至死亡，是一个不可逆转的单向生命过程。而一个人口可以因为老年人口增加快于青少年人口增加，使得人口结构从较年轻的状态变化到较年老的状态，形成人口老龄化；有时又由于青少年人口的增加快于老年人口的增加，形成人口年轻化。因此，人口的变化是双向的，它是没有"生命过程"的。总之，人的老化是人的生命过程的老化，人口的老化是人口结构的变化。①

伴随着社会的不断发展，人口老龄化逐渐成为现代社会年龄结构老化的标志和产物。1956年，联合国经济及社会理事会出版了《人口老龄化及其社会经济后果》一书，此书是人口老龄化研究的开端。根据它所划分的标准，当一个国家（或地区）65岁及以上人口在总人口中的占比超过了7%，或者60岁及以上人口在总人口中的占比超过10%时，这个国家（或地区）则进入人口老龄化社会。②

人口老龄化引发的"银发浪潮"呼啸而至，老龄化问题举世关注。1999年是联合国确立的第一个国际老人年，其主题为"建立不同年龄人人共享的社会"。当年的联合国大会通过决议，强调了开展国际老人年的"国家后续行动"的重要性——因为不同区域和不同国家的人口老龄化阶段不同，需要确定具体的对策，以实现"建立不同年龄人人共享的社会"的美好目标。2002年，联合国在西班牙的马德里召开了第二次世界老龄问题大会，通过了《马德里老龄问题国际行动计划》。这项计划再次强调，要"应对21世纪人口老龄化的挑战，促进不同年龄人

① 方鹏骞，陈茂盛.人口老龄化的内涵界定及世界人口老龄化趋势［J］. 国外医学·社会医学分册，2001（6）：61-63.

② 况沛，王志.中国人口老龄化问题现状、成因及应对［J］. 现代商贸工业，2024（10）：160-163.

人共享的社会的发展”，同时郑重宣布：“我们在这个行动计划中，责成包括国家和国际的各级机构采取行动，并对以下三个方面给予优先：老年人与发展、老年人的健康与福利、保证有切实可行的支持环境。”联合国在世纪之交采取的一系列行动表明，老龄化问题已经成为一个世界性的普遍问题。时任联合国秘书长安南在第二次世界老龄问题大会开幕式上的讲话中特别指出：“世界正经历着一场史无前例的人口转变，从现在到2050年，老年人口总数将从大约6亿增加到20亿左右。今后不到50年，全世界将会第一次出现60岁及以上老年人口超过15岁以下少年儿童人口。更为重要的是，在老年人口的增长中，发展中国家的速度最快。这是一个非常重要的迹象。据预测，50年后发展中地区的老年人口将是现在的4倍。”①

“银发浪潮”席卷全球，中国当然也不能例外。改革开放40多年，在共同富裕特别是全面建成小康社会的背景下，我国不断解放和发展生产力，人民的物质生活和医疗水平大大提高，幸福指数不断提升。我国不仅创造了经济社会发展的奇迹，而且仅用30年的时间就实现了许多发达国家用一个世纪甚至更长时间才完成的人口再生产类型转型，步入低生育率水平国家的行列，也创造了世界人口发展史上的奇迹。与此同时，我国也提前迎来了人口老龄化时代。1999年，我国60岁以上老年人口达到1.32亿，占总人口的比重超过10%，标志着我国已进入人口老龄化社会，正式迈进了老龄化国家的门槛。此后，我国的人口老龄化程度不断加深。2021年5月11日上午10时，第七次全国人口普查结果公布，普查结果显示，我国60岁及以上人口为26 402万人，占18.70%（其中，65岁及以上人口为19 064万人，占13.50%）。对比2000年与2021年的人口数据，老年人口比重增加了6.5%，显示我国人口老龄化程度正在不断提高，且未来一段时间我国仍将面临大量老龄人口带来的压力。60岁及以上人口18.70%的占比，意味着我国已经十分接近中度老龄化社会。

① 熊必俊.人口老龄化与可持续发展［M］. 北京：中国大百科全书出版社，2003：10-11.

二、人口老龄化的现状

全面了解我国人口老龄化的现状，将为实施积极应对人口老龄化国家战略、推动老龄事业和养老产业发展、健全社会保障体系、实现共同富裕和全体老年人老有所养的目标提供重要的现实基础。这里根据第七次全国人口普查的数据，结合中国人民大学人口与发展研究中心杜鹏教授的分析，对我国人口老龄化的现状探讨如下：

1.老年人口的数量与比例

国家统计局公布的数据表明，2022年年末我国60岁及以上人口有28 004万人，占全国总人口的19.8%。其中，65岁及以上人口达20 978万人，占全国总人口的14.9%。自1999年进入老龄化社会以来，我国老年人口规模不断扩大，老年人口比重总体呈上升趋势，人口老龄化进程加速发展，高龄化趋势日益凸显。

（1）老年人口的数量。与2010年第六次全国人口普查结果相比，过去10多年我国老年人口规模不断扩大，人口老龄化程度逐年加剧。2010—2020年，我国老年人口增长了8 637万，加速增长的势头非常明显。预计2020—2030年的10年间，老年人口数将净增1.2亿，老年人口总量将达到4亿人，这是我国老年人口增长最快的阶段。预计2031年我国将进入超老龄社会。

（2）老年人口的性别结构。总体上看，我国女性老年人口数量多于男性老年人口数量，老年人口性别比近30年来呈先升后降的变化趋势。从60岁及以上老年人口的性别构成看，2020年我国男性老年人口有12 738万，女性老年人口有13 664万，女性老年人口数量略多于男性老年人口数量。

（3）老年人口的高龄化。虽然中国的老年人口以60~69岁的低龄老年人为主，但80岁及以上高龄老年人口的比例也在持续提升。从2020年老年人口的年龄构成来看，60~69岁低龄老年人口的比例最高，达到55.83%。受人口出生队列波动的影响，实际上，在低龄老年人中，65~69岁的老年人还多于60~64岁的老年人，人数分别为7 400万和7 338万，低龄老年人合计超过1.47亿人。数量庞大的低龄老年人受教育程度相对较高、身体基本健康，是我国老年社会参与和老年教育的主体力量。2020年，80岁及以上老年人数超过3 580万人，创下历史新高，比2010年的2 099万人增加了1 481万人，增长了70%多。

中国人口长寿水平的重要体现是百岁老年人数的迅速增长，2020年我国百岁老年人数达到118 866人，首次成为全世界百岁老年人最多的国家。其中，男性35 129人，女性83 737人，女性占比达70.45%。由于百岁老年人的快速增长，我国人口的长寿水平已经进入了新阶段。

2.人口老龄化的地区差异

中国人口老龄化的地区差异受到经济社会发展多方面因素的影响，近10年来，特别受到年轻劳动力跨地区流动的影响，因此，有必要进一步分析各地区人口老龄化的差异情况。

（1）人口老龄化水平的省际差异。我国各地区社会经济发展水平不同，加之人口出生率、死亡率和流动迁移率的差异，导致各省、市、自治区的人口老龄化程度差异日益明显，2010—2020年省际差异进一步加大。2020年中国人口老龄化程度最高的地区是辽宁，60岁及以上老年人口比例达到25.72%，其次是上海（23.38%），再次是黑龙江（23.22%）。东北地区是全国人口老龄化最突出的地区，人口老龄化程度最高的前四个省市里东北就占了三个，东北三省合计老年人口比例达到24.26%。此外，各省、自治区、直辖市老年人口规模也有明显差异。2020年老年人口最多的省份是山东，60岁及以上人口有2 122万人，65岁及以上人口有1 536万人。除了山东之外，还有10个省份60岁及以上人口超过1 000万人，这11个省份的老年人口合计达到1.657亿人，占全国老年人口的62.77%。

（2）人口老龄化的城乡差异。2020年中国城镇老年人数首次超过农村老年人数，实现历史性转变。2020年中国的城镇化水平达到63.90%，城镇60岁及以上老年人数为1.43亿，首次超过了农村老年人数（1.21亿）。然而，人口老龄化城乡倒置现象进一步加剧，农村人口老龄化高达23.81%，高于城市的15.82%，差距达到7.99个百分点，这也是历次人口普查中城乡人口老龄化差距最大的一次。特别需要注意的是，2020年我国农村老年人口数量比2010年的9 930万人增长了1/5，农村老年人口规模依然巨大。因此，农村是实施积极应对人口老龄化国家战略的关键地区。

3.老年人口的健康状况

我国老年人口的健康状况对社会保障制度发展、老年人的生活品质和养老方式会产生多方面的影响。我国面对的各种老年人问题突出反映在不健康和生活不能自理的老年人家庭。在2020年第七次全国人口普查中，共有25 523 101名60岁及以上老年人对健康状况进行了自评，其中，男性12 312 008人、女性13 211 093人。参与健康状况自评的老年人占我国老年人口总数的9.67%，自评结果如下：

（1）首次有半数以上的老年人自评是健康的。我国老年人口中有54.64%自评身体健康，32.61%的老年人自评基本健康，两类老年人合计占老年人总体的87.25%，比2010年提高了4.1个百分点。这一结果说明2020年老年人口对健康状况的自评更加乐观，更多的老年人处于健康状态，这对弘扬积极老龄观、推进健康老龄化理念有积极的社会意义。

（2）全国约有3 366万老年人处于不健康或者生活不能自理的状态。2020年我国60岁及以上老年人中，自评不健康的老年人占12.75%。其中，不健康但生活能自理的老年人占10.41%，生活不能自理的老年人占2.34%。与2010年相比，我国生活不能自理的老年人比例有所降低，从2010年的2.95%下降到2.34%。如果以此推算，我国需要长期照料的生活不能自理的老年人总数约为618万。按不健康但生活能自理的老年人占10.41%来推算，全国共有约2 748万老年人处于不健康但生活能自理的状态。总体来说，2020年全国这3 366万老年人是我国大力开展养老服务的主要对象，也是长期护理保险制度的主要覆盖人群。

（3）男性老年人自评健康状况好于女性。不健康老年人中女性老年人占比55%，男性老年人自评健康的占57.54%，女性老年人占51.94%。虽然回答基本健康的女性比例高于男性，但从总体上看，自评健康和基本健康的男性老年人占88.11%，女性比例则为86.45%，男性自评健康状况仍然好于女性。

（4）随着年龄的增大，老年人口健康状况变差，生活不能自理的比例在80岁以后明显提高，自评为健康的老年人比例在60～90岁之间下降明显，生活不能自理的比例在70岁之后提高，80岁以后迅速上升。

（5）城镇老年人自评健康状况好于农村老年人，农村老年人生活不能自理比例最高。城市62.98%的老年人自评为健康，乡镇老年人的健康比例达到54.77%，而农村只有48.54%的老年人认为自己健康；生活不能自理的老年人在城镇占2.07%，而农村老年人生活不能自理的占2.55%。

（6）各地老年人健康状况差异很大，东部地区老年人健康状况普遍较好。浙江、福建、上海、江苏、广东等东部地区的老年人自评健康的比例均在60%以上，而贵州、江西之外的大多数中西部地区自评健康的老年人比例相对较低。从生活不能自理的老年人比例看，各地相差较大，比例最高的是西藏，老年人生活不能自理的比例达到4.56%，而重庆、广东、湖北、贵州、福建、江苏的比例都低于2%。因此，养老服务发展要更加注重因地制宜。

4.老年人口的主要生活来源

第七次全国人口普查通过长表调查提供了我国老年人口主要生活来源的最新数据，反映了城乡之间、性别之间、地区之间老年人主要生活来源的现状与变化。

（1）离退休金、养老金首次成为中国老年人的最主要生活来源，依靠家庭其他成员供养的老年男性和女性比例都下降到半数以下。2020年，在我国老年人主要生活来源的排序中，比例最高的是离退休金、养老金，占老年人总数的34.67%；排在第二位的是家庭其他成员供养，占老年人总数的32.66%；排在第三位的是老年人自己的劳动收入，占21.97%。离退休金、养老金首次成为中国老年人的最主要生活来源，这是中国经济社会发展和社会保障体系发展带来的一个历史性变化。

（2）生活来源依靠家庭其他成员供养和自身劳动收入的占比下降，进一步从家庭经济供养向社会养老转变。与2010年的数据相比，三个主要生活来源的比重在2020年都出现了明显变化，依靠离退休金、养老金生活的老年人比例从24.10%提高到34.67%，依靠家庭其他成员供养的老年人比例从40.72%下降到32.66%，依靠老年人劳动收入所占的比例从29.07%下降到21.97%。

（3）男性老年人主要靠离退休金、养老金生活，女性老年人主要靠家庭其他成员供养。分性别来看，我国男性老年人的主要生活来源与10年前相比发生了明显改变，36.71%的男性老年人以离退休金、养老金为主要生活来源，而2010年时排在第一位的是老年人的劳动收入；女性老年人虽然仍是以家庭其他成员供养为主要生活来源，但是其比例首次下降到半数以下，从2010年的52.59%下降到2020年的41.39%。但女性老年人的经济独立性与男性老年人相比仍然存在差距，在养老方面还较大地依赖家庭其他成员的经济帮助。

（4）城镇70%的老年人主要以离退休金、养老金作为生活来源，农村75%的老年人主要以家庭其他成员供养和劳动收入作为生活来源。我国城镇和乡村老年人在主要生活来源上还存在明显的性别差异。总体上，无论是在城镇还是农村，女性老年人都比男性老年人更多地依赖家庭其他成员的经济支持。各省、自治区、直辖市老年人的主要生活来源差距明显，上海、北京、天津的老年人绝大多数已经以离退休金、养老金为主要生活来源，上海高达94.07%，北京为83.70%，天津为70.48%。[①]

三、人口老龄化的成因

人口老龄化是渐进变化的过程，表现为时间维度下老龄人口在总人口中所占比例逐渐提高的过程。但是，人口老龄化程度的加剧不只由老年人口数量的增多单个原因造成，假设社会出生人口数持续多于老年人口数，那么就不会造成人口老龄化。因此，从整个社会范围来看，人口老龄化受到多种因素的影响，如生育政策、社会发展、人口迁移因素等。

1.生育政策的影响

生育政策对人口结构起着至关重要的调节作用，随着社会发展不断对生育政策进行优化调整，人口的年龄结构也不断发生变化。1950—

① 杜鹏.中国人口老龄化现状与社会保障体系发展［J］.社会保障评论，2023（2）：31-47.

1959年那段时间里，对于人口问题，我国并没有施行任何政策来控制，这导致我国的人口数快速上涨。在这10年时间里，我国人口数一共增加了13 040万，人口的年均增长率也在20%以上。在1957年举行的探讨中国人口问题的会议上，马寅初谈到了我国人口数的增长要与国家的经济状况相匹配，社会可能会因为人口数量增幅太快而存在太大压力，但当时并没有被采纳。后来我国制定了基本国策——计划生育政策，于1983年开始实施。该政策让我国之前飞速增长的人口数量得以稳定，避免了我国资源因人数太多而无法负担的情况的出现。但计划生育政策的施行，在“少生优生”“只生一个好”等口号的号召下，也导致我国人口出生率开始下降，并最终低于代际更替水平。该政策实施多年后，“80后”“90后”“00后”开始步入社会，成为当今社会的中流砥柱，而他们受当初政策的影响，更多地选择只要一个孩子或是成为丁克家庭，这也加快了我国的老龄化进程。[①]自2016年正式取消了“一孩政策”限制，“二孩政策”“三孩政策”实行以来，我国的人口出生率在一定程度上提高了，劳动年龄人口数量也得到了一定的增加。

可见，生育政策的调整是对我国人口结构变化的考量，伴随着未富先老和少子化格局的形成，老龄化已成为现代社会的发展趋势。

2.社会发展的影响

一方面，我国在逐步实现社会主义现代化的过程中，解决了温饱问题，全面建成了小康社会，社会主要矛盾已发生改变。社会越发展，人们对生活质量的要求也就越高，从“怎样才能吃得饱”转向“怎样才能吃得好”，开始更多关注生活的质量，所以人均寿命也随着社会的发展不断延长。另一方面，由于现代社会物价水平的提高，生活成本加大，导致现在很多适婚人口不愿意结婚，更不愿意生育，正是由于生育意愿的变化，使得老龄化程度不断提高。

3.人口迁移的影响

我国各地经济发展水平存在着差异，经济发展水平越高的城市或地区，各方面设施、资源等越完善，能够提供更多的就业机会，也就能够

① 洪芷萱.关于国家人口老龄化问题的分析［J］.辽宁丝绸，2022（4）：9，69.

吸纳到更多的人口。当前，我国外出务工的年轻劳动力较多，年轻劳动力正从人口输出地涌入人口输入地就业。比如，黑龙江省经济发展相对滞后，年轻人外流情况严重。黑龙江省的老年人在本省占比为15.61%，高于我国当前老龄化水平2.11个百分点，加剧了输出地的老龄化程度。而广东省经济较为发达，能够吸引外来人口到本区域就业。广东省的老年人在本省占比为8.58%，比我国平均老龄化水平低4.92个百分点，年轻劳动力涌入输入地，降低了输入地的老龄化程度。①

四、人口老龄化的影响

人口老龄化是社会发展的产物，是人类社会文明进步的象征。当前，几乎所有发达国家都已进入人口老龄化社会。国际和国内的事实证明，人口老龄化可以与经济社会协调发展，产生积极的影响，如人口红利。但是，从深层次看，人口老龄化的加剧终将成为制约经济发展和产业结构调整的重要因素。鉴于我国人口老龄化的速度快以及老龄人口规模巨大的特点，人口老龄化必将对社会经济发展的各个方面产生深远的影响。

1.有效劳动力不足

改革开放40多年来，我国的经济发展一直采取利用庞大的劳动力比较资源优势进行工业和外贸发展的模式，一定程度上这一模式是成功的。但这一模式离不开庞大的年轻劳动力资源，并且20世纪90年代以来我国人口出生率的快速下降使社会总抚养比很低，我国得以集中财力、物力与人力投入到经济发展中。然而，随着人口的快速老龄化、抚养比的迅速提高，经济投资必然下降，劳动力因为短缺也会使成本有很大程度的提高，我国将逐步丧失经济过去赖以成功的优势。

人口老龄化的发展会导致劳动年龄人口比重相对下降，劳动年龄人口的相对缩减意味着有效就业人口的减少。在一定的生产资料和技术条件下，劳动力资源不足可能会导致部分生产资料和技术设备的更新停滞，影响社会生产的正常运转，劳动生产率下降，社会生产的经济总量降低，从而影响生产力和经济的发展。

---

① 况沛，王志.中国人口老龄化问题现状、成因及应对［J］.现代商贸工业，2024（10）：160-163.

近年来，随着劳动适龄人口的比重下降，即劳动力老化，我国将不得不面对劳动力短缺的困境。劳动力老化对总体生产率的提高和经济增长抑制作用较大，劳动者的身体素质成为劳动生产率高低的决定性因素之一。人口老龄化是导致劳动生产率和经济增长速度下降的一个重要因素，而这种消极作用主要体现在其对劳动力资源的影响上。

需要强调的是，我们要找到短期吸引外来移民、长期提高人口出生率的方法，以克服其人口统计学趋势的不利影响；否则，我国人口结构方面的劣势将会日益凸显。

2.社会负担加重

人口老龄化增加了社会费用的支出和管理成本，给经济发展造成较大的压力。以辽宁省为例，由于辽宁省是最先进入计划经济体制和最后一个退出计划经济体制的省份，加之改革开放后，受深层次体制因素和结构性矛盾的影响，其地区生产总值从原来的前几位已经退至第15位（2019年），经济发展乏力。同时，老龄化的提前到来，增加了医疗费用及养老金的支出，为满足老年人的精神文化生活需要，辽宁省兴建了大量的老年活动中心、健身场所等，增加了管理成本。因此，省财政负担日益沉重，经济压力剧增，老龄事业的发展落后于老龄事业的需求。[①]

人口老龄化还会逐步加重年轻人的养老负担。我国从20世纪80年代初开始实行的计划生育政策，使家庭人口数量得到逐步控制。随着20世纪80年代出生的人口父母逐步进入老年阶段，“80后”不仅面临着就业、住房的压力，也在为父母的养老问题发愁。尤其是在“421”的家庭结构模式中，“80后”面临的赡养父母的压力远远大于“70后”和“60后”。很多“80后”夫妇要照顾四位老年人，不论是从精力、财力、人力还是心理上，都面临着巨大压力。受生育选择和女性生育年龄的约束，未来中国家庭将呈现出独生子女家庭和二孩、三孩家庭并存并重的局面[②]，少子女老龄化面临的家庭养老照料风险将在较长时期内存在。

① 赵东霞，赵维良.人口老龄化对辽宁经济社会发展的影响研究［J］. 大连大学学报，2012（4）：108-111.

② 风笑天，王晓焘.从独生子女家庭走向后独生子女家庭——“全面二孩政策”与中国家庭模式的变化［J］. 中国青年社会科学，2016（2）：47-53.

由此可见，人口老龄化的快速发展将加重年轻人尤其是独生子女的养老负担。

人口老龄化还带来医疗体系的压力。全社会医疗开支猛增，是人口老龄化带来的必然趋势。老龄化与高龄化也会造成总体的国民死亡率增长，2019年我国人口死亡率为7.14‰，而在1981年，我国人口死亡率为6.36‰，这是我国进入老龄化社会的真实反映。这将带来双重压力：其一，医疗资源与开支会更多地流向危重老年病患，从而压缩其他医疗开支；其二，对老年病患的照护需要大量的养老护理员，这将使本已短缺的劳动力资源更加紧张。

3.社会问题凸显

人口老龄化还使一系列社会问题凸显，这要求我们必须集中全社会的力量去面对和解决。

（1）“空巢”家庭、“留守”老年人问题。传统上，作为照顾老年人日常生活主力的女性已大规模地进入劳动力市场，这使女性为老年人提供的照顾服务越来越少。激烈的社会竞争使不少子女要么忙于打拼事业，无暇顾及老年人的生活，要么待业在家，成为“啃老族”。城市子女工作的流动性和农村劳动力外出谋生造成了大量的“空巢老年人”“留守老年人”。

此外，由于计划生育政策，老龄化伴随着少子女，将不可避免地使空巢家庭成为老年人家庭的主要形式。养老模式也必然发生变化，对儿女的依赖将越来越少，社会养老的普遍化需要大量的人力和物力。

有关资料显示，2017年年末辽宁省共有“空巢老年人”390.72万人，占全省老年人口的40.75%，甚至很多农民工将年幼的孩子交给老年人照顾。很多老年人在得不到子女养护的情况下还要为其照看孩子，晚年生活无法保障。此外，我国一些农村老年人养老保险、医疗保险还比较低，在丧失劳动能力后无基本生活来源，只能靠儿女赡养，而社会变革给新旧两代人在伦理道德、价值观念等方面造成的代际隔阂，使“重小轻老”现象严重。有调查显示，有些子女对父母感情麻木，不甚关心。

（2）“双独夫妻”问题。由于计划生育政策的长期执行，我国出现了规模庞大的“421”和“422”家庭。在这种结构下，作为核心的“双独夫妻”，其家庭养老抚幼的责任非常大。其不仅有经济上的压力，更有精神与心理上的压力，尤其是当老年人患病的时候。他们怎样才能成为不被压垮的一代呢？当前，生育意愿的持续降低，未来我国将产生更多的这类家庭。

（3）机构养老问题重重。这主要体现在以下几个方面：

① 社会养老机构不足，养老供需矛盾仍然突出。以经济发达的上海市为例，目前上海市养老机构数量及床位数明显供给不足。整体来看，上海市65岁及以上老年人人均保基本养老机构及床位数分别为0.00011家/人、0.0194个/人，养老机构及床位数供给明显不足。分区域来看，浦东新区的养老机构及床位数最多，但其65岁以上老年人人均养老机构及床位数分别为0.00011家/人、0.01774个/人。65岁以上老年人人均养老机构数最多是长宁区（0.00031家/人），人均床位数最多的是嘉定区（0.04262个/人），黄浦区无论是人均养老机构数还是人均床位数，均为全市最低（人均养老机构数：0.00004家/人，人均床位数：0.00579个/人）。[①]

② 养老机构护理人员数量严重不足。老年人入住养老机构的主要动机之一是需要专业化的照护服务，但目前我国护理人员既存在“量”的不足，也存在“质”的缺陷。以上海市为例，目前，按照国际公认的3名非自理老年人需配备1名护理人员的标准计算，上海市养老护理人员的缺口十分明显。同时，上海市现有护理人员的专业水平整体上偏低，国家职业资格等级证书持证率不足30%，养老机构护理人员持证上岗率也不高。许多养老机构的护理人员是没有经过专业培训的中老年女性，护理过程中发生的争执和矛盾较多，这对处于发展期的机构养老事业有着非常不利的影响。

③ 支付能力与服务价格之间存在矛盾。在市场经济条件下，养老事业按商品经济运营，以产业化方式发展。这就导致众多老年人的收入水平低，很难支付高昂的养老机构的服务价格，使本来就不足的养老机

① 刁鹏飞，臧跃，李小永.机构养老的现状、问题及对策——以上海市为例［J］.城市发展研究，2019（8）：98-103.

构存在闲置和空位状况；有些养老机构为了不亏本经营，只配备简陋设施，医疗卫生条件较差，服务项目单一，服务专业化水平低，而这又无法满足老年人多层次的生活需求，从而造成恶性循环。此外，由于缺乏竞争，政府对民办养老机构的支持力度和优惠政策不够，资源主要集中在公办养老机构中，使其形成一定程度的垄断。

④ 地区发展不平衡，特别是城乡差异较大。农村的机构养老服务发展明显落后于城镇地区，在养老机构的资金投入、人员素质、管理水平和服务质量方面都严重滞后，农村老年人所享受的养老资源远远少于城市老年人。

4.产业结构调整

随着我国人口结构的转变，人口老龄化的加剧将使得未成年人的消费品需求逐渐下降，而适应老年人需求的各种消费品以及服务将会不断增加，并由此给我国现有的产业结构带来挑战。

当前，我国已进入老龄化社会，老年人口大量增加，因此要对我国现有的产业结构进行调整，以满足老年人对物质、精神文化等产品的需要。市场机制将引导社会资源向老年人生活用品、保健产品、医疗设备以及老年大学、老年旅游等产业转移。社会对第三产业的需求将会明显增加。人口老龄化将带动第三产业大发展，从而有助于调整国民经济增加值的产业结构，并且能有力促进劳动力的产业转移，实质上是促进农业剩余劳动力向第三产业转移，实现劳动力就业的产业结构调整。[①]

对多数发达国家而言，老龄化类似一种富贵病，伴随经济发展与社会进步，是必然的趋势；但对我国而言，老龄化发展得太快，以至于我们是未富先老，会出现经济发展与社会养老争夺资源的情况。老龄化的这些影响很可能会出现或者已经出现，其紧迫性是不言而喻的，而我国社会对此还没有做好充分准备。应对人口老龄化的冲击，不仅是政府的职责，更离不开社会与公民的共同努力。

鉴于目前我国人口老龄化的状况，积极应对已成当务之急。为此，一方面要坚持应对人口老龄化的理念，努力实现健康老龄化、积极老龄

① 单松.人口老龄化对我国经济发展的影响及对策［J］. 商业时代，2013（5）：9-10.

化、成功老龄化；另一方面要采取应对人口老龄化的行动，制定相应政策，采取有效措施，缓解老龄化带来的各方面压力。这其中的重中之重是把握机遇，集中力量发展智慧健康养老。当前，在我国，人口老龄化催生的健康养老服务产业正逐渐成为经济发展新的增长点，“银发经济”万亿级市场需求蕴藏的无限商机，给我国经济转型升级带来了历史机遇。作为对传统养老模式的一场革命，智慧健康养老将结合信息科技的优势与力量，为我国养老事业和养老产业发展提供新的思路和切实可行的实践道路。

第二节　智慧健康养老的概念、功能与类型

智慧健康养老由于能有效实现医养结合、康养结合，实现减人增效、降低成本、扩大服务规模，实现规模经济和范围经济，因此得到了社会各界的热烈响应和关注。探讨智慧健康养老的相关概念、功能与类型，有助于准确把握智慧健康养老这一涉及多业务、多行业、多领域的经济发展方式，推动智慧健康养老更好发展。

一、智慧健康养老的概念

为了弄清楚智慧健康养老的概念，有必要探讨一下健康养老、智慧养老、智慧健康养老、智慧健康养老服务等的概念。

1.健康养老

健康养老，是养老服务供给的基础性理论问题，对其本质和内涵的理解决定着相关学术研究、政策制定、养老服务供给的方向以及路径选择。

（1）健康养老的概念评析。健康养老的核心在于健康，“健康”概念的内涵也就构成了健康养老概念的核心内涵。一旦健康概念的内涵改变，健康养老的内涵也随之变化。在我国的医疗卫生领域，目前可用于建构健康养老内涵的健康概念主要有三种：一是生物医学的健康概念，即“无疾病则为健康”，该健康概念将所有疾病都归因于人的生理结构或功能出现了问题；二是世界卫生组织提出的健康概念，即“健康不仅

仅是没有疾病和衰弱的状态，而是一种在身体上、精神上和社会上的完好状态”；三是自主能力健康概念，即“个体在面对社会问题、生理和心理挑战时的自我管理和适应能力”，如果个体拥有能够适应自身面临的环境所要求的自我管理和适应能力，那么就应该被定义为健康。

生物医学的健康概念过度注重生物医学方面的诊治，由于开创我国现代医疗服务业的基础是生物医学，一般大众也认为健康就是“身体没毛病”，所以在我国医疗服务领域，至今仍是生物医学的健康概念占据主导地位。如果政策制定者用生物医学的健康概念来指导健康养老，要求老年人达到生物医学的健康标准，这明显是不现实的。因为老年人常患慢性病且很难治愈，采用生物医学的健康标准容易造成过度治疗。此外，生物医学的健康概念没有给心理、行为和社会的因素留下理论空间，容易导致“见病不见人”的问题，所以生物医学的健康概念既狭隘又过于理想化，不适合用来建构健康养老体系。

世界卫生组织的生物-心理-社会三维健康概念在生物医学健康观的基础上，增添了心理和社会的维度，将人的健康从生物学意义扩展到了精神和社会关系方面，克服了生物医学健康观的狭隘片面性，更加全面地反映了人的精神和社会特征以及健康的基本构成，直到现在仍是获得高认可度的、权威性的健康定义。近些年，我国的卫生健康系统以及社会大众也开始重视心理和社会适应能力对健康的影响，因此这个健康概念也是一个建构健康养老体系的重要选项。但是，如果政策制定者用世界卫生组织的健康概念来指导健康养老，它的目标取向比生物医学健康概念还要高得多，不仅要求老年人的身体健康，而且要求老年人的心理和社会适应能力都处于良好的状态。然而，目前很多老年人不仅受慢性病影响，也容易患上心理疾病，用更为严格的标准去要求老年人的健康显然不切实际，所以按照该健康概念来建构健康养老体系也严重脱离现实。①

20世纪末，有欧洲学者提出了“能力健康”的概念，近几年有学者把它介绍到我国。能力健康概念认为，一个人是否健康，视其身体状

---

① 曹明倩，周业勤．“健康养老”的政策内涵建构与路径选择［J］．广西社会科学，2018（9）：158-161.

况和心理状况相互作用而形成的适应社会环境、履行个人义务、追求自我价值的状况而定。[①]能力健康概念是在扬弃了“生物机能论”和“完全幸福状态”的健康概念的基础上逐渐产生、发展起来的，它克服了前两种健康观念的缺点，更具有理论上和实践上的比较优势。能力健康概念的重要贡献是可以通过提高老年人的能力而不仅仅是依靠生理和心理治疗来提高其健康水平，但是该健康概念也存在不足，因为客观事实是，随着年龄的增长，老年人无论怎么努力，其能力水平都会逐渐远离社会的要求，最终被划入不健康的一类，贴上不健康的标签。因此，该健康概念也不适用于建构健康养老体系。

事实上，生物医学的健康概念、世界卫生组织提出的健康概念和能力健康概念这三种健康概念本质上都是以社会的需要作为标准的，即能满足社会需要的个体才是健康的个体，三者都没有考虑到社会环境是否适合人的生存和发展的问题，所以均存在片面性，不能很好地指导健康养老体系的建构。

（2）健康养老的内涵和基本路径。健康应是生物医学、心理和社会之间的一种平衡状态，是个人和其所处的环境之间相互支持、相互促进的相对和谐关系。个体的生理、心理、社会生存能力以及社会环境和自然环境等相互交织，共同影响人的健康状况。因此，要判断人是否健康，既要从环境角度观照人适应环境的能力和状况，也要反过来从人的角度观照环境适应人的能力和状况。换句话说，不能仅以社会的需要为标准来衡量人的健康，还要反过来以人的生存和发展需要为标准衡量社会，即通过人和社会的相向发展，实现人与环境的和谐共生。这种状态不仅是人的健康状态，也是社会的健康状态。这个健康概念与世界卫生组织提出的健康概念的不同之处在于：前者认为人和社会应该相互适应，而后者则认为人应该适应社会；前者反映的是人和社会的理想的应然关系，后者反映的是现代市场经济中人和社会之间现实的实然关系。

基于此，健康养老应以“人-环境和谐”为指导原则，不仅要从老年人能否适应社会环境的角度出发思考老年人的健康养老问题，还要从

① 周业勤.能力健康概念及其启示［J］. 医学与哲学，2016（37）：18-21.

社会环境能否适应老年人的角度思考老年人的健康养老问题。健康养老也获得了全新的内涵，即延缓衰老、减少发病、减轻失能和生理病痛，延缓生活自理能力的衰退，并通过提高老年人适应社会环境的能力和社会环境适应老年人的能力这两条相向的路径，促进老年人与社会环境的和谐共生。

一方面，可以通过教育、医疗和照护等手段，提高老年人适应社会环境的能力。新时代的养老将由生存必需型向享受型、发展型、参与型转变，教育则是开展“以学养老”的重要方式，能够为老年人打造美好的精神家园，帮助老年人树立新观念、学习新知识和掌握新技能，提升自己的能力，拥有良好的心态，以更好地享受老年生活。随着年龄的增长，老年人不可避免地要面对衰老、病痛和失能等问题，医疗和照护能帮助他们减轻或延缓这些症状，改善其生理状况。

另一方面，需要从文化、社会组织和物质设施等层面，提高社会适应老年人的能力。养老文化是中国的传统文化，也是人类文化的核心元素之一，但市场经济的发展侵蚀了我国传统的尊老敬老文化。因此，需要进行文化建设，倡导尊重和关爱而不是歧视老年人群体，为老年人营造一种积极的社会文化氛围。社会组织则是老年人参与社会的重要媒介，要丰富社会组织形式，让老年人可以选择适合自己参加的组织，并重建自己的社会关系网络，实现老有所为和自我养老，创造属于自己的价值。此外，要以社区和养老机构为中心，加快物质设施建设，方便老年人休息、锻炼和娱乐等，满足他们生理和心理上的需要。

综上所述，健康养老不仅对老年人的身心状态提出了要求，还希望通过改造社会环境使其更加适宜老年人的发展和需要。“有作为”才会“有快乐”，老年人也有归属、被尊重和自我实现的需要。所以，新的养老理念要求我们加强老年教育，避免过度医疗和照护，创造适老的社会环境，充分尊重老年人的各种选择，让“老有所学”、“老有所为”以及“老有所乐”紧紧联系在一起，使老年人享受真正健康的养老生活。①

① 黄奕言，姜柏生.健康养老问题分析与对策研究［J］. 医学与哲学，2021（9）：34-38.

2.智慧养老

关于智慧养老的基本概念，这里参照智慧养老知名专家左美云教授的相关研究，梳理如下：[①]

（1）智慧养老的由来。智慧养老的前身是“智能居家养老”（Smart Home Care），最早由英国生命信托基金会提出，当时称为“全智能化老年系统”，即老年人在日常生活中可以不受时间和地理环境的限制，在自己家中过上高质量的老年生活。“智能居家养老”指利用先进的信息技术手段，面向居家老年人提供物联化、互联化、智能化的养老服务。其核心在于应用先进的管理和信息技术，将老年人与政府、社区、医疗机构、医护人员等紧密联系起来。要说明的是，国内当时的翻译是“智能居家养老系统”，而不是“智慧居家养老系统”，用得比较多的词汇是“智能化养老”（如张永刚、谢后贤、于大鹏主编，中国建筑工业出版社2015年出版的《国家智能化养老基地建设导则》一书中用的就是“智能化养老”）或“智能养老”，不少学者在翻译“智能”时英文用的是Intelligent，而不是Smart。

2008年11月，在纽约召开的外国关系理事会上，IBM公司提出了建设“智慧的地球”这一理念。2010年，IBM公司正式提出“智慧城市”（Smart City）愿景，希望为世界城市的发展贡献自己的力量。在智慧城市的大旗下，系列“智慧”应运而生，如“智慧交通”“智慧社区”等。在此背景下，很自然地在“智能化养老”或“智能养老”的基础上发展出了“智慧养老”的概念。然而，“智能养老”和“智慧养老”此时还是在交替使用中（如由朱勇主编、庞涛任副主编，社会科学文献出版社2015年出版的《智能养老蓝皮书：中国智能养老产业发展报告（2015）》一书中用的还是“智能养老”）。2016年，由智慧养老领域知名学者左美云主审，陈志峰、刘俊秋、王臣昊著的《智慧养老探索与实践》（人民邮电出版社2016年3月第一版）出版，该著作是国内第一部以“智慧养老”命名的书籍，对智慧养老的具体应用做了探索与归纳。

① 左美云.智慧养老内涵与模式［M］.北京：清华大学出版社，2018：3-5.

智慧养老是智能养老概念的继承，但它又有如下三方面的发展：

① 智能（Intelligent）更多地体现为相关设备与配置的智能化；而智慧（Smart）除了包含设备的智能化外，也含有对"合适的"或"聪明的"养老模式的探索。

② "智能"更多地体现在对相关设备与技术的控制和监测上，老年人是被动接受的；而"智慧"还有老年人主动选择利用设备或技术的含义，体现了以人为本、以老年人为中心的理念。

③ 智能养老更多地体现在利用相关设备与技术对老年人的支持和帮助上；而智慧养老除了帮助老年人以外，还有利用好老年人的智慧，最终为老年人打造健康、愉快、有尊严、有价值的晚年生活的含义。

至于"智慧养老"的英文翻译，主要有三种，分别是Smart Elderly Care，Smart Care for the Aged和Smart Senior Care。Elderly主要指年纪大，Aged多指高龄并隐含失能的含义。考虑到对老年人的尊重，以及智慧养老还有利用老年人的经验和智慧的含义，"智慧养老50人论坛"[①]在2016年成立时，主席团在征求国外学者意见的基础上，将智慧养老译为Smart Senior Care。Senior有长者、资深的双重含义，既指年纪大，又指经验丰富，还有尊敬的含义。因此，我们推荐将"智慧养老"译为Smart Senior Care，这一翻译方式也得到了越来越多的学者的认同。

（2）智慧养老的含义。在对上述历史沿革讨论的基础上，我们给出智慧养老的定义：智慧养老（Smart Senior Care，SSC）是指利用信息技术等现代科技（如物联网、互联网+、云计算、大数据、人工智能、区块链等），围绕老年人的生活起居、安全保障、医疗卫生、保健康复、娱乐休闲、学习分享等各方面，支持老年人的生活服务和管理，对涉老信息进行自动监测、预警甚至主动处置，实现这些技术与老年人的友好、自主式、个性化智能交互，一方面提升老年人的生活质量，另一方面利用好老年人的经验和智慧，使智慧科技和智慧老年人相得益彰，目的是使老年人过得更幸福，过得更有尊严，过得更有价值。

---

① "智慧养老50人论坛"是由中国人民大学信息学院智慧养老研究所、全国老龄办信息中心养老技术研究院、民建北京市经济委员会、北京科学技术研究院城市运行与管理重点实验室、山东财经大学管理科学与工程学院、国家发改委《中国信息界》杂志社六家单位共同倡议并发起，由智慧养老领域的有识之士组成的研究性群体。

智慧养老更好地实现了养老服务从点对点、包对包到包对点的转变。所谓点对点的服务模式，即老年人需要服务人员上门提供服务，如服务人员一对一地提供康复服务或者由钟点工提供打扫服务等。点对点的服务模式具有很强的针对性，其针对老年人的个性化需求提供服务，但经济成本较高，而且需要较多的人力资源和专业的服务人员。①包对包的服务模式是指将有相同需求的老年人集中在一起，为老年人提供统一的养老服务，以减少人力成本，实现规模效应，但是服务的覆盖面小，较难满足老年人的个性化养老需求。而包对点的服务模式，是将相关技术运用到养老资源上，一边连接着个人，另一边连接着各式服务终端，即服务点连接服务包，再通过对数据的分析，向老年人提供养老服务。其减少了人力成本，提高了服务效率。②

智慧养老包括三个方面的含义，分别是智慧助老、智慧用老和智慧孝老，如图 1-1 所示。图 1-1 左边的 For Seniors，即为老，智慧助老主要是物质支持，智慧孝老主要是精神支持；右边的 By Seniors，即靠老，指利用好老年人的经验、知识和技能。

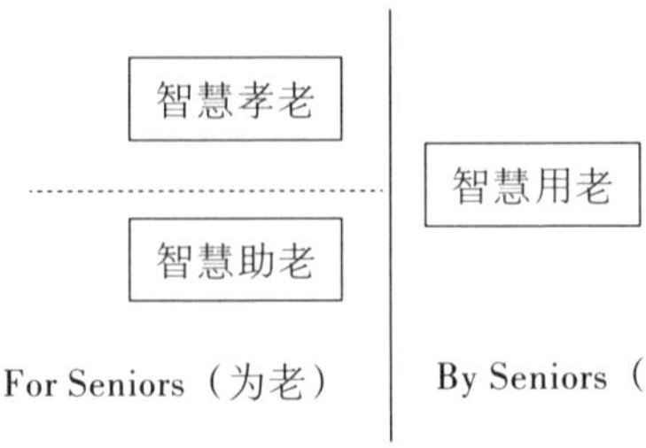

图 1-1　智慧养老的三个维度

① 智慧助老，即用信息技术等现代科技帮助老年人，目的主要体现在增、防、减、治四个方面。增，即增强老年人的能力，如防抖勺可以帮助患帕金森症的老年人自主进餐；防，即防止老年人出现风险，如防跌鞋在感测到老年人可能跌倒的时候给老年人的足部一个反向的力，从而降低其跌倒的风险；减，即减少老年人的认知负担，如养老服务系统自动挑选值得信赖的服务商或服务人员，从而减少老年人东挑西选、

① 席恒，任行，翟绍果. 智慧养老：以信息化技术创新养老服务［J］. 老龄科学研究，2014（7）：12-20.

② 龚娜. 基于老年人健康需求的智慧养老服务平台构建研究［D］. 上海：上海工程技术大学，2020：12.

挑花了眼睛也不一定能找到好的情况；治，即辅助老年人疾病的治疗，如最简单的服药提醒器，可以提醒老年人按时服药。

② 智慧孝老，即用信息技术等现代科技孝敬老年人。如果说助老更多地是从设备、器材等方面给予老年人帮助，智慧孝老则主要是从精神层面给老年人以情感和尊严的支持。孝是中国的传统文化。《孝经·开宗明义》篇中讲："夫孝，德之本也。""孝"在汉字中是上下结构，上为老字头、下为子，意思是子能承其亲，并能顺其意。孝的观念源远流长，殷商甲骨文中就已出现"孝"字。教育的"教"字，就由"孝"和"文"组成。挖掘好孝文化、做好智慧孝老工作是我们在世界智慧养老大舞台上彰显中国特色的重要内容。

③ 智慧用老，即用信息技术等现代科技用好老年人的经验、技能和知识。中国有句俗语"家有一老，如有一宝"，最直白的理解是老年人会帮助子女带孩子，或者协助其做好家务。实际上，老年人所具有的一些独特的经历和感悟，也会给子女和孙子、孙女很多建议和启示。对一些具有专业技能的老年人来说，还可以为企业或社会贡献自己的知识和技能。智慧用老除了用信息技术支持老年人为家人提供帮助外（如老年人带孙子、孙女的视频可以传送到老年人的子女手机上，实现三方的轻松互动交流），还可以通过一些系统或平台实现代际知识转移，促进年轻一代的知识利用或知识创造。

目前，养老行业主要做的工作是智慧助老，许多物联网企业、可穿戴设备提供商、健康监测设备提供商、养老信息系统提供商都集中在这个领域，在该领域我们与国外的差距不算大；对于智慧用老，我们和国外在同一条起跑线上，这方面的平台和技术都是刚刚起步；智慧孝老有明显的中国特色，是未来我们可以进行文化输出的领域。总的来说，养老虽然是一个亘古不变的话题，但是智慧养老绝对是一个有前途的新领域，值得理论工作者孜孜探求，值得实务工作者落地实践。①

3.智慧健康养老

（1）智慧健康养老的内涵。现如今，老龄化程度的加剧给家庭和社

① 左美云.智慧养老内涵与模式［M］.北京：清华大学出版社，2018：3-5.

会带来了巨大的养老压力，而“互联网+养老”的出现无疑缓解了社会的养老压力。使用智能技术优化养老资源和创新养老服务，是解决当前养老问题的必由之路，智慧健康养老应运而生。从传统的养老模式向智慧养老模式的转变，不仅是单一养老形式的智慧化转变，还是各个养老机构、医疗机构等相互协调与促进的过程。智慧健康养老不仅注重运用技术手段满足养老需求，更注重从身体和精神层面满足老年人日趋多样化、个性化的需求，具有广阔的市场发展前景。智慧健康养老服务充分利用现代科技，进一步推动了本处于分割状态的健康服务资源和养老服务资源的整合，拓展了服务内容。

工信部、民政部和国家卫计委印发的《智慧健康养老产业发展行动计划（2017—2020年）》指出，智慧健康养老利用物联网、云计算、大数据、智能硬件等新一代信息技术产品，能够实现个人、家庭、社区、机构与健康养老资源的有效对接和优化配置，推动健康养老服务智慧化升级，提升健康养老服务质量和效率。可见，智慧健康养老应用智能信息技术，整合人、财、物、信息四大资源，实现养老需求与供给之间的精准对接，使老年人无论是在家庭、机构还是社区都能够享受到实时、便捷、全方位服务，摆脱了传统养老模式中老年人的诸多需求得不到有效满足的困境，提高了健康养老服务的公平性、可及性。智慧健康养老服务对资源合理配置、提高服务质量与效率具有巨大的推动作用。

综合起来，我们可以给智慧健康养老下这样一个定义：一种智能化、网络化的新型健康养老模式。它利用互联网、物联网、云计算、大数据等信息技术将电子医疗系统和健康产品融合起来，通过智能设备，采集和分析人体体征、居住环境等各类大数据，将专业医疗机构、家庭、街道社区、社会养老机构的信息整合起来，进行综合化、智能化的分析处理，满足老年人在生活照料、安全健康、休闲娱乐等多方面的个性化需求。[①]

智慧健康养老的内涵主要体现在以下四个方面：第一，智慧健康养老以现代信息技术为支撑，涉及大数据、物联网、互联网、移动计算、

---

① 刘潇雨.大连市西岗区智慧健康养老服务发展调查研究［D］.大连：大连理工大学，2019：3.

云计算、人工智能等技术的综合应用。第二，智慧健康养老服务的内容包含了传统养老服务的所有内容，即“4+N”，“4”即生活照料、医疗服务、精神需求、紧急救助；“N”是指养老服务的延伸内容。第三，智慧健康养老与机构养老、社区养老、居家养老等传统养老模式具有相互兼容性，它突破了传统养老模式在时间、空间上的限制，同时又融合在其他养老模式之中。第四，智慧健康养老是一种现代化的商业养老模式，通过信息技术分析预测老年人各方面的需求，并能及时响应，向老年人提供个性化服务，提高了服务效率和服务质量。①

（2）智慧健康养老与传统养老模式的比较。智慧健康养老与传统的养老模式相比有以下几个方面的不同：

① 技术手段不同。智慧健康养老运用的信息技术包含大数据、物联网、人工智能、移动互联网、云计算等，能满足随时随地的养老需求，并能实时记录服务过程，将相关信息传递到大数据中心；传统养老模式一般借助企业管理软件、呼叫通信等技术，不能实时全程记录数据。②

② 管理方式不同。智慧健康养老可以通过统一的养老服务信息平台，实现一站式、综合性管理，数据共享度高；传统养老模式多采用组织内部的管理软件，建立客户档案，数据多在内部使用，与外部共享度低。

③ 服务方式不同。智慧健康养老可借助智能终端设备、网络通信获取需求信息和提供服务，响应速度快、效率高；传统养老模式则更多依赖人工和通信技术，服务响应速度慢，效率相对较低。

④ 时间限制不同。智慧健康养老能突破时空限制，随时随地地提供各种养老服务；传统养老受机构、社区、居家等不同养老模式的限制，服务范围有限。

⑤ 商业模式不同。智慧健康养老可借助“平台（大数据中心）+服务+老人+终端”运营模式，打通产业链上中下游，完成商业闭环，产

---

① 刘会丽，牛玉霞，赵桃敏.基于大数据的智慧养老服务模式研究［J］.科技和产业，2022（3）：157-161.

② 张丽，严晓萍.智慧养老服务供给与实现路径［J］.河北大学学报（哲学社会科学版），2019（4）：96-102.

业链各环节关系紧密；传统养老多是借助平台发布供求信息，产业上下游之间关系较松散。[①]

二、智慧健康养老的涵盖领域

智慧健康养老作为信息社会养老方式重大创新的产物，为我国社会养老保障困境的化解提供了新理念、新方向和新途径。[②]融合是智慧健康养老的生命，智慧健康养老不是一种新的养老模式，其本质是与传统的居家、社区、机构养老模式的有机融合，融合度越高，智慧健康养老就越有生命力。目前，智慧健康养老涵盖智慧健康养老管理、智慧健康养老设施、智慧健康养老服务和智慧健康养老产品四大领域。

1.智慧健康养老管理

通过搭建智慧健康养老综合管理平台，在各个方面共同合作，打造安全高效的智慧健康养老系统，可以有效地优化管理，降低成本，提高效率。

智慧健康养老综合管理平台，可以根据应用场合、服务对象的不同划分为供应链管理平台、医护业务管理平台、终端监护管理平台、可视化数据分析管理平台等多个不同的应用平台，所以运营时应遵循各个应用平台“谁使用，谁管理”的原则；可以独立运营与维护，也可以引入第三方合作商，在管理授权的范围内提供专业的运营与维护服务。[③]

2.智慧健康养老设施

近年来，快速发展的智慧建筑、智能家居、智慧交通设施，可以真正实现居住和交通更加智能化、全龄化、无障碍化。

3.智慧健康养老服务

通过智慧健康养老服务，不管是在家还是在养老机构，老年人都可以通过新技术享受到更加专业、安全的健康养老服务；与此同时，还可以减轻养老服务人员的照护负担，基于人与人、人与物、物与物的全链

---

① 刘会丽，牛玉霞，赵桃敏.基于大数据的智慧养老服务模式研究［J］.科技和产业，2022（3）：157-161.

② 豆小红.新时期我国智慧养老健康发展研究［J］.湖南行政学院学报，2019（6）：5-10.

③ 陈志峰，刘俊秋，王臣昊.智慧养老探索与实践［M］.北京：人民邮电出版社，2016：72-76.

信息精准需求，实现养老服务精准对接。

4.智慧健康养老产品

智慧健康养老产品，即智慧健康养老智能终端，是指嵌入现代先进科技的智能设备，以穿戴式、移动式、便携式、固定式、非接触式及无意识触摸式等，及时高效地为老年人提供全方位、多层次、多元化的养老服务。[①]

目前，市场上有海量养老终端产品，可以实现养老服务可靠即时互联。在老年人的各类养老服务需求中，其安全健康需求最为迫切，针对传统照护服务可能存在的不及时、不适老等问题，智慧健康养老（产品）将使老年人照护、健康管理、安全保护等服务更加及时、便捷、有效，能大大地提升老年人养老生活的安全感、幸福感和获得感。[②]

三、智慧健康养老的功能定位

当前，我国老年人口数量急剧增加，老年人的文化水平不断提升，这就使得老年人的需求呈现出多元化和个性化的特点，同时也对养老服务提出了更高的要求。为此，要明确智慧健康养老的功能定位，积极探索新技术支持下的智慧健康养老发展模式，明确发展目标，并采取更加全面的保障性措施，以便能够为老年群体提供更加全面的智慧健康养老服务。智慧健康养老应坚持以下功能定位：

1.嵌入功能

智慧健康养老服务具备嵌入功能，该功能主要包括“以人为本”的理念、需求导向理念、合作共赢理念等。[③]

一是智慧健康养老服务的发展必须要坚持“以老年人为本”的基本原则，开发各种产品的过程中能够充分尊重老年人的特殊需求等，突出养老服务的特殊性与个性化，并做好服务评价及相关标准的制定工作。

二是智慧健康养老服务过程中要嵌入需求导向理念。例如：满足物

---

① 沈明辉，邹锐，李宁，等.信息技术在智慧康养中的探索与应用［J］. 信息技术与标准化，2019（6）：8-11；15.

② 吴玉韶.智慧养老既要技术精度更要人文温度［J］. 中国社会工作，2020（23）：18.

③ 张飞霞.智慧居家养老服务模式：实践与反思——以甘肃为例［J］. 邢台学院学报，2021（1）：5-11.

质需求，包括家政服务需求、医疗护理需求、紧急救援服务需求、环境改善服务需求等多个方面；满足精神文化需求，包括精神慰藉、娱乐平台、文化艺术交流平台、社会交往、心理咨询、法律维权等多个方面。

三是嵌入合作共赢理念。政府与其他养老服务机构应加强合作，政府可将部分职能适当移交给合作伙伴；同时，增强政府机构以及社会主体的责任意识，提升智慧健康养老服务的整体质量。①

2.赋能功能

向智慧健康养老赋能，主要是指借助养老服务系统及其各种功能，针对老年人的多元化及个性化需求，通过现实空间、虚拟空间相结合的方式来为老年人提供全天候、全过程、集成化、智能化的便捷性一站式服务，从而满足老年人的养老需求②。因此，对智慧健康养老的建设和发展来说，其赋能功能定位不仅仅是目的，同时也是结果，贯穿在智慧健康养老服务的整个发展过程中，助推各种智慧健康养老服务功能的进一步提升。

3.增慧功能

智慧健康养老在发展过程中具有增慧功能。增慧功能就是指将人的智慧嵌入健康养老服务的整个系统中，并以此为基础开发出各种具有智能属性的健康养老产品；利用物联网、大数据、人工智能等新技术将智慧元素注入，并将各种养老服务功能与智慧元素进行汇集与整合，让整个养老服务系统“增慧”，为老年群体提供更好的服务体验。这有助于对智慧健康养老服务的需求与供给进行科学化管理，促进结构性改革。与传统的养老服务模式相比，智慧健康养老模式能够提供更加多元化、全方位的服务，让老年群体可以根据自身特定的需求来选择特定的服务，个性化特点较为明显③。

四、智慧健康养老的基本类型

由于养老地点的不同，智慧健康养老也有很多不同的类型，如智慧

① 范昭瑞，阳镇.智慧养老：智能社会下的未来产业新机遇［J］.清华管理评论，2021（Z1）：110-117.

② 彭聪.中国智慧养老内涵及发展模式研究［J］.广西社会科学，2021（1）：132-138.

③ 陈大庆，魏晨婧，赵强.发展多元智慧养老的思考［J］.中国社会工作，2021（2）：38-40.

健康居家养老、智慧健康机构养老、智慧健康社区养老、智慧健康虚拟养老。

1.智慧健康居家养老

智慧健康居家养老，采用传感技术、无线传输技术、移动互联网技术等，对居家养老的老年人实行远程监控，包括其生活状态，如生理指标、是否发生意外、是否有隐患；同时，提供提醒服务，如按时吃药、活动提醒等。此外，还可以在老年人身上配备具有GPS功能的设备，方便定位老年人，以防其走失。

2.智慧健康机构养老

智慧健康机构养老，是指在养老院、老龄公寓等养老机构中，为老年人提供统一的信息管理，甚至可以将信息直接对接专业医疗机构，其利用物联网等技术，为老年人提供助医、助餐、助浴、助娱等多种服务。智慧健康机构养老是未来养老的主体方式，适合喜欢有同龄人做伴或者完全没有自理能力的老年人。

3.智慧健康社区养老

智慧健康社区养老是介于智慧健康居家养老和智慧健康机构养老之间的一种养老模式。其可以借助手腕式血压计、手表式GPS定位仪等设备，全方位监测社区内老年人的健康状况，并在紧急情况下，联网启动社区呼叫系统；可以在社区设立统一的呼叫中心平台，为老年人提供资讯/咨询服务，解决投诉问题；也可以在社区日托机构建立和智慧养老院一样的智能助医、助餐、助浴等系统，提供日间照料服务。

4.智慧健康虚拟养老

智慧健康虚拟养老以虚拟养老院为主。2020年3月，国家发改委等部门联合印发《关于促进消费扩容提质加快形成强大国内市场的实施意见》，提出“支持发展社区居家‘虚拟养老院’”，为智慧健康虚拟养老提供了重大发展契机。

虚拟养老院是指老年人住在家中，接受社区提供的和机构养老一样的服务，它是没有建筑实体的“养老院”。虚拟养老院调动和运用社会上的各类福利资源，让老年人不用完全脱离自身熟悉的生活环境，也能够获得各类专业化的智慧健康养老服务和公共服务。

在提升智慧健康养老服务水平方面，虚拟养老院首先注重提升服务产品的适用性，积极打造“老年友好型”产品。如提升电子产品的语言输入、健康码一键显示等功能，使老年人享受到智能化健康信息平台的简便性和电子智能设施的实用性，并为其提供健全的售后服务，解决其后顾之忧。其次注重精神抚慰，拓宽多样化服务提供途径。将精神养老服务作为重点，把精神养老服务划分为精神抚慰与身心护理等多种形式。如通过智慧平台打造老年情感专线以及精神生活专题，加强老年群体内部的情感沟通，并为孤寡老人提供定制化线上心灵慰藉等服务，在解决老年人个性化需求问题的同时，还融入了人文关怀。①

第三节　智慧健康养老的相关理论

智慧健康养老的发展离不开相关基本理论的指导。纵观国内外关于智慧健康养老相关理论的研究，较为完整的有以下几种：

一、需求层次理论

美国心理学家亚伯拉罕·马斯洛在1943年出版的《人的动机理论》一书中提出了需求层次理论。

马斯洛指出，需求层次理论的构成需要三个基本假设：一是人需要生存，个人需求会影响、激励个人行为，满足了的需求不能影响个人行为，只有未满足的需求能影响个人行为。二是个人需求可以按照重要性、层次性进行排序，从简单的基本需求（如食物、水等基本生理需求）到复杂的高级需求（如自我实现）。三是个人需求的满足是层层递进的，只有当某一级的需求得到满足后，才会递进至更高一级的需求，满足需求的递进发展成为个人努力的内在驱动。

根据马斯洛的需求层次理论，每个人有5个不同的需求层次（如图1-2所示）。

① 黄博扬，王婧.兰州市智慧养老发展问题研究——以虚拟养老院为例［J］.公关世界，2021（22）：40-41.

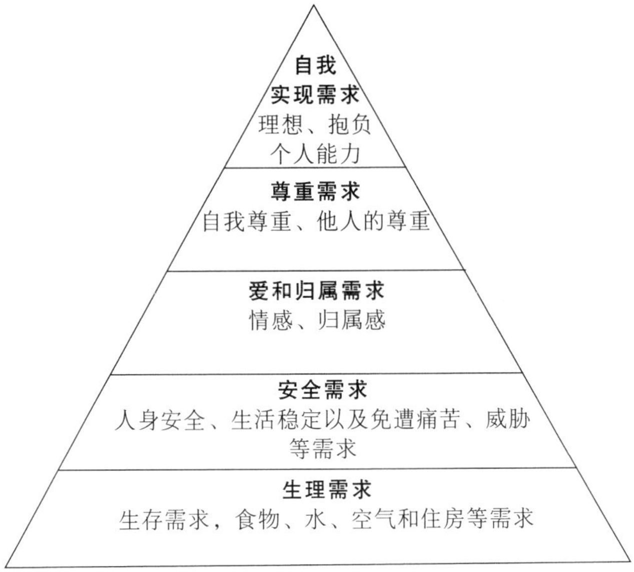

图1-2 马斯洛需求层次理论示意图

第一是生理需求（Physiological Needs）。这也是五大需求中最基本的需求，是个人维持自身生存的需求，具体包括饥、渴、衣、住、行等内容。只有当这些最基本的需求得到满足后，个人才会产生更高级的需求。

第二是安全需求（Safety Needs）。个人作为有机体，会追求一种安全的机制，使身体、财产、工作等免于受到威胁。其具体包括人身安全、健康保障等内容。当这一层次的需求得到满足后，它就不再成为激励因素了。

第三是爱和归属需求（Love and Belonging Needs）。人们需要相互的关心、照顾。该层次的需求具体包括两部分：一方面是友爱的需求；一方面是归属感的需求。这一层次的需求更加细致，具体包括友情、爱情、宗教信仰等。

第四是尊重需求（Esteem Needs）。很多人都希望自己能够拥有一定的社会地位，能够获得他人和社会的认可。尊重又分为内部尊重和外部尊重，内部尊重是指个人能适应、胜任不同环境，自尊、自信且独立自主；外部尊重则是指有威信，受到他人的尊重。

第五是自我实现需求（Needs for Self-actualization）。这是五项需求中最高级的需求，是指个人实现理想、抱负，个人能力能够得到最大程度的发挥；个人希望努力发掘自身的潜力，让自己成为自己所想成为的人物①。

马斯洛需求层次理论已经得到广泛的认可，是各项行为科学研究的基础理论之一。基于马斯洛需求层次理论，可进一步探究智慧健康养老服务的需求层次。老年人对医疗保健的需求是维系其生理健康的基本需求，对生活照料的需求对应安全需求。智慧健康养老服务模式在保证老年人生理和安全需求得到有效满足的同时，还运用新一代信息技术促使老年人融入现代社会，扩大社交范围，从而满足其爱和归属、尊重、自我实现的需求。②

总之，马斯洛需求层次理论有助于更好地了解老年人的需求，在此基础上为老年人提供更加个性化、多层次的智慧健康养老服务，同时它也有助于更加科学地评价智慧健康养老服务。

二、福利多元主义理论

在对福利国家制度此起彼伏的批判声中，近年来，西方社会福利理论进入了价值多维的发展时期，福利思想流派纷呈。其中，20世纪70年代以来兴起的福利多元主义理论在社会福利领域中占据了主要地位。在西方社会福利领域，福利多元主义理论认为，福利的责任由不同的部门分担，应减少政府干预，强化市场、家庭和社会团体的作用。③

最早提出福利提供者多元化观念的是蒂特姆斯（R.M.Titmuss），其在《福利的社会分工》一文中提出，社会福利由三种提供体系相互配合、维持运作，即社会福利（Social Welfare）、财税福利（Fiscal Welfare）和职业福利（Occupational Welfare）。“福利多元主义”（Welfare Pluralism）一词最早见于1978年英国《志愿组织的未来：沃尔

① 史青灵.智慧健康养老服务对老年人健康的影响研究——基于成都市金牛区的调查［D］.成都：西南交通大学，2020：19.

② 孙月.重庆市九龙坡区居家养老老年人智慧健康养老服务购买意愿影响因素研究［D］.重庆：重庆医科大学，2019：16.

③ 陈雅丽.城市社区服务供给体系及问题解析——以福利多元主义理论为视角［J］.理论导刊，2010（2）：13.

芬登委员会的报告》，该报告指出，社会福利应维持多元体系，志愿组织应参与社会福利提供等活动。率先对“福利多元主义”概念进行系统性讨论的是约翰逊（N.Johnson），他在其代表作《转变中的社会福利：福利多元主义的理论与实践》一书中指出，不应视政府为提供集体福利的唯一来源，除政府以外，还有三个来源，即非正式部门、志愿部门和商业部门。约翰逊将社会福利资源提供者分为：其一，公共部门（Public Sector），即由各级政府与公共政策部门提供间接或直接福利；其二，非正式部门（Informal Sector），即由亲属、朋友和邻里提供社会和医疗服务及社区照顾与家庭照顾；其三，志愿部门（Voluntary Sector），主要包括邻里组织（Neighborhood Organization）、自助或互助团体（Self-help or Mutual-Aid Groups）、提供服务的非营利机构及压力团体（Pressure Groups）、医疗或社会研究团体、协调资源的中介组织等；其四，商业部门（Commercial Sector），即由企业提供职业福利和市场上的购买服务。约翰逊认为，对于不同的福利项目，有时应以政府提供为主，有时应以市场为主，有时则应以其他福利来源为主，这应视福利项目的特性而定。

一些学者引用了约翰逊提出的“福利多元主义”概念，并将志愿部门改称为第三部门或非营利部门，泛指既非营利性企业，也非政府机构的那些组织。他们认为，第三部门参与社会福利既可以避免其追求利润最大化与科层组织的缺失，又兼具市场的弹性（Flexibility）和效率（Efficiency）以及政府公共部门的公平性（Equity）和可预测性（Predictability）的优点。

福利多元主义的宗旨是福利的分散化（Decentralization）和参与性（Participation），其最终目标是希望借由政府、非正式部门、志愿部门和市场组织（商业部门）的合作关系来分散和缓解财政与经济危机。总的来看，福利多元主义理论强调的是一种福利供给的多元体系，即通过福利多元结构的安排，将由国家全面提供福利的模式转变为由社会多部门综合提供福利的模式，在多部门的参与下，实现由福利国家向福利社会的转型。

为了推动养老事业的发展，我国十分注重借鉴这一理论，早在

1986年民政部就提出“社会福利社会化”发展目标，主张社会福利来源多元化。近几年，随着我国人口老龄化的加剧和家庭保障功能的弱化，老年福利问题日益严峻，尤其是高龄老人、失能老人、空巢家庭老人的照顾需求不断增加。依据福利多元主义理论，养老服务供给主体多元化对社区养老服务发展具有积极意义：一是能减轻政府负担。政府的责任在于做好顶层设计，建立制度规范与评估体系，提供必要的财政支持和进行监管等，而不是“全程”参与。二是能提高社区养老服务质量。社区养老服务以维护社区老年人的基本生活权益为出发点，满足不同层次老年人的需求，将无偿、低偿与有偿相结合，丰富服务项目、提高服务质量。三是能整合为老服务资源，可以充分利用社区场地、有闲暇时间的人员等，开设社区老年活动中心或老年餐桌，吸引社会力量参与到老年服务当中来。①

福利多元主义理论主张，福利提供应该是多部门各司其职、协调配合，共同提供多元化的服务。同时，福利多元主义理论认为，福利的来源应该多样化，政府、市场、公民等都应该参与进来。建设智慧健康养老服务体系，主要应该由政府在全社会进行广泛宣传和引导，动员社会各界共同参与，并制定相关政策、法规，细化准入标准，规范智能养老产品市场，加强智能养老产品研发，制定规范的市场养老企业运营机制，鼓励社会各界共同参与到智慧健康养老服务事业中来。②

三、新公共服务理论

所谓新公共服务，指的是关于公共行政在以公民为中心的治理系统中所扮演的角色的一套理念，要求政府通过基于价值的共同领导来帮助公民明确表达和满足他们的共同利益，而不是试图掌控社会新的发展方向。

20世纪90年代末，以罗伯特·登哈特（Robert B. Denhardt）为代表的行政学家倡导的新公共服务理论，在对“以市场化为取向，推行绩

① 刘晓静，徐宏波.社区养老服务产业化发展路径研究——基于福利多元主义理论视角［J］. 河北师范大学学报（哲学社会科学版），2013（9）：123-124.

② 刘潇雨.大连市西岗区智慧健康养老服务发展调查研究［D］. 大连：大连理工大学，2019：4.

效管理和顾客导向”的新公共管理理论的反思和批判中应运而生。其主要以“促进公共服务的尊严和价值，将民主、公民权和公共利益的价值观重新界定为公共行政的卓越价值观”①为终极目标。新公共服务理论主张政府的核心是服务，在公共组织管理和公共政策执行事务中，政府的角色定位应由“掌舵者”转变为“服务者”，以实现和维护公共利益。其强调“重视人，而不只是生产率……”，要坚持以人为本和重视公民权，“从根本上来看，无论是就他们而言还是对我们来说，真正重要的不是我们所做的工作多么有效率，而是我们怎样促进了大家生活水平的提高”。②新公共服务理论推崇公共服务精神，致力于提升新公共服务的尊严与价值，重视公民社会与公民身份，重视政府与社区、公民之间的沟通与合作共治。③

新公共服务理论要求政府建立具有高度包容性的参与型管理框架，通过广泛的对话和公民参与来追求共同价值观和共同利益。在新公共服务理论中，社会管理的创新孕育于更大的民主社会的公民权和共同责任框架内，只要公民能够而且愿意参与社会管理，政府就能够及时地发现潜在的社会风险和机遇，进而整合公众的智慧和能力，发现并解决社会问题。政府必须通过授权的方式让公民共享权力，通过架设广泛可行的渠道让公民参与到政府治理中来，鼓励公民通过自己的方式处理身边的社会问题，而不是将根本处理不完的社会问题全都纳入自己的职责范畴。新公共服务理论强调要尊重全体公民的公共服务理想，要积极引导公众认识到公共服务是高尚和宝贵的，这样公众就会参与到社会管理中来，构筑起“多点支撑、共治共享”的社会管理格局。④

新公共服务理论是在“政府失灵”和“志愿失灵”的基础之上提出来的，其所蕴含的人本主义、政府的责任和作用、服务意识以及以人为本的行政理念，对我国的智慧健康养老服务事业具有较大的启发意义。

---

① 珍妮特•V.登哈特，罗伯特•B.登哈特.新公共服务——服务，而不是掌舵［M］.丁煌，译.北京：中国人民大学出版社，2010：3；18.

② 唐兴霖，尹文嘉.从新公共管理到后新公共管理——20世纪70年代以来西方公共管理前沿理论述评［J］.社会科学战线，2011（2）：178-183.

③ 程仙平.老年教育公共服务体系的构建逻辑与图景——基于新公共服务理论视角［J］.河北师范大学学报（教育科学版），2019（7）：96-100.

④ 孟令君，隗苗苗.基于新公共服务、社会资本和社会支持网络理论研究养老志愿服务［J］.社会福利（理论版），2016（6）：32-34.

首先，在我国现有的条件下，养老服务特别是智慧健康养老服务，不能也不可能由单个家庭或者是政府来承担，还必须依靠企业、社会组织、志愿者的多方参与，尤其是要发挥政府的作用。在建设智慧健康养老服务体系的过程中，政府应当做好顶层设计，制定法律、法规和监督评估标准，保障养老服务产业能够健康有序发展。其次，作为一种新的社会服务理念，需要重新界定政府、社会组织、企业、志愿者之间的角色定位和职责分工，这样才能保证新机制的平稳运行。最后，新公共服务理论的核心观念是追求公共利益，当公民参与进去，个人利益同公共利益息息相关时，公民就能够按照公共利益去行动。所以在研究智慧健康养老服务如何发展时，应当充分听取老年人的意见，调查老年人的需求，这样才能使养老服务取得真正的实效。①

四、人力健康资本理论

1972年，美国纽约市立大学教授迈克尔・格罗斯曼（Michael Grossman）在其著作《健康需求：一种理论与经验的研究》中，通过建立健康需求模型，将健康人力资本作为一种重要的人力资本形式，对其在现代人力资本发展过程中的作用进行了开创性的研究。

格罗斯曼的人力健康资本理论对健康需求做出了如下假定：健康是一种消费品，也是一种资本，健康存量会随着时间而减少，因此需要对健康进行投资，以维持健康资本的存量。格罗斯曼认为，消费者可以通过生产健康来补充健康资本的消耗，而消费者生产健康的主要生产要素是医疗保健服务。在经济学中，我们把这一过程定义为一个生产函数，也就是把投入（医疗保健服务）转变成产出（健康）的关系式。一个普通人健康生产函数采取下列形式：

健康=H（遗传、医疗保健服务、生活方式、社会经济状况和环境……）

在这个公式中，健康是指某一时点的健康水平；遗传是指某一时点个人健康的遗传因素；医疗保健服务是指消耗的医疗保健服务（产品）数量；生活方式是指一系列变量，如饮食和运动；社会经济状况是指反

① 刘潇雨.大连市西岗区智慧健康养老服务发展调查研究［D］. 大连：大连理工大学，2019：4.

映社会和经济状况的因素，如教育与贫困的相互关系；环境是指环境变量，包括空气和水的质量。①

该函数说明了消费者个人可以对改善自身健康状况所需的成本做出理性预期，并对不同健康投入的成本进行对比，以选择效用最大化的健康投入。

格罗斯曼的人力健康资本理论还进一步探讨了健康的影响因素。首先是收入对健康会产生影响，收入的增加会拉升消费者对医疗卫生服务的购买，进而改善消费者的健康状况。其次是年龄对健康会产生影响，随着消费者年龄的增长，健康资本存量随之下降，为了恢复健康资本存量，消费者会增加对医疗卫生服务的需求。最后是教育也会对健康产生影响，随着受教育水平的提高，消费者的劳动从纯体力开始转变升级；同时，教育可以提高医疗服务的边际产出，受教育水平高的消费者可以更有效率地利用现有的医疗、健康资源，以提高自身的健康水平。除此之外，生活成本、医疗保险和医疗卫生服务等均会对健康产生影响。

格罗斯曼的人力健康资本理论可用于解释智慧健康养老服务对老年人健康影响的内在逻辑与联系。依据该理论，一方面，对老年人而言，智慧健康养老服务是提升个人健康资本存量的一种投资；另一方面，如果老年人增加智慧健康养老服务的投入且最终产生了对健康的促进作用，也能够证明格罗斯曼人力健康资本理论中的健康投资是与智慧健康养老服务相契合的。

格罗斯曼的人力健康资本理论说明了个人经济状况、对健康的投入等会对个人健康产生影响。这不难推导出包含医疗保健服务、养老生活照料服务、文娱社交服务、智慧化服务等内容的智慧健康养老服务可以改善老年人的健康状况，对老年人健康产生积极的影响。②

五、补偿性消费理论

补偿性消费理论起源于1988年，由学者哥容默（Gronmo）提出。

---

① 王晶，王小万.健康资本：人力资本理论的新拓展［J］.中国卫生经济，2008（5）：44-46.

② 史青灵.智慧健康养老服务对老年人健康的影响研究——基于成都市金牛区的调查［D］.成都：西南交通大学，2020：18.

他认为，补偿性消费就是消费者通过购买一系列不同的产品，以补偿自己尚未实现满足的某些深层次的心理需要。例如，渴望赢得某一地位但是尚未实现的消费者，会通过购买能够显示这一地位的产品，从而补偿性地满足其对地位的追求。

补偿性消费理论被不断地深化和拓展。1993 年，格鲁纳特（Grunert）通过变量函数的形式对补偿性消费进行了再解释。他认为，人的需要可以通过若干的资源得以满足，这些资源既包括与他们的需求直接对应的一类资源 x，也包括表面上与该需求没有关系的另一类资源 y，缺乏资源 x 的时候，既可以通过获取该资源来满足心理需求，也可以借助资源 y 进行弥补，而以资源 y 来弥补的行为即补偿性消费行为。补偿性消费可以作为消费行为的一个重要视角，用来解释一些看似非理性或者不合理的消费动机或消费现象。

总体上，补偿性消费理论可以归结为三个层面：自尊威胁、控制感缺失、归属感缺失。[①]补偿性消费理论可用作研究智慧健康养老服务购买意愿的心理依据。首先，老年群体迈入生命周期的最后阶段，身体各项机能的逐步退化使他们面临死亡威胁，通过购买智慧健康养老服务提升健康水平，可减轻死亡焦虑。其次，老年人年轻时社会经济发展落后，生产力低下，可供老年人消费的服务类型较少。智慧健康养老服务作为新型消费选择，在生活水平较高的条件下，通常会成为老年人的补偿性消费追求。最后，购买智慧健康养老服务有助于老年人融入现代社会，共享科技发展成果，从而获得社会归属感。[②]

六、人机交互理论

人机交互（Human Computer Interaction，HCI），国际上也称人机互动，涉及交互方法、交互技术、交互设备和交互软件等内容。人机交互理论基于认知科学反映用户感知的过程，通过以用户为中心的人机交互研究用户的认知过程和规则，根据用户的认知特征（如感知、记忆、思

① 罗丽，曹兴华，覃建雄.补偿性消费理论视角下年轻群体旅游消费行为探讨［J］. 商业经济研究，2021（18）：179-182.

② 孙月.重庆市九龙坡区居家养老老年人智慧健康养老服务购买意愿影响因素研究［D］. 重庆：重庆医科大学，2019：15-16.

维、推理、反馈），提供一种交互式的方法来识别用户的任务需求和环境，建立符合用户个性化特征的交互模型。在智慧健康养老服务平台的构建上，人机交互理论的运用尤其重要，无论是智能产品的终端还是界面，它都是老年人去体验新技术的最直接的途径。人机交互，在人和机器之间建立一种交互关系，让产品或是设备界面都更加符合老年人的生理状况，因而人机交互在智慧健康养老服务平台中扮演着非常重要的角色。

就智慧健康养老服务平台而言，人机交互是老年人对智慧健康养老的认知反映。以老年人为中心的人机交互，提供符合老年人认知需要的界面，构建符合老年人个性化特征的交互模型，为老年人提供精准的养老服务，如图1-3所示。

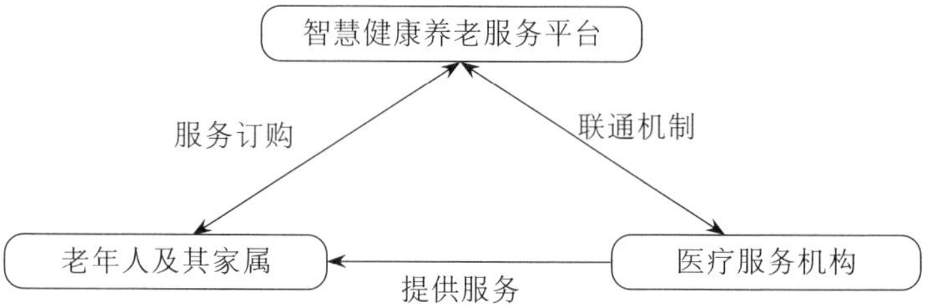

图1-3 人机交互图

在交互设计中，平台的构建者需要在“可用性”“易于理解”“方便使用”等各个层面满足老年人的健康需求。面对老年用户的各种需求，如何定义和选择它们是设计师在交互设计实践中必须面对的问题。分析老年人不同层次的健康需求，有利于指导交互设计实践，并使交互产品更好地适应老年人的需求。

交互设计应该优先满足老年人较低层次的需求，同时注重老年人高层次的健康需求，为老年人提供良好的人机互动体验。老年人的健康需求通常会受到多种多样且复杂的因素的影响。人机交互过程只是其中的一部分，应在更大的范围内考虑交互体验，依据实际情况动态调整互动设计的相关概念和方法，以真正满足老年人的实际需求。[①]

① 龚娜.基于老年人健康需求的智慧健康养老服务平台构建研究［D］.上海：上海工程技术大学，2020.

七、感知服务质量理论

通过对顾客行为的多年研究，1982年著名营销学家格罗鲁斯（Gronroos）提出了“顾客感知服务质量”概念，这一概念将顾客的期望作为一个坐标，以顾客的感知来衡量服务的质量。他对顾客消费后的评价和消费前的期望进行了对比，构建了一个顾客感知服务质量模型，该模型说明了服务质量从本质上讲是一种感知。一项服务的最终质量实际上是顾客把对服务质量的期望和亲身体验（经验质量）进行了比较后的结果，这称为顾客感知服务质量。顾客满意的感知服务质量至少应与期望质量相符，或高于期望质量，而太低于顾客期望的感知服务质量则会导致顾客不满意。

顾客感知服务质量包括两个方面（如图1-4所示）：一是顾客的期望服务质量，在这一点上，每个人的期望服务质量是不一样的，这是由顾客需求、公共关系、口碑、企业形象、销售、营销沟通等因素决定的；二是亲身体验的经验质量，其中包括技术质量和功能质量。技术质量是指服务的结果，功能质量是指服务过程质量。[①]

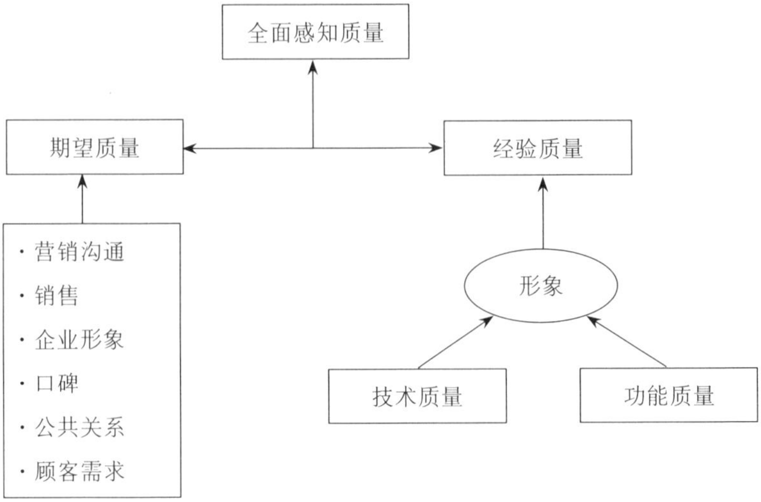

图1-4 顾客感知服务质量模型图

① 李晓军.顾客感知服务质量理论在公共图书馆服务创新中的应用［J］.内蒙古科技与经济，2012（5）：145-146.

如何提高智慧健康养老服务的质量是一个重要的课题，可以感知服务质量理论为指导，通过测算老年人的期望服务质量和感知服务质量之间的差异程度，来评价智慧健康养老服务质量。如果老年人的实际感知值低于期望值，说明智慧健康养老服务质量低；如果实际感知值高于期望值，说明智慧健康养老服务质量高。将感知服务质量理论引入智慧健康养老服务创新工作中，借鉴其先进的服务理念和方法，可以使智慧健康养老服务工作取得良好的效果。

重点问题探讨：老年人信息需求层次模型

著名智慧养老专家左美云教授以马斯洛需求层次理论为依据，对老年人的需求进行了层次化演绎，构建了一个老年人信息需求层次模型。在此基础上，他从两方面探讨了该模型的应用：一方面，分析 IT/IS 产品在满足老年人信息需求过程中所能发挥的支持作用；另一方面，初步分析老年人的信息需求对信息技术或信息系统（Information Technology/Information System，IT/IS）的影响。现对其相关研究介绍如下：

2009 年，左美云教授率领的研究小组采用文献分析方法，对老年人的需求进行归纳，利用中国期刊全文数据库、ProQuest 系列数据库进行检索，设置检索项为“篇名”，检索词为“老年”和“需求”以及“老年人”和“需求”，累计检索出文献近 600 篇。由于精力有限，左美云研究团队重点研读了中国期刊全文数据库中“电子技术及信息科学”和“经济与管理”子库中的 40 篇文献，以及在 ProQuest 数据库中按照推荐的主题“老年人需求”和“老年人需求分析”，以主题搜索的方式检索出的 25 篇有全文的文献。在阅读这 65 篇中外文献的过程中，从中提取关于老年人需求的关键词，如“饮食”“衣着”“情感”“护理”等，并根据马斯洛的需求层次理论将这些关键词分为五类，分别是生理、安全、情感、受尊重和自我实现的需要。表 1-1 中列出了上述文献中出现频率较高的关键词。

表1-1 **老年人需求层次分析表**

层次	该层次累计频数	出现频率较高的关键词	归纳出的需求
生理	54	长寿、物质生活、饮食、衣着、保健品、交通便利、老年公寓、老年社区、老有所养、老年失能或残障、护理服务、长期护理、日常生活照料、陪护中心、丧偶独居、减轻儿女负担、异地养老、应急响应等	衣、食、住、行、受护理
安全	47	身心健康、看病、治疗、医疗条件、医疗保健产品、医学保健知识、医药费、医疗保障、可支配收入、经济保障能力、贫困风险、保健品消费质量、法律权益、子女虐待父母、养老机构、安全防护设施、政府救助、集体救助、社会保障、福利政策等	生命安全、养老安全、社会安全
情感	40	家庭温暖、爱情、温情、心理情感危机、孤独感、精神慰藉、精神赡养、心理健康、社会活动、宗教信仰、老年俱乐部、养老休闲、上网聊天、老年电视节目、社区文化、老年玩具、老年人旅游团、娱乐活动、精神消费等	亲情、友情、爱情、团体、信仰
受尊重	7	爱面子、自尊心、他人态度、体型、服饰、知识、修养、家庭地位、健康自评、“健康老年人”评选、社会歧视老年人、尊老敬老等	自我肯定、家庭/团体/社会地位
自我实现	18	完善自我、找工作、取得成就、老年大学、特长、与时俱进、知识竞赛、老年人事业、社会贡献、发挥余热、再就业等	掌握新知、创造价值

从筛选出的关键词中可以看出，老年人除了有与一般人一样的需求外，由于老年人的生理机能（如听力、视力、语言能力、定位能力、记忆能力等）相对退化，他们还有一些相对突出的需求。我们在对上述文献进行分析的基础上，参照马斯洛的需求层次模型，对老年人的需求进行了分析和归纳，得到了老年人的信息需求层次模型（如图1-5所示）。

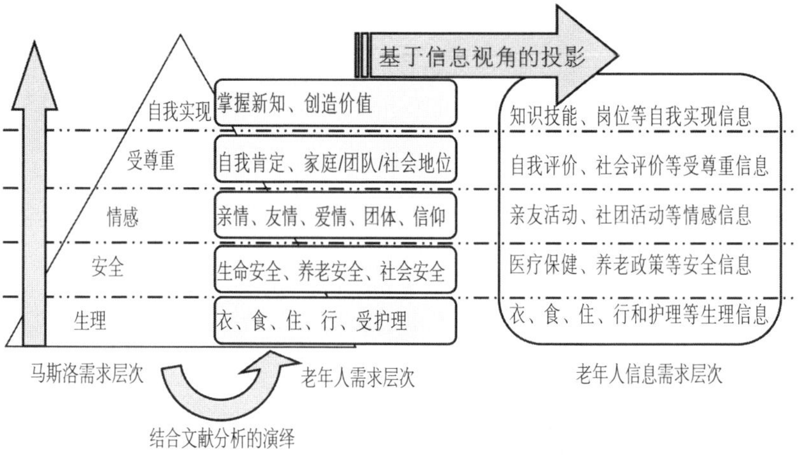

图1-5 老年人信息需求层次模型的分析过程

1.老年人信息需求层次模型的构建

研究者在老年人需求层次的基础上，从信息论的视角对老年人的需求层次进行投影，得到老年人信息需求层次模型。总体而言，老年人的信息需求层次模型分为五层，以下是对各个层次老年人的信息需求的简要描述：

（1）衣、食、住、行和护理等生理信息需求。马斯洛需求层次理论的第一个层次是生理需求，除包含一般人的生理需求如衣、食、住、行等方面的需要外，由于老年人自身存在一定的行动障碍或认知障碍，较难独立保障自身的生命安全，因此老年人还有受护理的需求。可以说，老年人的衣、食、护理等信息需求是老年人最基本的信息需求。帮助老年人有效地获取上述相关信息，可以使其及时利用社会提供的各种资源，满足自己日常生活的需要，提高老年人的生活质量。

（2）医疗保健、养老政策等安全信息需求。马斯洛需求层次理论中的第二层为安全需求，对老年人而言，安全需求具体体现在生命安全、养老安全和社会安全三方面（黄静，2008）。其中，生命安全的需求具体体现在对医疗保障体系的需求上；养老安全，即从制度和政策上保障老年人老有所养；社会安全则是指社会对老年人提供的安全保障，如提供充分考虑老年人特殊需求的公共设施等。

医疗保健以及养老政策等信息需求是老年人的安全信息需求。老年人由于年龄等原因，生理和心理功能逐渐老化，对医疗卫生的信息需求比年轻人更加丰富。同时，老年人经济收入有限，自我权益保护能力较弱，需要获得养老金等政策保障信息以维持日常生活，还需要了解保护老年人的法律信息以保障自身权益。

（3）亲友及社团活动等情感信息需求。对一般人而言，马斯洛需求层次理论中的情感需求包括两方面内容：一是爱的需要，包括对友情、亲情和爱情的需要；二是归属的需要，即希望成为群体中的一员，并相互关心和照顾。事实上，老年人对情感的需求要比一般人更为强烈。情感信息需求是第三层次的信息需求。老年人不仅需要来自儿女、伴侣的关照，更需要来自朋友的近况等信息。对于希望找到新伴侣的老年人，也需要针对他们提供的婚介信息。同样，为了获得归属感，他们也需要其关注的社会团体和宗教信仰的相关信息，如社会新闻和社区、老年社团的活动信息等。

（4）自我评价、社会评价等受尊重信息需求。一般人受尊重的需求可分为内部尊重和外部尊重。内部尊重是指个人对自己的实力充满信心，具有独立自主的需求；外部尊重是指个人希望外部对其尊重、信赖和高度评价。结合老年人的特点分析，其受尊重的需求具体地体现在四方面：老年人的自我肯定、在家庭中的地位、在所参加团体中的地位以及一般性的社会地位。

在信息需求层面，老年人的内部尊重主要是指老年人的自尊，即个人对自己的实力充满信心，这需要依靠自我评价的工具和信息；老年人的外部尊重是指个人希望外部对其尊重，这需要依靠社会评价的工具和信息。老年人可以根据自我评价和社会评价的信息调整自己的态度和行为，并且进一步提升自己的能力，使自己在家庭中的地位、在所参加团体中的地位以及一般性的社会地位得到提高。

（5）知识技能、岗位等自我实现信息需求。这是马斯洛需求层次理论中最高层次的需要。老年人在实现个人毕生梦寐以求的理想或发挥个人所长为社会创造价值时，需要掌握新技能和学习新知识，以及找到适合自己的工作岗位，这就需要相应的知识技能和工作岗位等信息。老年人的知识和经验是宝贵的社会财富，社会应该整合多种资源，向有工作需求的老年人提供更多的工作岗位信息，使有工作能力的老年人能够找到自己发挥余热的空间。

目前，学术界对老年人各个需求层次的关注程度是不同的。通过前面的文献分析（参见表1-1中各层次的累计频数）我们可以发现，目前国内外关于老年人需求的研究中，对老年人的生理需求、安全需求这两种基本需求的关注程度很高，对老年人的情感需求也非常关注，但是对老年人的受尊重需求和自我实现需求关注较少。这说明老年人需求与满足的矛盾目前主要集中在前三个层次上，但随着经济和社会的发展、老年人生活条件的改善，老年人对受尊重和自我实现的需求必将增加，这一点值得进一步关注。①

2.老年人信息需求模型的潜在应用

研究者分析老年人的信息需求模型，是为了探讨如何采用合适的信息技术或信息系统来满足老年人的信息需求，以及探讨如何针对老年人的信息需求设计相应的IT/IS产品。研究者假设老年人的信息需求满足后，将会提升老年人的满意程度。据此，研究者给出IT/IS提高老年人满足感的作用机制概念模型（如图1-6所示）。图1-6中包括三个构念（Construct），其中自变量是合适的IT/IS产品，也即适合老年人使用的IT/IS产品，具体体现为IT/IS产品与老年人信息需求的匹配度、易用性、好用性和安全性四个观测指标；中间变量是老年人信息需求得到满足，也就是采用合适的IT/IS产品满足老年人各层次的信息需求；因变量是老年人的满意度，这里的满意度指的是对自身和社会两方面的满意。图1-6中的“+”是指正相关。

① 左美云，刘勍勍，刘方.老年人信息需求模型的构建与应用［J］.管理评论，2009（10）：70-77.

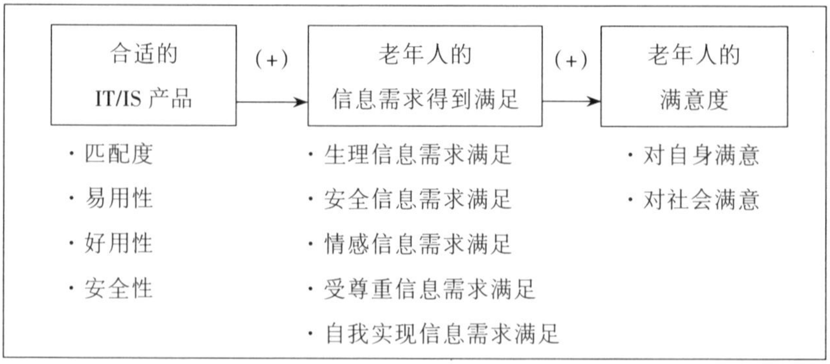

图 1-6　IT/IS 提高老年人满足感的作用机制模型

得到图 1-5后，结合图 1-6的思路，研究者从两方面对老年人信息需求模型进行探讨：一是IT/IS如何支持老年人的信息需求模型，使老年人的信息需求得到满足？二是老龄化社会对IT/IS的设计会产生哪些影响？

（1）IT/IS对老年人信息需求满足的支持。在快步走向老龄化社会的今天，IT/IS将会发挥重要的作用，对老龄化社会产生积极的影响。具体地讲，IT/IS可以从满足老年人的生理、安全、情感、受尊重和自我实现等信息需求的角度出发，提供相应的信息技术以及信息产品，从而提高老年人的生活质量。IT/IS对老年人产生的支持作用及相应的IT/IS产品参见表 1-2。

表1-2　　**IT/IS 对老年人产生的支持作用**

针对的需求层次	针对的信息需求	相关的IT/IS 产品举例
生理需求	衣、食、住、行和护理信息	老年生活信息网站等 报警系统、信息化老年公寓、信息化社区等
安全需求	医疗保健、养老政策信息	应急设备、老年人健康跟踪档案、远程医疗等 养老政策和保险网站
情感需求	亲友活动、社团活动等信息	即时通信、电子邮件、电子存档、人机交互设备等 网络社区等

续表

针对的需求层次	针对的信息需求	相关的IT/IS产品举例
受尊重需求	自我评价、社会评价等信息	老年人自我评价网站等 老年人社会评价网站等
自我实现需求	知识技能、岗位等信息	远程老年大学、老年教学软件等 老年人经验日志、技术论坛、老年人工作辅助工具、老年人再就业信息平台等

① IT/IS对老年人生理需求的支持。老年人的生理需求主要是衣、食、住、行等基本需求和护理需求。目前，大多数养老企业提供的IT/IS产品主要是各种各样的养老服务系统，老年人可以通过打电话、上网等多种方式登录老年生活类信息网站或养老服务平台，获得各种相关服务，保障其基本生存需求。另外，护理信息系统可以存储老年人的护理需求和护理进展信息，老年人还可以通过可穿戴设备提供身体状况信息，监护人通过相关系统或相应的手机App即可了解老年人的身体状况，及时了解老年人的需求。另外，IT/IS产品可以部署到老年人居住的公寓或社区，如建设信息化老年公寓和社区。

② IT/IS对老年人安全需求的支持。在生命安全方面，可以利用IT技术制造适合老年人的报警应急设备，如带有报警功能的可定位手杖。这种手杖不仅可以在老年人意外摔倒或昏厥时发出警报，还可以通过定位系统及时向老年人的监护人报告老年人的具体位置。在医疗保健信息的支持方面，可以通过医疗信息系统的建设和运行，建立老年人健康档案，完整地记录老年人以往的医疗信息和基本状况，为医生制订正确的治疗方案提供相关信息。还可以采用远程医疗设备，并通过互联网向老年人提供医疗信息，这有助于为行动不便的老年人提供居家诊疗服务。除了可以为老年人提供各种辅助器具和医疗机构的信息外，还可以通过互联网及时发布养老政策和保险的详细信息。

③ IT/IS对老年人情感需求的支持。从满足情感交流的角度出发，一方面，利用互联网跨越空间的鸿沟的特性，可以通过即时通信工具、电子邮件、微信群等方式将相隔异地的老年人与其亲友紧密地联系在一

起；另一方面，IT/IS产品可以突破时间的界限，通过生命历程数据库等内容，让老年人时刻感受到亲情、友情、爱情的存在。再者，从形式上，信息技术还可以丰富老年人与亲友沟通的方式，从单纯的声音到图像，从动态影音到利用陪聊机器人等人机交互技术，实现老年人与亲友的亲密互动。从满足归属感的角度出发，网络的普及可以让那些不方便出门的老年人通过微信群、微信公众号、微信服务号以及网络社区中的互动形式，了解社会团体和宗教信仰的相关信息，并参与感兴趣的活动，从而增强其归属感。

④ IT/IS对老年人受尊重需求的支持。老年人期望受尊重，期望得到家庭成员、团体成员以及相关的社会公众好的评价。相关机构可以建立老年人自我评价网站，根据科学的自我评价指标体系，老年人可以进行自助式自我评价。老年人所在的社区或团体也可以设立网上社会评价系统，进行互评，结果只有被评价的老年人自己能看到。评价方式可以是多元的，老年人可以根据自我评价和社会评价的结果调整自己的态度和行为，树立正确的自我意识，增强自信心，并且通过学习进一步提升自己的能力，保持或提高在家庭中的地位、在所参加团体中的地位以及一般性的社会地位。

⑤ IT/IS对老年人自我实现需求的支持。IT/IS不仅可以帮助老年人掌握与时俱进的技能，还可以为他们创造新的途径以完善自我。

•普及老年人的IT教育，相关机构可以向老年人推荐他们喜爱的网站和远程老年大学，让他们掌握最新信息和知识，紧跟时代的步伐，也可以采用慕课和直播等新的形式让有经验的老年人授课，让有学习意愿的老年人听课。

•利用IT技术，开发一些与老年人从事的工作相关的辅助工具，如老年人阅读器、老年人助听器、老年人网页浏览器等，减少一些工种的体力支出，增强容错性能，放宽职位对工作年龄的限制，合理、有效地利用老年资源。

•可以考虑借助网络技术，为老年人创造或提供新的就业渠道。例如，可以建立老年人再就业的信息平台和老年志愿者系统，合理配置人力资源，实现老年人力资源的再利用。网络技术可以规避老年人行动上的弱势，同时可以发挥老年人经验丰富的优势。例如，可以通过网络上的经验日志、技术论坛等方式汇集老年人的智慧，为社会创造价值，满足老年人发挥余热、实现自我价值的需求。

（2）老年人信息需求对IT/IS发展的影响。老龄化社会的到来给IT产业的发展既带来了挑战，也带来了机遇。研究者认为，针对老年用户越来越多的现实，IT/IS企业和学术界需要针对以下方面进行研究，来应对老龄化社会带来的挑战，把握其中蕴含的机遇：

① 挖掘并创造老年人的信息需求。可以预见的是，专门为老年人设计的IT/IS产品会逐渐增多。目前，老年人多是被动地适应IT/IS产品，而较少主动提出自己的需求，许多老年人潜在的信息需求可能仍然没有被发掘，这也是目前IT/IS产品在老年人中普及率较低的主要原因之一。因此，学术界和产业界需要持续挖掘老年人的需求，从而打造出适应老年人需要的IT/IS产品。

② 建立覆盖老年用户的信息系统。在老龄化社会到来的今天，信息系统建设不但要考虑技术架构或技术实现方式，更要从用户的角度关注用户构成的变化。在各类信息系统（如银行信息系统）的设计上，需要充分考虑老年人这个用户群体的需求。准备升级改造或正在规划中的信息系统，应该在设计阶段注意考虑老年用户的使用行为和特点。相关机构还可以建立覆盖老年用户的信息系统，从而解决老年人增多带来的社会问题。例如，建立老年人的全国性档案信息库，打破由于区域划分而造成的信息壁垒，真正通过信息系统，用全局的眼光思考并解决老龄化社会所带来的种种问题（如异地养老问题），从而加强对老年人的服务和管理。

③ 设计适应老年用户的信息系统。老年人的听力、视力、反应速度、理解能力等都有所下降，无论是针对老年人的IT/IS产品还是公众信息产品，在交互设计、界面设计上都应当考虑老年用户的上述特点。实际上，除企业信息系统主要面向中青年外，在电子商务、电子政务、电子社区三个领域，中老年用户越来越多，所以，面向老年人的信息系统设计必然是一个研究的重点。国内已经有一些高校和科研机构开展了相关研究，如针对老年人的IT产品和计算机通用设备的设计研究。

④ 研究老年人采纳和持续使用IT/IS产品的影响因素。随着社会和企业对老年人越来越重视，面向老年人的各种IT/IS产品也越来越多。例如，各种各样的可穿戴设备、电子健康设备层出不穷，各种面向老年人的手机App程序、涉老网站或平台越来越多，但是，很多产品或系统都出现了推出时市场活动热热闹闹、实际使用时冷冷清清的问题。因此，除加强涉老产品的研发外，也要认真研究老年人为什么会采纳和持续使用这些产品。具体来说，要研究用得好的那些IT/IS产品为什么用得好？为什么有些老年人做不到持续使用？我们要认真研究其中的影响因素，为这些产品或系统的人机界面设计和运行机制设计提供参考。

中国正在步入老龄化社会，显然，随着老年人规模的扩大，IT/IS产品的用户构成将发生明显改变。这种变化对IT产业而言，既是巨大的挑战，也蕴含着发展机遇。无论是学者还是产业界，都需要瞄准这个具有战略性的社会热点问题，针对老龄化社会条件下IT/IS产品的发展进行深入研究和实践。[①]

① 左美云.智慧养老内涵与模式［J］.北京：清华大学出版社，2018：22-26.

第二章　智慧健康养老服务需求、模式与标准

在明确智慧健康养老概念、功能和类型以及相关理论的基础上，接下来重点探讨智慧健康养老发展的四大问题，即智慧健康养老服务、智慧健康养老技术、智慧健康养老产业和智慧健康养老人才培养。

本章主要探讨智慧健康养老服务的需求、模式和标准等智慧健康养老服务的相关问题。

第一节　智慧健康养老服务需求

随着老龄化的不断加深，智慧健康养老服务作为应对老龄化问题的主要创新手段受到各界的广泛关注。这种以云服务平台为依托，通过动态搜集、整理和识别有关老年人需求数据，为老年人提供涵盖生活辅助、医疗护理、休闲娱乐、精神慰藉等各项智能化、专业化、个性化、多元化的综合养老服务模式[①]，已成为我国积极应对人口老龄化、大力

---

① 王红云，高维杰，胡燕．智慧养老护理背景下我国老年人新媒介素养现状及启示[J]．护理学杂志，2018（8）：97-100.

推动养老服务机构提质增效和满足老年人医养结合服务需要的重要手段。[①]然而，我国智慧健康养老服务目前仍存在利用率低、规模小、缺少成熟运营经验等问题。[②]通过了解老年人的智慧健康养老需求现状，明确不同身体健康状况老年人可接受、可匹配、有针对性的智慧健康服务产品和体系，可以为政府、社会、社区及家庭构建智慧健康养老服务供给平台和服务模式提供参考。

一、智慧健康养老发展的社会需求

当前，中国人口发展呈现出老龄化、高龄化、少子化趋势。[③]一方面，随着老年人口不断增加，养老服务需求不断扩大；另一方面，家庭规模愈加趋近小型化，使得传统的家庭养老功能逐渐弱化。因此，养老服务由家庭向社会过渡。但从养老服务的社会化发展现状来看，在养老资产方面，由于养老金在老年人收入中占比偏低，老年人群财富可持续性增长不强，不足以长期负担社会化养老服务。[④]在社会化养老服务能力方面，服务基础设施不足，民政部发布的《2022年民政事业发展统计公报》显示，截至2022年年底，全国共有各类养老机构和设施38.7万个，养老床位合计829.4万张，全国每千名老年人拥有养老床位为29.6张，与发达国家的50～70张仍有较大差距。养老床位统筹利用不足，中国养老机构总体空置率达48%以上[⑤]，针对失能、半失能老年人刚性需求较高的康复护理服务床位较少，一般的生活照料服务较多，使得拥挤与空置并存的“结构性矛盾”长期存在。服务质量缺乏保障，养老服务流程难以统一规范，个性化服务难以监测、度量。城乡差距明显，在中国城乡二元结构下，农村地区公共服务不足、市场发展滞后。人力资源不足，服务行业劳动强度大、声誉低，使得总体从业人员不

① 李坦英，黄凯，俞双燕.医养结合背景下智慧社区养老服务体系构建研究［J］. 中国农村卫生事业管理，2018（9）：1140-1143.

② 肖菲.智慧养老服务平台市场化运营瓶颈及策略研究：基于湖北省的调查［J］. 湖北社会科学，2022（5）：64-70.

③ 张博.智慧健康养老产业发展困境与出路：基于有效供给视角［J］. 兰州学刊，2019（11）：179-188.

④ 华中生，刘作仪，孟庆峰，等.智慧养老服务的国家战略需求和关键科学问题［J］. 中国科学基金，2016（6）：535-545.

⑤ 汪斌，武继磊，高云霞.养老机构床位空置分布影响因素的空间分析：以北京市为例［J］. 人口与发展，2022（4）：118-128.

足，高端人才缺失。

在此背景下，传统的养老服务行业难以覆盖不同地区、不同阶层、不同特征的老年人群体，需要借助信息技术协同发力。以养老服务的社会化发展为目标，需要智慧健康养老产业依托智能化、自动化服务，降低人力成本；依托物联网、互联网，整合家庭养老床位，改善养老服务基础设施；依托大数据的共享机制和云计算，实现实时、多维、多源数据处理的质量管理，优化服务流程；使人力资源由护理服务转向技术开发，培育创新型、复合型人才，实现养老服务的高质量发展。因此，《智慧健康养老产业发展行动计划（2021—2025年）》（工信部联电子〔2021〕154号）提出要打造智慧健康养老新产品、新业态、新模式，为满足人民群众日益增长的健康及养老需求提供有力支撑。

基于健康中国战略，我国坚持把保障人民健康放在优先发展的战略位置，以保障人民享有幸福安康生活为内在要求，提出要全方位、全周期保障人民健康，实施老年健康促进行动，促进医疗和养老资源融合发展。需要市场力量提供资金扶持，引入新兴技术提升专业服务能力，利用智慧健康养老产业的信息技术支撑，推动医养结合的服务体系建设。基于积极应对人口老龄化国家战略，要打造高质量的为老服务和产品供给体系，强化应对人口老龄化的科技创新能力。以老年人老有所养、老有所医、老有所为、老有所学、老有所乐为目标，智慧健康养老产业通过提高老年服务科技化水平，改善养老服务质量和供给形式，能够满足老年人多样化养老需求。通过提高智能产品和智能信息系统的适配度，能够实现智慧健康养老信息的互联互通，加强政府、企业、社区不同主体间的协调合作能力。要以智慧健康养老产业为支撑，提升国家公共服务能力。[①]

二、老年人智慧健康养老服务的需求分析

从老年人本位主义出发，智慧健康养老的现实需求来源于其是否能满足老年人在现实场景中的养老需求。老年人的智慧健康养老服务需求

---

① 王立剑，朱一鑫，马伟.智慧健康养老产业的现实需求与发展进路［J/OL］.［2023-11-17］. 西安交通大学学报（社会科学版）. https: //link. cnki. net/urlid/61.1329. C.20231117.0940.002.

体现在以下方面：

1.生活照护和健康管理是老年人智慧健康养老服务需求的优先选择

老年人智慧健康养老服务必备型需求为家政服务、便民维修、紧急救助、电子健康档案、预防保健教育。据调查，老年人日常生活能力健康状态仅为42.4%。①日常生活能力受损的老年人对生活照护需求较大，从国家级智慧健康养老应用试点示范基地情况来看，政府先后为独居、空巢等老年人提供线上线下智慧健康养老生活照护服务，实现互联网养老产业有效融合。②另外，由于年纪较大、生活自理能力下降等特征影响自身健康状态，以家政服务、便民维修为主的生活照护服务的提供给老年人的居家生活带来了便利。从2016年起，一些地区每年开展一次全民免费健康体检工程，老年人对以电子健康档案、预防保健教育为主的健康管理服务需求逐渐增多，③加之一些地方政府规范了家庭医生签约服务管理，家庭医生签约服务率不断提高，使老年人健康管理意识逐步增强。生活照护和健康管理是老年人智慧健康养老方面的基本服务需求，老年人对此类服务的需求如果不被满足，满意度将大大下降，在老年人心中，他们认为此类服务是必须满足的。应优先满足生活照护和健康管理需求，对于独居或空巢老人，社区可为这些老年人提供生活照护服务，为年龄大、不方便行动的老年人提供日常购物、保健教育等服务，为他们解决生活困难。此外，还应不断扩展基层公共卫生服务项目，加强基层卫生系统间信息互通④，如全民体检数据与家庭医生签约服务系统互通，提高工作效率，从而提高满意度水平。

2.健康监测和安全监护是老年人智慧健康养老服务需求的重中之重

老年人智慧健康养老服务期望型需求为建立老年活动中心以及提供助听器、智能血压计、智能血糖监测仪、智能体重秤、一键报警器、定位仪、烟雾火灾报警器等产品。调查发现，患高血压、糖尿病等基础疾

① 张鑫，谢雨欣，符紫薇，等.衡阳市城区老年人能力受损状况及影响因素分析［J］.中南医学科学杂志，2022（2）：283-285.

② 闫雪，王华丽，穆彬彬."互联网+"背景下新疆农村老年人养老服务需求探析［J］.东北农业科学，2019（2）：92-96.

③ 王小娜，张帆，马国芳.城市社区居民家庭医生签约服务内容的需求调查——以乌鲁木齐市某区居民为例［J］.中国社会医学杂志，2021（4）：446-450.

④ 彭博，陈玫，郑见立，等.新疆地区基层卫生信息化建设实践与思考———基于全民健康体检角度［J］.中国农村卫生事业管理，2020（9）：660-663.

病的老年人居多[①]，同时慢性病具有终身服药和长期监测的特点。[②]随着慢性病共病老年人的增多和各地基层公共卫生服务的大力发展，老年人需要每天监测血压、血糖，观察评估自己身体指标的变化，所以对提供智能血压计、智能血糖监测仪、智能体重秤等健康监测产品具有明确需求。同时，因为独居老人数量显著增多，高龄、独居老年人对一键报警器、定位仪、烟雾火灾报警器的需求较大。付丽等人研究显示，高龄老人跌倒风险高达97.4%[③]，为老年人配备一键报警器、定位仪等安全监测设备，当老年人在家中不慎摔倒、外出走失时，可以通过智能终端的一键报警及定位系统进行呼救，及时取得救助。老年人此类服务的需求如果被满足后，满意度将大大提升，反之，满意度下降。我国越来越多的城市现已构建智慧物联系统对居家老年人的健康与安全进行实时监护。[④]应鼓励老年人主动尝试学习并使用智能设备，跨越数字鸿沟，实施精准供给，突出重点领域，以健康监测和安全监护需求为主线，立足需求，优化智慧健康养老产品适老化设计，建立健全智慧健康养老服务信息化服务平台，制定标准，规范管理，实现终端产品与服务平台信息互通共享。

3.老年人智慧健康养老需求不断深化并具有动态变化的特点

研究显示，老年人智慧健康养老服务魅力型需求为陪同就医、远程医生会诊、慢性病分级管理。随着“互联网+医疗”的不断发展，2020年《国家卫生健康委办公厅关于进一步完善预约诊疗制度加强智慧医院建设的通知》提出加快推进线上线下一体化的医疗服务新模式。在医院挂号缴费等就诊环节中需要老年人采用并不熟悉的自助机器或手机操作，加之医院门诊人满为患，就诊效率较低，所以陪同就医服务就显得尤为重要，在一定程度上保证老年人顺利就医，减轻其在就医过程中的

① 姚晨，王淑霞，于燕，等.乌鲁木齐市北京路社区2032名65岁以上人群健康现状调查分析［J］.新疆医科大学学报，2019（5）：689-693.

② 肖朋，宋爽，朱磊，等.医养结合模式下社区上门医疗服务需求与供给现状分析［J］.卫生经济研究，2019（6）：28-31.

③ 付丽，陈长香，马潇斌.对城市社区罹患慢病高龄老年人安全照护需求的现状调查［J］.中国卫生事业管理，2020（10）：741-742.

④ 王碧琳.中国式现代化背景下乌鲁木齐市智慧养老发展的新探索［J］.中共乌鲁木齐市委党校学报，2023（1）：14-17.

不安。[①]近年来，我国各地先后出台了《远程医疗服务机构管理办法》《远程医疗医务人员管理办法》《远程医疗会诊专家管理办法》等，全面规划了远程医疗服务。远程医疗会诊有助于优化转诊模式，缓解医院医疗资源浪费与百姓看病贵的问题，在降低医疗费用的同时，提升基层医疗服务能力。[②]马斯洛需求层次理论分为生理需求、安全需求、爱与归属需求、尊重需求和自我实现需求，而老年人最基本需求是生理需求和安全需求。[③]调查结果显示，老年人对生活照护、健康管理、健康监测和安全监护的需求较高，只有在满足生理需求和安全需求后，其他层次的需求才能实现。随着空巢老人的增多，子女不在身边时，老年人渴望情感陪伴、丰富老年生活的需求越来越强烈。[④]如"时间银行"互助养老、聊天陪护机器人等服务，在未来预期需求会进一步加强。此外，有老年人担心跟不上社会发展节奏，参与娱乐活动，丰富老年生活，追求更高层次需求。[⑤]老年人的养老需求已经不仅仅是满足生理、安全需求，更是要满足老年人尊重与自我实现的需求。我们应根据老年人不同的养老需求，明确消费人群，提供高品质的智慧健康养老服务，增强老年人智慧健康养老服务体验感，推动智慧健康养老服务的普适性。[⑥]

三、满足老年人智慧健康养老服务需求的策略

在精准识别老年人有效需求的基础上，如何更好地满足老年人的智慧健康养老服务需求？具体应采取以下策略：

1.加大政策支持力度，推动智慧健康养老服务普适化

调查显示，老年人对智慧健康养老这一新生事物表现出极大的关切，愿意利用居家服务的需求比例超过了1/3。但其支付意愿与水平都较低，对可穿戴设备定价期望在500元以下，对智慧养老服务的定价期

① 曾振强，李佳璇，罗玉梅.互联网医院处方流转平台建设的探索［J］.中国数字医学，2022（2）：106-110.

② 王月娟，杨丽娜，吕晓娟，等.远程医疗实践中医疗资源下沉难点分析［J］.医学信息学杂志，2019（11）：52-55.

③ 康艳楠，魏文彤，王瑞瑞，等.基于马斯洛需求层次理论农村留守老年人社会支持需求评估体系的构建［J］.护理学报，2022（8）：1-6.

④ 苏珂，李付星，李月恩.农村空巢老人的情感诉求及抚慰策略［J］.西北农林科技大学学报（社会科学版），2018（5）：79-85.

⑤ 刘亚警，汤新鸿，杨扬，等.新疆老年人学习需求现状调查与策略研究——以乌鲁木齐市为例［J］.新疆广播电视大学学报，2020（4）：63-76.

⑥ 赵健霖，何桂香.基于Kano模型的乌鲁木齐市老年人智慧健康养老服务需求研究张文涵［J］.医学与社会，2024（2）：59-65.

望也不超过千元。因此，针对智慧健康养老供给方，政府应完善智慧健康养老服务的政策支持与支付体系建设，加快落实智慧健康养老产业各项财税优惠政策，对符合条件的智慧健康养老运营平台、社区照料中心等给予税费减免、资金支持、水电气热价格优惠等，以促进智慧健康养老服务价格平民化。而针对居民等需求方，政府既要加快推进符合条件的医疗类智慧健康养老服务项目纳入基本医疗保险保障范围，也应关注目前正在实施的长期护理保险试点工作，促进智慧健康养老产业与长期护理保险的融合发展。[①]同时，政府应鼓励商业企业保险大力发展智慧健康养老保险，根据老年人的不同需求，开发个性化保险产品，为老年人提供经济保障，以保障智慧健康养老产品与服务普及化。值得注意的是，从需求看，人们普遍比较关注老人的安全问题，中青年对远程监控功能的需求较高，老年人对紧急呼救功能的需求较高。有研究表明我国智慧养老应急服务体系单一，院前急救效率较低[②]，因此有必要将发展重点集中于老人紧急呼救和援助服务，建立完善的应急协调体系，分区域设立急救站，提高援助服务应答速度和效率。

2.改善设计，使智慧健康养老产品（服务）适老、懂老

随着信息技术时代的到来，大众对美好生活的向往日益增加，老年群体也愈益重视养老质量，对养老服务及其产品都有了更高的要求。智慧健康养老的核心是“养老”，借助智慧化的手段方便老年人的生活，维持其功能发挥，进而提高老年人的安全感、幸福感和获得感。智慧健康养老不是噱头，更不能技术至上，智慧健康养老产品（服务）应该适老、懂老且助老、敬老，既要有技术的精度，更要有人文的温度。[③]“适老”要求根据老年群体的心理生理特点进行研发；“懂老”要求回应广大老年人的真实迫切需求；“助老”要求更多样、更实用、更富有创造力的智慧健康养老产品（服务）；“敬老”要求践行数字化是老年人的可选项而非必选项。

---

① 唐金成，李莹莹.长期护理保险赋能农村养老问题研究［J］. 南方金融，2022（3）：63-76.

② 陈政硕，李爱芹.“互联网+”背景下智慧养老困境及其发展路径研究［J］. 攀枝花学院学报，2021（4）：30-38.

③ 吴玉韶.智慧养老既要“技术精度”更要“人文温度”［J］. 中国社会工作，2020（23）：18.

改善设计，使智慧健康养老产品适老、懂老，就要以合理挖掘老年人的智慧健康养老需求为基础，拓展银发消费，催生银发经济新产业、新业态、新模式。“医食住行”向来是最基本的民生，老年人对“医”与“食”的需求尤为突出。在调研中，低龄老年人对助餐服务，尤其是对老年食堂的需求较大，而高龄老年人则比较重视呼叫服务与医疗保健服务，如若能够根据老年人群的异质性提供服务，这些都是智慧健康养老面临的机遇所在。并且，要想真正设计出适老、懂老的智慧健康养老产品（服务）就离不开充分的市场调研，只有切实做到与老年人面对面地沟通和交流，才能深入了解老年人的实际需求，从而实现以老年人为本，站在老年人的角度而非年轻人或者设计者自身的角度设计智慧健康养老产品（服务）。①

让智慧健康养老产品（服务）适老、懂老，还要注意其本身的安全性。例如，由于智慧健康养老产品（服务）不可避免地会收录老人的个人基本信息（包括姓名、身份证号、联系方式、住址等）及病例、生理监测指标等重要健康信息，人们对于智慧健康养老产品（服务）的隐私泄露安全也会产生顾虑。因此，智慧健康养老信息服务平台务必要完善其隐私保护机制，同时，政府也要加强对智慧健康养老市场隐私安全的监管机制，建立健全相关法律法规，保护老年人隐私安全不受侵犯。②

总之，做到让老年人觉得实用、好用，是推广智慧养老产品（服务）的关键。应当借助科技手段，用“无形”或“隐形”的方式为老人提供服务，让老人轻松学习，甚至无须学习，即可轻松使用产品、享受服务。智慧健康养老产品（服务）的链条尚不完整，需大力培养足够的养老服务人员进行后续指导或干预，形成健康服务闭环。以智慧养老产品（服务）细润人心，帮助老年人拥抱并享受科技时代，方能将推进积极老龄化、健康老龄化战略落到实处。③

---

① 王玉琪，朱沁，王红漫.老年人对智慧养老的认知、需求及影响因素分析——以北京市4个智慧健康养老示范街道为例［J］. 卫生软科学，2023（4）：36-43.

② 陶雪琴.基于合肥市L区的智慧养老信息平台发展困境及路径研究［J］. 湖北经济学院学报（人文社会科学版），2022（6）：58-61.

③ 王玉琪，朱沁，王红漫.老年人对智慧养老的认知、需求及影响因素分析——以北京市4个智慧健康养老示范街道为例［J］. 卫生软科学，2023（4）：36-43.

3.营造积极老龄化发展氛围，提高老年人数字健康融入水平

世界卫生组织（WHO）提出了积极老龄化的理念，包括健康、参与、保障三个方面[①]，健康是指维护老年人健康水平，减少老年人疾病负担，提高老年人生活质量，参与是指老年人根据自己的需求、喜好、能力积极参与社会经济、文化生活，保障是指家庭、社区、社会通过多种途径为老人提供经济保障、医疗保障、社会救助、长期照护等。研究发现老年人对智慧健康养老的认知普遍较低，根本原因还是老年人数字化水平较低，不会使用电子产品等，因此要推动政府、社会、家庭等多层面全方位营造积极、现代、互联互通的养老氛围，鼓励老年人学习使用互联网、智能终端、移动通信等技术产品，使其以积极的态度对待老年生活，积极参与社会活动，主动学习现代科技，在互联网时代能够充分利用智能产品发挥自身在文化、经验、技能等方面的优势，促进老年人的数字健康融入水平，推动智慧健康养老产业发展。[②]

4.加强智慧健康养老的宣传力度，推动走向智慧社会的步伐

世界卫生组织支持就地养老，即不论年龄、收入或内在能力水平如何，老年人都有安全、独立、舒适地生活在自己家庭和社区中的权利。作为积极应对人口老龄化的新措施，社区智慧养老服务有助于满足老年人多样化、个性化的需求，实现中国老年人原居安养的愿望，缓解家庭养老压力，适合我国国情。老年人退休后，脱离了原有的工作岗位，大部分时间都生活在家庭和社区之中，接受新事物、新信息的途径较少。虽然智能手机、互联网等方便了老年人的生活，但是部分老年人使用起来仍然存在着各种各样的障碍。通常情况下，老年人获取信息的方式一般为社区宣传、电视新闻以及与身边人的交谈。因此，想让老年人更加具体地了解智慧养老，社区宣传是一种非常有效的方式，以智能技术运用培训，实现适老化特征产品的普及与应用。可组织民政人员或智慧养老服务工作人员深入社区为老年人解读养老政策，推广普及智慧养老基本知识，耐心为老年人讲解智慧养老服务内容及使用方式；也可通过社

① 罗志强.积极老龄化理论视角下社区老年教育发展研究［J］. 当代继续教育，2016（3）：20-23.

② 郝晓宁，马骋宇，张山，等.基于年龄差异的智慧健康养老服务需求与认知现状研究［J］. 中国农村卫生事业管理，2023（7）：468-473.

区内的墙报展示，让老年人及其家属了解智慧养老，提高智慧养老的普及率。

工业和信息化部、民政部以及国家卫生健康委联合印发的《智慧健康养老产业发展行动计划（2021—2025年）》，从科学技术支撑、产品及服务供给、试点示范建设、产业生态优化等多方面提出了新愿景，为智慧养老的发展指明了方向。2022年国务院印发《“十四五”国家老龄事业发展和养老服务体系规划》，从事业和产业角度对智慧养老做出进一步要求，提出促进老年用品科技化、智能化升级及推广应用，建设兼顾老年人需求的智慧社会。“老吾老，以及人之老。幼吾幼，以及人之幼”是中华民族传统的仁爱美德。应持续推进试点示范建设，使其充分发挥引领效应。在政府部门的主导下，社区、养老服务企业、老年人家庭等多元主体共同参与，加大对智慧健康养老的推广学习与实地交流，由点及面，真正建成符合老年人需求的智慧社会。①

四、以老年智慧学习模式唤起智慧健康养老服务需求

随着社会的发展和进步，终身教育理念日益深入人心。在这个背景下，老年人群体的学习需求也日益凸显。当今老年人口日益增多，加强老年智慧学习对于提高老年人的生活质量、促进社会和谐发展具有重要意义。探讨终身教育背景下加强老年智慧学习，打造老年人智慧学习新模式，是唤起老年人智慧健康养老服务需求的一个先决条件，对推动智慧健康养老及促进老年教育事业的发展都有着重要意义。

1.提高老年智慧学习意识

（1）加强宣传教育。通过电视、报纸、网络等媒体，广泛宣传老年智慧学习的重要性和必要性，提高老年人对智慧学习的认识。同时，宣传老年人通过智慧学习取得的成功案例，激发老年人的学习热情。

（2）开展主题活动。组织开展老年智慧学习主题活动，如老年智慧学习讲座、老年智慧学习经验交流会等，让老年人亲身感受智慧学习的魅力。

---

① 王玉琪，朱沁，王红漫.老年人对智慧养老的认知、需求及影响因素分析——以北京市4个智慧健康养老示范街道为例［J］. 卫生软科学，2023（4）：36-43.

（3）发挥榜样作用。评选老年智慧学习榜样，宣传他们的学习事迹和经验，激励更多的老年人参与智慧学习。

2.丰富老年智慧学习资源

（1）优化课程设置。根据老年人的需求和兴趣，优化老年智慧学习课程设置。开设文化艺术、健康养生、信息技术、法律知识等课程，满足老年人多样化的学习需求。

（2）开发学习资源。组织专业人员开发老年智慧学习资源，如教材、课件、视频等。同时，鼓励老年人自己创作学习资源，分享学习经验。

（3）整合社会资源。整合社会资源，为老年人提供更多的学习机会。例如，与图书馆、博物馆、科技馆等合作，开展老年智慧学习活动；与企业合作，开发老年智慧学习产品。

3.完善老年智慧学习设施

（1）加大投入力度。政府应加大对老年智慧学习设施的投入力度，改善老年教育机构和学习平台的设施设备条件。同时，鼓励社会力量参与老年智慧学习设施建设，形成多元化的投入机制。

（2）推进信息化建设。加强老年智慧学习平台的信息化建设，提高网络速度，优化学习界面，为老年人提供更加便捷的学习环境。同时，推广智能设备在老年智慧学习中的应用，如智能手机、平板电脑等。

（3）建立学习场所。在社区、公园、养老机构等场所建立老年智慧学习场所，配备必要的学习设施，为老年人提供就近学习的机会。

4.加强老年智慧学习师资队伍建设

（1）培养专业教师。加强老年教育专业教师的培养，提高他们的专业水平和教学能力。可以通过举办培训班、研讨会等形式，为教师提供学习和交流的机会。

（2）招募志愿者教师，为老年人提供免费的教学服务。志愿者教师可以来自高校、企业、社会组织等，他们具有不同的专业背景和技能，可以为老年人提供丰富的学习资源。

（3）建立教师评价机制，对教师的教学质量进行评价和反馈。根据评价结果，对优秀教师进行表彰和奖励，对不合格教师进行培训和调整。

5.加大老年智慧学习社会支持力度

（1）鼓励企业参与老年智慧学习，为老年人提供学习产品和服务。例如，企业可以开发老年智能手机、平板电脑等智能设备，为老年人提供在线学习平台；企业可以举办老年科技文化节等活动，丰富老年人的精神文化生活。

（2）发挥社会组织的作用，为老年人提供学习支持和服务。例如，社会组织可以组织志愿者为老年人提供教学服务、学习辅导等；社会组织可以举办老年书画展览、文艺演出等活动，丰富老年人的精神文化生活。

（3）加强家庭对老年人智慧学习的支持，鼓励家庭成员帮助老年人学习新知识和新技能。例如，子女可以为父母购买智能设备，教他们如何使用；家庭成员可以与老年人一起学习，共同进步。

终身教育背景下加强老年智慧学习是一项长期而艰巨的任务。通过提高老年智慧学习意识、丰富老年智慧学习资源、完善老年智慧学习设施、加强老年智慧学习师资队伍建设、加大老年智慧学习社会支持力度等措施，可以有效地推动老年智慧学习的发展，更好地唤起和满足老年人智慧养老服务需求，提高老年人的生活质量，促进社会和谐发展。

第二节　智慧健康养老服务模式

当今，随着国际政治经济格局的变化以及我国社会主义现代化建设的推进，社会对养老服务的质量和形式提出了更高要求。而长期以来老年人口激增所带来的社会问题，使得我国亟待构建覆盖广、质量高、可持续运转的养老服务模式。因此，相关部门需要发挥政府部门引导职能以及市场自主调节能力，顺应老年人需求变化趋势，推进养老服务模式创新升级。当务之急是要优化我国养老服务方式与内容，全面推进养老服务模式创新发展，使之成为缓解人口老龄化问题的有效工具。

一、养老服务模式概述

1.养老服务模式的内涵

纵观国际社会的老龄化进程，法国进入老龄化国家用了150年，日本用了50年，而仍处于发展中国家的中国仅用了30年左右的时间。从国内研究来看，学者关于养老服务模式的理论研究极少，理论界尚未对养老服务模式统一定义，以至于不同时期均有不同学者观点。通过梳理国内学者对于养老服务模式的研究成果来看，潘京（1999）认为养老服务模式是全部可满足老年人特殊需求活动的统称，包括生产、经营与服务活动。江海霞和陈雷（2010）认为，养老服务模式需具备多种特征，如充分的财政支持、健全的评估监管机构、多元的社会参与主体与服务内容。随后，部分学者认为这一概念在外延上过于宽泛，黄丽萍（2013）认为，养老服务模式是通过经营，专门提供老年人劳动服务产品的部门。陈鸣声、周俊（2015）等人认为养老服务模式应更多以服务内容、层次等不同维度对养老服务类型进行划分，包括满足高品质需求的发展型养老服务、满足普遍生活需求的生活型养老服务，以及满足基础生理需求的生存型养老服务。

综合而言，国内学者观点呈现出两极分化。广义上讲，养老服务模式是养老产业的一部分，指以老年人为目标客户的各类服务活动，如日常照料、生活帮扶、医疗健康、文化娱乐。其需要多种服务供应商的支持，主要通过提供多样化养老服务的方式获得利润。狭义上讲，养老服务模式即养老服务的组织模式，由一定生产力水平和社会结构决定。结合前人研究，本文认为养老服务模式即是养老服务主体通过相互协调、合作，在土地、资本、技术、人才、信息等生产要素支持下组成的差异化养老服务形式。作为老年人养老服务需求升级的产物，其变化在影响着老年人选择的同时，也可以有效刺激老年人需求。

2.我国养老服务模式的发展历程

一是孕育阶段（1949—1977年）。该阶段，我国尚未建立社会化养老保障制度，养老服务资源也较为有限，主要表现为社会基础救济服务不足、政策性福利机构数量少且规模小。因此，只有无依无靠、无劳动能力、无法维持生活的孤寡老人，才可以进入养老机构，获得社会基础救济服务。所以这一时期，家庭是赡养、照护老年人的主力军。但是随着社会经济发展，中年人工作、抚养孩子和赡养老人压力日益增大，养老服务需求和成本也都大幅提高。在此背景下，社会开始关注到老年人福利事业以及养老服务模式建设的必要性。

二是探索阶段（1978—1999年）。随着改革开放以来老年人口的大幅增长，我国养老服务的补缺和救助性质日益提高。此时，民政部门逐渐发现，由家庭主导、国家和集体包办的社会福利模式已无法满足我国老年人的需要，需要社会力量的补充参与和支援。为此，国家和地方政府先后多次在工作会议中提出，要增加养老福利事业投入，推进老年福利社会化改革。在国家政策支持下，这一时期我国机构养老取得了显著成就。从国际社会保障动态统计数据可以看出，1978—1999年，我国养老服务机构共增加超过3万家，机构服务的老年人增加了63.6万人。且1980年以来，随着大量退休人员进入社区，社区养老服务模式逐渐产生。综合而言，在探索阶段，以机构为主开展养老服务的模式快速发展，由社区主要提供养老服务的模式开始发展，我国养老服务逐步向社会福利方向转变。

三是形成阶段（2000年至今）。进入21世纪，随着我国经济发展水平大幅提升，人们对社会服务事业提出了更高要求，希望其不仅能满足特殊、弱势群体的需要，而且能满足全体老年人的基本生活需求。受此要求影响，我国形成了适度普惠型的养老服务模式框架。并且，国家和地方政府也纷纷出台中国老龄事业发展五年规划、养老服务发展意见等政策，用以支持社会养老服务发展。近年来受政策引导，我国政府、养老机构、社会企业等主体均对养老服务模式进行了诸多实践探索。在此过程中，各类老年福利机构显著增加，社区、机构养老服务模式迅速发展，我国基本形成了居家、社区、机构三方面相互配合的完善社会养老服务模式体系，老年人服务需求得到广泛满足。

3.我国居家智慧养老服务模式的实践探索

长期以来，“9073”一直是我国养老格局的主要表现。“90”“7”“3”分别代表选择居家养老、社区养老和机构养老的老年人占比。此形势下，受市场微观自主与政府宏观调控的双重作用，以及技术、资本、市场与劳动力等要素配置日益优化的影响，截至目前我国已形成涉及不同实施主体、服务方式、不同老年人体量的三种主要养老服务模式，即居家智慧养老服务模式、医养结合养老服务模式和社区综合养老服务模式。这里重点对居家智慧养老服务模式加以介绍。

居家智慧养老服务模式是指在居家养老基础上，应用现代化技术为居家老年人提供养老服务的模式，是实践探索中率先形成的模式。在我国，居家养老的老年人有90%，数量较为庞大。随着年龄的逐渐增加，居家养老的老年人可能会因为缺乏子女、机构和社区照顾，导致生病或生活困难等问题无法及时解决。而利用大数据和互联网等现代信息技术，可以创新出智慧养老服务方式与设备，在人力成本与时间成本大幅降低的同时，提升养老质量。在此情况下，为支持智慧养老发展，我国先是在2012年提出“智能化养老”概念，后于2013年成立了智能化养老专家委员会，并出台了《关于积极推进“互联网+”行动的指导意见》（2015年）、《智慧健康养老产业发展行动计划（2017—2020年）》（2017年）、《关于推进养老服务发展的意见》（2019年）等诸多相关利好政策。

在政府、企业和各界人士支持下，“十三五”时期，国内部分城市先后实施了诸多优秀智慧养老项目，如烟台“E键通”、北京智慧养老示范驿站，主要服务对象是居家老年人。这些平台通过充分融合应用先进互联网技术，对老年人详细情况进行数据收集、资源精确配置与管理，并借助移动终端、互联网终端以及信息交互平台，为老年人提供专业化的养老服务。以太原为例，近年来，太原市政府联合企业积极探索“互联网+居家养老”新模式，创建了太原智慧居家养老服务平台，并通过开发线下养老服务一体机与线上智慧服务信息库，实现了社区居家养老服务的线上线下协同发展。截止到2020年年底，该平台可为太原市老年人提供超过80项养老服务，实现48.24万信息整合共享。在该智慧居家养老服务模式下，太原市年均服务的困难居家老人达317万人，居全国前列。[①]

二、构建智慧健康养老服务模式的必要性

当前，更好地处理老年群体的养老问题及其因年龄增长而带来的机体功能衰退的健康问题，实现健康养老显然已成为当下社会经济发展的一个重大攻坚点。尤其是针对老年群体中的独居、高龄、失能、半失能人群，其养老问题更为棘手。因此，寻求一种能够满足老年人养老需求的新型智慧健康养老服务模式十分必要。

1.智慧健康养老服务模式是破解传统养老局限性的必要举措

我国传统的养老模式主要有机构养老、居家养老及社区养老。机构养老的优点是能够模式化统一照护老年群体的身体健康，仅能满足老年人最基本的日常照护需求，难以顾及老年群体的心理需求。居家养老的优点是可以让老年群体有一个熟悉、舒适的居住环境，但却很难对其健康状况实时把控，难以应对老年群体身体突发状况。传统的社区养老相对机构养老和居家养老而言，能让老年群体的健康状况和居住环境得到较好的保障，但却很难将老年生活所涉及的衣食住行等资源较好融合，不能实现老年养老生活的最优解。而融合了大数据、云计算、物联网等技术的智慧健康养老模式以社区养老为核心，整合医疗、娱乐、物业、家政、餐饮等各项资源，完善社区医疗卫生机构的养老服务功能。[②]这不仅为中国的老年群体的养老问题提供了新思路，也为那些很难选择居家养老方式的高龄、失能、半失能的空巢老人群体提供了养老服务的新可能。

2.智慧健康养老服务模式是实现健康老龄化的必然趋势

当前我国老龄化快速发展已成为不争的事实，《“健康中国 2030”规划纲要》明确提出促进健康老龄化，将医疗卫生和养老服务相结合，给予从老年阶段到全生命历程的全周期照护。世界卫生组织认为，积极老龄化是通过为老年人创造健康、社会参与、安全的机会来提升老年人

---

① 魏宇.“十四五”时期我国养老服务模式的创新战略探讨［J］. 西南金融，2021（5）：17-28.

② 王宏禹，王啸宇.养护医三位一体：智慧社区居家精细化养老服务体系研究［J］. 武汉大学学报（哲学社会科学版），2018（4）：156-168.

生活品质的过程，老年人生活品质的提升是积极老龄化所追求的目标。智慧健康养老模式不仅能够较好地将互联网和各种医护资源相整合，更能够依托社区和社会力量的帮助来提高养老服务水平，真正实现老年群体老有所养和老有所乐。

3.智慧健康养老服务模式是老年群体“再社会化”养老的必然需求

随着科技的进步和社会现代化的发展，老年群体面对日新月异的社会环境和不断革新的信息技术，往往会经历“再社会化”过程。事实证明，老年群体的“再社会化”过程比预期的更乐观。根据中国互联网络信息中心（CNNIC）发布的第53次《中国互联网络发展状况统计报告》，截至2023年12月，我国手机网民规模达10.91亿人，其中50岁及以上用户群体占比为32.5%。因此依托智慧社区构建精细化养老服务体系，实现智慧型社区养老，能够弥合数字鸿沟带给老年人的茫然与无助。①

三、智慧健康养老服务模式的优化路径

智慧健康养老服务模式的优化，应通过以下路径。

1.以老年人需求为导向，丰富养老服务内容

在“互联网+”背景下发展智慧健康养老服务，存在着社会各方尤其是老年人群体的适应性问题，也会影响到老年人群体在智慧健康养老服务过程中的养老期望、服务需求与行为选择。因此，在智慧健康养老服务供给上要以老年人的养老服务需求为导向，进一步丰富养老服务内容。尤其要壮大在线健康服务产业，鼓励医院和体检中心等各类健康服务机构共同搭建个人健康管理公共服务平台，集合生命体征检测、医疗化验、医疗病历和用药记录等个人健康信息管理。鼓励第三方网络平台开展在线健康测评，面向广大亚健康人群提供慢病医治、健康预防等方面的咨询建议和服务。积极探索、有序推动个人健康信息资源的开放与共享，发挥数据创新潜能，培育大众创业的广阔空间。②要加快构建政

① 王宏禹，王啸宇.养护医三位一体：智慧社区居家精细化养老服务体系研究［J］.武汉大学学报（哲学社会科学版），2018（4）：156-168.

② 廖毅敏，秦业.互联网+健康养老：打造智慧化养老服务新模式［J］.世界电信，2015（8）：75-77.

府、社会和家庭共担机制，促进智慧养老产业的大力发展，发挥智慧养老服务平台和行业平台的作用，开发更丰富的医疗、保健、教育、娱乐等各种适老性的养老服务应用，提供更多适合老年人的产品或服务，在提升养老服务科技含量的同时也要提高老年人的养老体验满意度，增强老年人的幸福感。①

2.融入“时间银行”理念，拓宽普惠养老服务网络

“时间银行”是用时间当作货币，对服务进行量化赋值，实行互惠互助。时间银行是将愿意加入的人群登记在册，以时间为货币将自己的时间保存在时间银行，需要帮助时便可和时间银行联系，由时间银行进行调度，用别的客户存储的时间帮助其解决困难。将这一理念融合到智慧健康养老模式的运行中，就是通过社区设立并管理智慧社区时间银行，地方政府充当监督者角色，融入社会力量如志愿者、社会义工等为时间银行提供部分服务。同时也积极鼓励社区内的所有老人与家庭去参与社区的时间银行。时间银行可提供多种服务，如家政服务、医疗服务、心理服务、日常需求服务等，各类服务实行主体不同，能够较好地保障服务的质量。在日常服务结束后，双方都会进行满意度评价，不仅能够为老人匹配到优质心仪的服务者，同时也能够对改进服务质量有所帮助。②

3.加强顶层设计，促进智慧健康养老服务发展

当前，老年人养老需求结构正从生存型向发展型转变，为了满足老年人日益增长的多层次、高品质健康养老需求，加强顶层设计，鼓励多方积极参与至关重要。在这之中，政府是顶层设计的主导者和规划者，在智慧社区养老模式推进过程中，政府应发挥主导作用，做好调控与设计，推动社区卫生服务中心与社区养老服务机构毗邻建设，实现资源整合和服务衔接，搭好社区医养结合的底层防护网，为智慧健康养老服务的发展奠定坚实基础。

根据实际需求，政府还要在加大投入的同时重视培育和发展不同类

① 于凌云，李婕.智慧健康养老服务的运行模式与优化策略——基于四川省成都市武侯区实践［J］.社会福利（理论版），2019（8）：30-35；51.

② 陈柔静，王琪，王锐.健康产业视角下智慧养老服务模式探析［J］.中国市场，2023（9）：28-30.

别的社会组织，从而满足老年人的个性化养老服务需求。要通过创新管理机制，补贴政策等，促进企业研发适老性产品，提高产品的利用率和普及率。一方面，通过财政帮扶来吸引更多社会力量参与到社会组织的筹建中，进而提高智慧健康养老服务的社会化程度；另一方面，政府主要承担引导者和监督者的角色，充分调动社会组织的参与热情，保证其独立性并发挥其在智慧健康养老服务中的主导作用。此外，政府和社区组织还应加强合作，积极配合落实各项养老服务方针政策，充分整合双方资源，共同推动养老服务的发展。

4. 完善评估监督机制，促进服务质量提升

在智慧健康养老服务发展过程中，政府应加强对整体流程和各个环节的监督管理，运用科学合理的行业规范对企业、社会组织等提供的智慧健康养老服务做好事前、事中、事后的监督。引进独立的、专业的第三方评估机构，统一评估标准，结合“人、物、组织、信息和环境”等五个方面，对当前智慧健康养老服务质量进行全过程评估，促进智慧健康养老服务质量的提升。此外，强化全体社会公众的监督和反馈，建立社会公众参与的监督反馈途径，如充分利用网络平台，设立微信、微博公众号等方便社会力量建言献策，使智慧健康养老服务的提质增效、改善民生水平、加强和创新社会治理成为可能。①

第三节 智慧健康养老服务标准

标准是智慧健康养老产业发展的有力抓手，是新一代信息技术在养老领域发挥自身价值和优势的支撑力量，也是推动智慧健康养老产业发展的“助推器”。通过明确智慧健康养老所需要编制的标准类别，将复杂的智慧健康养老标准体系系统化和结构化，促进智慧健康养老标准研究有序开展和智慧健康养老产业健康发展，建立智慧健康养老标准体系框架，推动实现养老服务、公共卫生、医疗保健和综合管理等应用系统信息互联互通，将保证相关标准能够相互衔接、配套，形成一个较为完

① 于凌云，李婕.智慧健康养老服务的运行模式与优化策略——基于四川省成都市武侯区实践［J］. 社会福利（理论版），2019（8）：30-35；51.

整的整体，并确保连接系统的各个环节协同工作，满足跨领域、跨地区之间的智慧健康养老技术应用对标准的需求，使之有序、高效、快速运行。[①]

一、智慧健康养老标准化的状况

1.国内主要标准化组织及标准情况

（1）全国音频、视频及多媒体系统与设备标准化技术委员会（以下简称“音视频标委会”）。音视频标委会成立了“智慧健康养老标准工作组”，联合国内企事业单位与院校开展智慧健康养老标准研究与制定工作。该领域在研的重要标准包括：

①《智慧家庭 健康管理 腕式可穿戴设备技术要求》，该标准规定了健康管理腕式可穿戴设备的功能架构、接口、安全、环境适应性、电磁兼容性、电池及耗电、外观、包装标志等技术要求。

②《智慧家庭 健康养老产品分类及描述》，本标准规定了基于智慧养老系统（包括智慧家庭养老、社区和集中机构养老）的健康养老产品的分类及标识规范，以及健康养老产品描述文件的分类、命名规则、编写规范、格式和文件结构。

③《智慧家庭 健康养老服务平台参考模型》，本标准主要是针对基于智慧家庭（但是不限于家庭，也包含社区和集中机构养老）系统的健康养老服务平台的功能、系统架构、对外交互接口等方面的进行规定。

④《智慧家庭 老人手环（手表）技术规范》，本文件规定了老人智能手表/手环的技术要求、测试方法及标志、包装等。

目前，音视频标委会计划新开展多项智慧健康养老领域的国家/行业/团体标准制定工作。

（2）全国信息技术标准化技术委员会。2017年国标委下达了三项个人健康远程监测国家标准制订计划，包含总体技术要求、终端与平台接口技术要求、终端技术要求，目前的状态是在制定中。

①《传感器网络个人健康状态远程监测第1部分：总体技术要求》。

---

① 董少龙.智慧健康养老标准体系框架探析［J］.社会福利（理论版），2018（12）：34-35.

②《传感器网络个人健康状态远程 监测第2部分：终端与平台接口技术要求》。

③《传感器网络个人健康状态远程监测第3部分：终端技术要求》。

2.国外主要标准化组织及标准情况

目前，国际上多个标准化组织与联盟组织开展了相关工作，分别从标准体系架构、概念模型、互操作性、安全性等方面开展了标准化工作。

（1）IEC Syc AAL。IEC于2011年成立IEC/SMB/SG5（辅助改善生活环境战略组），负责管理和协调IEC/TC有关AAL标准化工作，建立并实现AAL互操作和互联性。

2018年IEC发布了IEC 60050-871：2018《国际电工词 汇第871部分：主动辅助生活（AAL）》，规定了与AAL相关词汇的具体描述。目前IEC Syc AAL技术委员会主要参与的国家有：德国、法国、意大利、美国、瑞典、荷兰、西班牙、中国、日本等，并制定了AAL系统参考架构。

（2）ISO/IEEE 11073。由国际个人健康设备标准工作组（ISO/IEEE 11073-PHD WG）制定，其核心部分是客户端通过和医疗设备建立符合标准的连接，而且，已被采纳为ISO/TC215健康信息标准。其中，ISO/IEEE 11073-20601标准定义了PHD标准核心元素：信息模型、通信模型和服务模型，定义了通用框架，建立了数据结构模型。专门设备标准ISO/IEEE 11073-104xx则是根据PHD类型的不同，规定了各个医疗设备健康数据的组织形式，以及与外部终端设备之间通信的规范，包含了血压计、血氧仪、体温计、血糖仪等一系列个人健康设备。术语集标准ISO/IEEE 11073-10103是传统的床旁监护标准。综述标准ISO/IEEE 11073-00103概述了ISO/IEC 11073系列标准的背景及技术框架。[①]

二、智慧健康养老标准的编制原则

智慧健康养老标准的编制要按照GB/T 24421.2-2009《服务业组织

① 曹新凤，徐楠，孙齐锋，等.智慧健康养老标准体系研究［J］.信息技术与标准化，2019（6）：12-15.

标准化工作指南 第2部分：标准体系》、《养老服务标准体系建设指南》给出的规则起草，同时参考了GB/T 13016-2009《标准体系表编制原则和要求》等国家标准体系编制相关要求，以及MZ/T 064-2016《老年社会工作服务指南》等智慧健康养老相关行业和团体标准，并结合民政部、工信部等国家部门关于智慧健康养老领域的相关政策要求与当前该领域建设情况编制。

1.借鉴成熟经验

智慧健康养老标准的编制要在对我国智慧健康养老相关政策法规、规范标准、产业布局进行研究分析后，充分借鉴各部委、各地方政府、各行业部门在相关领域的政策要求与标准规范，进行消化吸收再创新，将成熟标准编制经验融入到标准体系框架编制过程之中，使得编制出的标准体系可有效对接现行已颁布的标准规范。

2.结合产业实际情况

在智慧健康养老标准的编制的过程中，要联合智慧健康养老相关的领军企业、权威院所、各型服务机构等单位，通过多次现场调研、会议研讨和专家论证不断修改完善形成了共识性成果，面向当前智慧健康养老产业缺规范、未统一的方向进行重点研究，尽可能符合国内相关行业的实际需求，提供行之有效的标准体系建设指导。

3.强调标准的可实施性

智慧健康养老标准的编制，要针对每个标准子类全面进行技术展开和专家论证，确保所描述的内容既有广泛的覆盖性，又具备足够的专业性；同时还在面向未来科技发展方面具有一定的前瞻性，经过相关机构部门的指导和一定数量的企事业单位的宣传、贯彻，使标准的可实施性、可操作性增强。

三、智慧健康养老标准体系框架的构建

智慧健康养老标准体系框架由技术与装备标准、支撑保障标准、服务提供标准和管理规范标准4个子体系构成，体系框架可分别进一步分解，具体如图2-1所示。

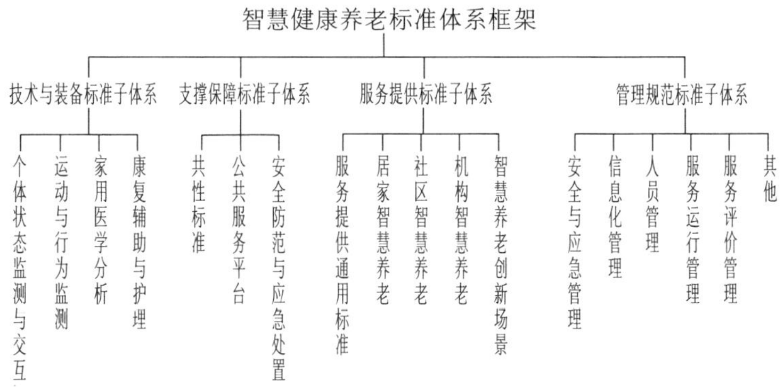

图2-1 智慧健康养老标准体系框架图

1.技术与装备标准

技术与装备标准组子体系由4个子类标准构成，对智慧健康养老的个体状态监测与交互、运动与行为监测、家用医学分析、康复辅助与护理进行标准化。

个体状态监测与交互标准适用于生理状态监测、精确定位和人机交互等。生理状态监测重点针对适用于智慧健康养老应用的个人生理状态监测、室内、室外精确定位、融合场景感知、眼动跟踪、三维输入等智能感知技术进行标准化。

运动与行为监测标准适用于运动状态监测与分析、睡眠状态监测与分析和区域行为监测等。运动状态监测与分析重点针对智慧健康养老应用的运动状态监测与分析设备、睡眠状态监测与分析设备、区域行为监测设备进行标准化。

家用医学分析标准适用于尿液检测、眼底检测与筛查、皮肤检测与综合指标分析等。尿液检测重点针对智慧健康养老的家用尿液检测进行标准化。包括家用尿液检测仪器、功能、检测方法、测试项目和指标等；眼底检测与筛查重点针对智慧健康养老的家用眼底检测与筛查进行标准化。包括眼底检测与筛查仪器设备、检测方法、检测指标等；皮肤检测重点针对智慧健康养老的皮肤检测进行标准化。包括家用皮肤检测仪器、检测方法、检测指标、检测要求等；综合指标分析重点针对智慧健康养老的综合指标进行标准化。包括综合指标类别、分析评估方法、分析步骤、评估规范等。

康复辅助与护理标准适用于感官增强器具、行动辅助与助理器具、机能恢复与术后康复器具、护理智能化器具、情感陪护与情绪调控技术与装备等，重点针对智慧健康养老的低功耗、高灵敏、高能效感官增强器具，微型化、智能化、灵活轻便的新一代行动辅助与助力器具、老年机能恢复与术后康复器具、护理智能化器具，智能化、大数据化、强场景体验感的新一代情感陪护与情绪调控技术与装备进行标准化。

2. 支撑保障标准

支撑保障标准子体系由3个子类标准构成，对共性标准、公共服务平台、安全防范与应急处置等进行标准化。

支撑保障共性标准适用于智慧健康养老支撑保障的标准化导则、数值与数据标准、测量标准等。

公共服务平台标准重点针对适用于智慧养老的数据采集与处理平台、在线监测与安防报警平台、智慧陪护与康复咨询平台、远程医疗问诊平台、应急救助处置平台、机构信息化平台以及其他未规定的平台进行标准化，包括网络服务要求、存储服务要求、计算服务要求、安全服务要求、调度服务要求、监控服务要求、平台功能要求、平台对接要求等的产品标准、过程标准、接口标准和检验规范等。

安全防范与应急处置标准可分为安全防范与应急处置两类。安全防范重点针对智慧养老应用的各类室内封闭空间安防监控与报警设施、各类开放区域安防监控与报警设施、各类身份识别装备、进出管控、信息安全等进行标准化；应急处置重点针对环境监测与预警、紧急疏散、应急处置与消防、紧急救助与医疗抢救技术与装备进行标准化。

3. 服务提供标准

服务提供标准子体系由5个子类标准构成，包括服务提供通用标准、居家智慧养老、社区智慧养老、机构智慧养老与智慧养老创新场景。

服务提供通用标准重点针对智慧健康养老服务提供的老年健康管理服务、老年慢性疾病管理服务、老年人助浴服务、老年人防跌倒场景、老年人紧急救援场景、面向认知障碍老人的防走失场景应对、老年人智能语音交流互动场景处置、老年人智能相伴场景处置、养老社会工作服务、智慧健康养老社区食堂（老年助餐点）智能设备与系统配置进行规范化。

居家智慧养老标准重点针对智慧健康养老服务提供的居家安全服务、长护险居家上门监管、老年人卧床护理场景服务、老年人慢性病用药场景服务、报警服务、居家养老上门服务物资装备及消毒流程、居家生活照料服务、居家康复护理场景服务、居家精神慰藉服务、居家休闲娱乐服务等进行规范化。

社区智慧养老标准重点针对智慧健康养老服务提供的社区精神慰藉服务、社区休闲娱乐服务进行规范化。

机构智慧养老标准重点针对智慧健康养老服务提供的智慧养老院建设、养老机构出入管控场景的服务、养老机构智能查房场景的服务、养老机构无接触式智能消毒场景的服务、养老机构智能视频监控场景的服务、养老机构生活照料服务、养老机构康复服务、养老机构精神慰藉服务、养老机构休闲娱乐服务、养老机构保健养生服务进行规范化。

智慧养老创新场景标准重点针对智慧健康养老服务提供的智能餐饮创新应用场景的服务、智能穿戴创新应用场景的服务、智能住宿创新应用场景的服务、智能出行创新应用场景的服务、智能旅游、旅居养老等创新应用场景的服务、智能娱乐创新应用场景的服务、智能就医创新应用场景的服务、智能老年学习创新应用场景的服务、智能老年健身创新应用场景的服务、医养结合创新应用场景的服务进行规范化。

4.管理规范标准

管理规范标准子体系可包括安全与应急管理、信息化管理、人员管理、服务运行管理和服务评价管理等内容。

安全与应急管理包括居家养老服务风险评估、社区老年人日间照料中心风险防控、养老机构安全管理与养老机构服务风险评估等内容。居家养老服务风险评估提供风险的设定与管理标准、突发事件分类和应对标准、识别风险、评估风险、控制风险的管理标准、服务过程中设施设备的放置、使用和防护的安全防护标准等；社区老年人日间照料中心风险防控提供社区日间照料所涉常见风险的识别和管理标准、突发事件分类和应对标准、社区日间照料所涉风险防控管理制度、社区日间照料所涉风险防控措施等；养老机构安全管理提供安全管理办法、安全管理机构及人员标准、安全管理设备标准等；养老机构服务风险评估提供常见风险的识别标准及管理标准。

信息化管理标准包括老年人健康档案架构与数据、养老服务信息处理操作、养老信息服务、隐私保护、养老机构信息化服务、养老机构信息数据交换与养老机构老年人健康档案技术等内容。

人员管理标准包括老年人能力评估、养老服务人才分类、养老服务从业人员基本要求、养老服务从业人员培训、养老服务从业人员师资培训与考评与养老机构岗位设置及人员配备等内容。

服务运行管理标准包括养老服务居家养老设施设备配置、社区居家养老服务、社区老年人日间照料中心服务、社区老年人日间照料中心设施设备配置、养老机构分类与编码、养老机构服务、养老机构照护等级划分、养老机构设施设备配置、养老机构服务质量、养老机构标准化工作、养老机构标识使用与老年人社会福利机构服务等内容。

服务评价管理标准包括社区居家养老服务质量评估、养老机构服务满意度测评与养老机构服务质量等级划分与评定等内容。其他标准子类主要包括养老机构标准体系建设指南等，根据实际养老服务需求，指导建设能够服务于社会公众的常识性养老服务基本标准，包括服务内容、服务安全、服务模式等公开透明的、公益性质的养老机构标准体系。①

智慧健康养老标准制定是智慧健康养老服务、产品和产业发展的有力抓手，是新一代信息技术在养老领域发挥自身价值和优势的支撑力量。智慧健康养老标准体系建设是一个长期过程，需要对标准研制项目进行梳理，使标准切实可用，要及时跟进国际智慧健康养老产业标准化发展态势，尤其是标准国际化推进工作，做好标准体系顶层规划布局。

重点问题探讨：养老服务业的数字化转型

与其他行业相比，长期陷入发展困境的养老服务业借助数字化技术“取长补短”，加速推进数字化转型，既能降低成本，提高资源配置效

① 刘鑫，欧阳树生.智慧健康养老标准体系框架研究［J］.信息技术与标准化，2022（Z1）：64-67；73.

率，又能助其走出发展困境，具有双重叠加价值。

1.数字化转型是行业破局的时代选择

数字化转型是从转型对象的内在逻辑出发，以数据要素为核心，推动实现整体性、全方位、革命性转型发展。当下，不论是技术、政策还是市场层面，都预示着养老服务业数字化发展时代正全面来临。

技术层面，物联网、大数据、人工智能等技术已进入成熟应用的新阶段，为养老服务数据要素系统性及全闭环采集、流通和应用提供了有力支撑。政策层面，在“数字中国”战略的引领下，各级地方政府特别是北京、上海、浙江、深圳等地区相继推出数字化发展战略，为养老数字化转型提供了实践指导。

市场层面，在智慧城市发展浪潮的推动下，部分领域已经形成了数字化养老服务能力，如远程医疗照护、精准医疗、慢性病管理、快速诊断、亲情关怀、应急预警、紧急救助等，为养老行业整体数字化转型奠定了良好基础。

2.数字化转型的核心：实现养老服务业“三个转变”

数字化转型的核心是通过数字化变革，实现养老服务业“三个转变”。

（1）从碎片服务向整体服务转变。实现养老服务从碎片化向整体化转变，首先要梳理好养老服务事项、事项关系与服务流程、涉及的部门主体以及主体之间的业务责任边界。在业务上站位数字视角，挖掘与构建一批整体性养老服务场景，作为转变切入点，在技术上利用数字手段，构建服务事项、流程以及相关部门主体之间的紧耦合关系网络，打造养老服务业务数字化流转的中枢与总线。

（2）从粗放服务向精细服务转变。随着社会不断发展，人们生活水平不断提升，老年人越来越注重在接受养老服务过程中获得的尊重感、自我价值感，这对养老服务的精细化程度提出了更高要求。目前的养老服务偏向于供给视角，养老服务要向精细化转变，在做好及时、精确采集需求的同时，还需逐步做好老年人个人信息档案（画像）和养老服务资源档案（画像）建设，通过大数据技术，对供需双方信息及资源进行个性化分类、关联和分析挖掘，推动实现供需双方的精准匹配、对接以及服务关系网络的精细、动态管理。

（3）从被动服务向主动服务转变。这一转变的关键在于两方面：一是能够提前识别老年人相关的养老服务需求，从而实现精准、及时的服务供给。二是能够挖掘出老年人的潜在服务需求，如精神层面及个人生存发展层面相关的需求，潜在需求往往能够提升老年人群的幸福感与价值感。在向主动服务转变的过程中，要发挥全方位、全流程环节数据要素的驱动作用，比如，借助智能康养终端的监测和数据采集能力，利用大数据分析，提前预测预警，快速匹配和响应相关服务需求；基于老年人个人信息档案（画像）和日常需求信息的关联分析、深度挖掘，积极开发个性化增量服务新供给。

在实现养老服务业上述“三个转变”的过程中，养老服务数字化转型的关键，是要多方力量共筑数字化养老环境。一是政府要牵头强化相关标准规范，制定统一的数据接口标准，使得各参与主体能够从数字技术层面，更好地连接成一体化数字养老体系，促进数据汇集、共享、分析和应用。二是要积极调动社会各方力量参与投资建设，最大限度调动社会资本的积极性，实现政府投入和民间投入双管齐下、有效协同，才能保证转型长效、可持续。三是要加快消弭数字鸿沟，建立养老数字化转型培训体系，持续帮助从业人员学习数字化服务新知识、掌握新技能，更好地投身于养老数字化转型的实践工作中。以需求为导向，对现有数字化产品和服务进行适老化改造，围绕老龄群众需求，加快研发、设计适老化数字新产品，通过数字化转型，给老年人群带来真正的“数字红利”。①

3.养老服务数字化转型主要路径

在养老服务数字化转型的推进路径上，应立足于服务视角、需求导向、数据驱动，实现以业务需求牵引数据流、信息流，以数据信息流串联、反哺以及创新业务流，维护大数据时代下的养老消费者主权。

具体而言，围绕养老服务工作中产生的相关需求，沿着数据采集、流转、协同、共享和应用展开，分阶段、分步骤搭建数字养老体系，完

① 雎党臣，曹献雨.人工智能养老的内涵、现状与实现路径［J］.新疆师范大学学报（哲学社会科学版），2019（3）：111-119；2.

成养老数据标准化建设，实现养老数据从获取到存储、计算、应用的完整链条，真正赋能服务创新和供给，满足老年人越来越个性化的养老需求。以数据要素驱动养老服务高质量发展，需要做好以下工作：

一是夯实业务数字基础支撑能力，即通过加快完善养老服务智能感知体系，逐步形成覆盖需求与供给两端的智能感知“一张网”。有效支撑老年人日常需求，特别是核心需求的采集与数字化供给，如日常生活照料、健康体征监测、政务服务办理等。

二是着力打造“老年人精准画像”，融合人口库、居民健康档案等现有各类与老龄群众相关的数据库，从数据维度构建老年人个体精准画像，为“一人千面”的个性化服务打下坚实的数据基础。

三是搭建一体化数字养老服务平台，由政府主导，底层实现养老服务各相关数据的汇聚与协同流转，上层实现数字化为老服务能力的一体化统筹供给。

四是构建全领域数字养老应用体系，由企业主导，基于养老服务与监管标准、规则，释放市场主体活力，推进养老服务全领域的数字应用体系建设，深挖老年人精准画像和养老服务相关数据信息，推进养老服务数字产品的创新、多样化开发。[①]

① 顾泳峰，周应龙. 养老服务业：数字化转型势在必行［J］. 上海信息化，2021（5）：22-25.

第三章 智慧健康养老核心技术及其应用

目前和未来较近的一段时期内的智慧健康养老技术，是建立在近年来发展起来的一些基础技术之上的，这些技术在智慧健康养老中处于不同的层面，分别扮演着不同的角色。有些在前端直接和用户发生互动，有些则在后端，它们的存在并不直接被用户感觉到；有些是智能化的"耳目"，是获得基础数据的关键；有些则是智能化的"大脑"，提供实时、个性化的判断和决策；还有些是连接"耳目"和"大脑"的"神经"，连绵不断地在二者之间传递着信息；还有些为"大脑"运转提供源源不断的"能量"。[①]这些技术与养老服务相结合，使养老服务更加便捷，更加个性化及人性化。智慧健康养老实现了老年人在家即可享受紧急救助、商品购买、健康管理、就医等服务，同时为机构养老、社区养老等养老领域提供高效的管理及多样化的服务，促进了养老服务业的快速发展。

本章主要介绍物联网、互联网+、定位、云计算、大数据、区块链、人工智能、机器人、可穿戴设备等技术及其在智慧健康养老中的应用。

---

① 王杰，董少龙.智慧养老基数及落地应用指南［M］. 北京：电子工业出版社，2021：72.

第一节　智慧健康养老服务的核心技术

一、物联网

各种新兴技术对现代社会产生了重要的影响，其中物联网技术在社会各界得到了广泛的应用和推广，尤其是利用人与物之间的智能感知，能够在日常生活中，为人们提供极大的便利。利用物联网技术的优势来开展智慧养老建设工作，能够进一步为老年群体提供更加优质的服务。

物联网的概念最早是由美国麻省理工学院的自动识别中心（Auto-ID Labs）的凯文·阿什顿（Kevin Ashto）教授在1999年提出的。2008年IBM（国际商业机器公司）提出了智慧地球的战略，随后在2009年8月，IBM又发布了《智慧地球赢在中国》计划书，这在中国掀起了第一个物联网热潮，大批物联网示范项目应运而生，虽然大部分项目并没有取得预期的效果，但这可以说是一次全国性的物联网知识普及教育。

近十年来，传感技术、通信技术和计算技术均有了长足的进步，并且价格也大幅度地下降了，这为物联网技术在养老中的应用奠定了较好的基础。

广义的物联网指能够使万物互联的所有技术，是个动态的、不断拓展的领域；狭义的物联网通常指由传感网、通信网和后台处理器组成的“传感—传输—分析”三级传感信息处理系统。其中，传感部分在养老应用的场景中和用户直接发生互动，因此其产品化设计直接关系到整个系统是否能被老年人接受；传输部分依赖无处不在的无线网络，5G技术的发展将使得数据传输真正无处不在，并且高速可靠，将是对物联网应用的普及的一个巨大利好；智能化的分析处理则包括对传感数据的分类、存储、分析和展示，通常部署在云端。

物联网承载着感知世界的角色，是未来智能社会的基础之一。随着传感器价格、网络通信成本和计算成本的不断下降，物联网正在逐渐渗透到我们生活的方方面面，包括养老领域。[①]

从本质上来说，物联网技术就是把网络技术运用于世间万物之中，通过嵌入的方式赋予各种物体的智能化特性，推动人类社会与物理系统之间的整合。通过这种方式和技术，人们能够实现对各种机器设备和基础设施的实时监控，进一步提高管理生产和生活的效率，能够有效改善人与自然之间的关系。物联网技术的广泛应用对社会各领域工作方式的优化具有十分重要的意义。在传统社会中往往是将物理设施和设备与IT设施相互分离开来，形成了互联网与世间万物相互对立的情况。进入到物联网时代，则能够形成统一的整合网络，将社会各领域的管理和运行以及个人生活都能够整合在一起，从根本上实现万物之间的自动识别和信息共享，进一步提升信息交流的效率。[②]

二、互联网+

互联网的不断发展，深刻改变了我们生活的方方面面，拥抱互联网成为我国传统产业转型升级的一剂“良药”。在养老服务领域，互联网正在深刻地改变着我国的养老观念、养老模式，尤其是在解决养老服务信息不对称、养老服务资源离散化、养老服务管理部门碎片化方面发挥着越来越重要的作用。可以说利用“互联网+”大力发展“智慧健康养老”已经成为我国顺应时代发展要求化解“银发危机”的新举措。[③]

近年来，全球从PC互联网进入移动互联网时代，互联网在各个领域发挥巨大作用，“互联网+”时代随之到来。“互联网+”行动计划在2015年政府工作报告中首次被提出后，“互联网+”的概念随之被提出并迅速流行，引发了社会各界的广泛关注，“互联网+”成为媒体争相报道的热门话题、企业跨界发展的新路径，尤其是对传统产业改造升级方面产生积极影响。国务院在2015年7月4日印发《关于积极推进“互联网+”行动的指导意见》，将“互联网+”上升至国家战略层面，提出

① 王杰，董少龙.智慧养老基数及落地应用指南［M］. 北京：电子工业出版社，2021：72-73.

② 鲍烨童.物联网架构的智慧养老世界［J］. 中国社会工作，2018（20）：11-16.

③ 李长远.“互联网+”在社区居家养老服务中应用的问题及对策［J］. 北京邮电大学学报（社会科学版），2016（5）：67-73.

到2025年，网络化、智能化、服务化、协同化的“互联网+”产业生态体系基本完善，“互联网+”新经济形态初步形成，“互联网+”成为经济社会创新发展的重要驱动力量。这一切都表明，互联网行业的发展成为改变传统行业的创新力量，其巨大的市场潜力也将通过各种“互联网+”得以释放。①

推动“互联网+”行动就是要在推动技术进步、提升实体经济创新发展以及与社会各领域深度融合方面发挥互联网的融合作用，最终目标是在经济社会各领域间形成以互联网为创新要素的经济社会发展新形态。企业界、产业界和政府部门对“互联网+”表达了各自领域的理解和诠释。通过梳理我们发现，以腾讯为代表的企业利用互联网实现创新发展，传统行业利用互联网的跨界融合实现产业升级，整个国家利用互联网推动整个社会资源合理化配置。可以说“互联网+”与传统产业的融合在宏观上形成了经济社会发展的新形态，在行业间构建了行业发展的新生态，向消费者提供了与时俱进的产品和服务。其实，“互联网+”对传统产业融合改造升级并形成新兴业态的例子已经屡见不鲜。例如，互联网与传统集市的融合形成了以淘宝为代表的网上商城新兴业态、互联网与传统银行的融合形成了以支付宝为代表的金融支付形态、互联网与传统书店的融合形成了以当当图书为代表的网上书店形式、互联网与传统红娘的融合形成了世纪佳缘新兴婚恋形式、互联网与传统交通融合形成了以滴滴打车软件为代表的全新出行方式。养老产业也是传统产业之一，随着人口老龄化程度不断加剧，“互联网+”与养老产业的融合发展也备受瞩目。②

所谓“互联网+”，就是指以互联网为主的整套信息技术（包括移动互联网、云计算、大数据技术等）在经济、社会生活中的扩散、应用过程。“互联网+”的本质是传统产业的在线化、数据化。“互联网+”技术应用的前提是互联网作为一种基础设施被广泛安装。“互联网+”中的“+”可以看作连接与融合，互联网与传统企业之间的所有部分都

① 于潇，孙悦．“互联网+养老”：新时期养老服务模式创新发展研究［J］．人口学刊，2017（1）：58-66.

② 高菁．“互联网+养老”产业发展现存问题和对策［J］．社会福利（理论版），2017（3）：18-20；7.

包含在这个"+"中。在技术上，"+"所指的可能是Wi-Fi、4G等无线网络，移动互联网的基于位置的服务（Location Based Services，LBS），传感器中的各种传感技术，场景消费中成千上万的消费，人工智能中的人-机交互，3D打印中的远程打印技术，生产车间中的工业机器人，工业4.0中的智能工厂、智能生产与智能物流等。

"互联网+"模式在第三产业的全面应用形成了诸如互联网金融、互联网交通、互联网医疗、互联网教育、互联网农业等新业态，而且正在向第一和第二产业渗透。①

三、定位技术

在智慧健康养老中，需要实现老年人的实时定位，也就是要实时了解老年人的位置，尤其是遇到紧急情况时可以及时救援，无疑这离不开定位技术，尤其是室内定位技术。

定位技术已有了多年的发展，现在广泛应用于商场、监狱等场景。目前用得较多的室内定位技术主要基于射频系统，如Wi-Fi定位、蓝牙定位、Zigbee定位、超宽带（UWB）定位以及RFID定位等，这些定位技术的比较见表3-1。②

表3-1　不同室内定位技术的比较

定位技术类型	定位精度	成本	抗干扰性	采集工作	穿透性
Wi-Fi定位	2m	低	弱	无/较多	较高
蓝牙定位	30 cm以上	低	弱	无/较多	较低
ZigBee定位	1 ~ 2m	较高	较弱	无	较低
UWB定位	6 ~ 10cm	很高	强	无	高
RFID系统定位	1 ~ 5m	低	弱	无/较多	较高

① 张运平，黄河.智慧养老实践［M］.北京：人民邮电出版社，2020：22.
② 张陈晨，刘加萍，张自强，等.室内定位技术在智慧养老中的应用研究［J］.计算机应用工程技术，2021（15）：16-18.

（1）Wi-Fi定位。Wi-Fi是一种允许电子设备连接到一个无线局域网（WLAN）的技术，通常使用2.4GUHF或5G SHF ISM射频频段。定位算法可以分为基于测距的算法和基于非测距的算法，在Wi-Fi定位中较常使用的是基于非测距的算法。其中，基于指纹库的近邻算法最为常见，如最近邻法、K近邻法以及加权K近邻法等。[①]

现有Wi-Fi覆盖程度较高，给定位工作提供了便利。Wi-Fi数量越多，理论上基于指纹库的定位精度就会越高，但同时也会导致指纹库中指纹的前期采集十分耗时且对于数据处理能力要求较高。虽然现在国内众多学者对Wi-Fi定位的算法进行了改进，但定位精度大多还是在2米左右。[②]

（2）蓝牙定位。现在蓝牙定位大多使用的是低功耗蓝牙信标（BLE），每个BLE信标有其特有的ID，在定位时信标会发送ID给终端，并在终端设备定位运算。[③]蓝牙定位算法中较常使用的是RSSI测距方法和指纹定位方法，和Wi-Fi类似，此处的指纹定位也可以使用近邻法等算法。[④]蓝牙定位的成本较低、功耗小，同时手机终端也配置了蓝牙模块。蓝牙定位的精度比Wi-Fi定位高，这使得蓝牙定位也得到了较多的应用。但蓝牙定位需布设大量的信标，若使用指纹定位，需要面对繁杂的指纹采集工作并需要有较强的数据运算能力。

（3）ZigBee定位技术。ZigBee技术是一种双向无线通信技术，其具有距离短、复杂度低、速率低、功耗低以及成本低等特点，通常是在远程控制与自动控制领域中运用。[⑤]其不仅可以支持地理定位功能，还可以运用到各种设备中。ZigBee网络可以适应多种网络拓扑结构，而且还具有安全、可靠以及快速等优点，相关的网络设备主要有传感器节点、汇聚节点以及协调器等。

因为ZigBee技术弥补了无线通信市场在低速率、低功耗以及低成本等方面的不足，人们对其的关注与研究热情也大大提高。进入新时代

① 张陈晨.基于WiFi/UWB/气压计的室内组合定位研究［D］. 南京：东南大学，2018：15.
② 樊伟.室内定位技术研究与应用［J］. 信息与电脑，2018（10）：141-143.
③ 严志.一种基于高斯和滤波的蓝牙信标室内定位算法［J］. 全球定位系统，2021（3）：94-98.
④ 谢恩德，洪毅.室内定位方法综述［J］. 电脑知识与技术，2021（11）：231-234.
⑤ 张波.我国居家养老模式研究综述与展望［J］. 四川理工学院学报（社会科学版），2013（4）：10-14.

后，随着网络技术的普及，ZigBee技术逐渐被应用到了各个领域中。同时，具备ZigBee功能的各种设备也逐渐出现在人们的日常生活中，极大改善了人们的生活方式。①

（4）UWB定位。UWB技术是一种采用1GHz以上带宽且无须载波的无线通信技术。基于UWB的定位大多基于接收信号时间法，即测量信号在收发节点之间的传播时间，然后计算得到距离，主要包含信号到达时间法、信号到达时间差法以及往返到达时间法。②

UWB定位的成本较高，定位精度也较高，现在国内某公司定位节点的信号传输距离可达到600m。应用场景很大且定位要求较高的情况下选择UWB定位，能够得到较好的效果。

（5）RFID定位。RFID（Radio Frequency Identification）是射频识别技术，又称无线射频识别，是一种利用射频信号自动识别目标信号对象并获取相关信息的技术，它可通过无线电信号识别特定目标并读写相关数据。由于传统的定位系统不能满足室内定位环境和精度的要求，而RFID技术具非接触、非视距、认识无须人工干预以及可同时识别多个标签、操作快捷方便、定位精度高等优点，因此成为优选的室内定位技术。③

RFID一般由标签（Tag）、阅读器（Reader）、天线（Antenna）等部分构成。其中，标签由耦合元件及芯片组成，每个标签具有唯一的电子编码，附着在物体上标识目标对象。阅读器是读取标签信息的设备，可设计为手持式或固定式。天线在标签和读取器间传递射频信号。

四、云计算

1.云计算的概念和特点

（1）云计算的概念。随着大数据时代的到来，云计算作为信息技术未来发展的一大趋势，一种信息资源处理的新兴信息技术，对互联网及

① 李天元.ZigBee技术下的智慧养老定位管理系统设计与实现研究［J］. 软件开发与应用，2018（18）：66-67.

② 张陈晨.基于WiFi/UWB/气压计的室内组合定位研究［D］. 南京：东南大学，2018：15.

③ 韩美林，刘有耀.RFID定位技术和常见算法比较［J］. 产业与科技论坛，2014（13）：89-91.

相关信息产业的影响日益密切。

云计算即把信息数据分解布置在大量计算机服务器群组成的资源处理池中，池中的各种应用系统再把信息数据转化处理成以计算能力、存储空间和软件应用等形式存在的各种网络服务，这些提供服务的网络称之为“云”。用户根据自身需要通过网络终端获取这些“云”服务即可，而且无须安装相应的接收系统。云计算其基本原理可以说成，把大量数据的处理从单个计算机转移到设立好的计算机群上。由一个大型的资源处理中心统一管理这些计算机群，对有相关“云”服务需求的用户由这个数据中心按需要为其提供服务。

（2）云计算的特点。相比一般信息服务而言，云计算有以下几个显著特点[①]：

① 信息规模庞大。一般的云计算管理系统都具有相当的规模，拥有几十万台至几百万台不等的服务器。而企业私有云一般也拥有数百上千台服务器。同时“云”也能赋予用户前所未有的计算能力。

② 使用方便，设备要求低。云计算支持用户在任意位置、使用各种终端获取应用服务。所请求的资源来自“云”，而不是固定的有形的实体。应用在“云”中某处运行，但实际上用户无须了解、也不用担心应用运行的具体位置。只需要一台上网的笔记本或者一个手机，就可以通过网络服务来实现我们需要的一切，甚至包括超级计算这样的任务。

③ 安全性及高可靠性。用户数据存储在服务器端，应用程序在服务器端运行，计算由服务器端处理。其使用了数据多副本容错、计算节点同构可互换等措施，保障了服务的安全性和高可靠性，且使用云计算比使用本地计算机可靠。

④ 可共享性。云计算不针对特定的应用，在云计算的网络应用模式中，数据保存在服务器端，所有电子设备只需要连接互联网，就可以同时访问和使用同一份数据。即同一个“云”可以同时支撑不同的应用运行。

---

① 赵炯．基于云计算的养老服务信息化管理探究［J］．劳动保障世界，2015（S1）：162-164.

⑤ 按需服务和高扩展性。云服务作为是一个庞大的资源池，可以按需购买，同其他信息产品一样定价。同时，其服务内容也可以动态伸缩，满足应用和用户规模增长的需要。

⑥ 成本低廉。云服务系统投入只需要考虑硬件成本、管理成本和使用成本。由于“云”的特殊容错措施可以采用极其廉价的节点来构成云，“云”的自动化集中式管理也无须负担日益高昂的数据中心管理成本，“云”的通用性使资源的利用率较之传统系统大幅提升，因此，用户可以充分享受“云”的低成本优势，经常只要花费几百美元、几天时间就能完成以前需要数万美元、数月时间才能完成的任务。

2.云计算的服务模式和类型

（1）云计算的服务模式。根据美国国家标准与技术研究院（National Institute of Standards Technology，NIST）的权威定义，云计算的服务模式有软件即服务（Sofware as a Service，SaaS）、平台即服务（Patform as a Service，PaaS）和基础设施即服务（Infrastructure as a Sevice，IaaS）三大类。

① SaaS。SaaS提供给用户的服务是指运营商运行在云计算基础设施上的应用程序，用户可以在各种设备上通过客户端界面访问这些应用程序。用户不需要管理或控制任何云计算基础设施，包括网络、服务器、操作系统、存储等。

② PaaS。PaaS提供给用户的服务是指云计算把用户开发的或收购的应用程序（如Java、Python、.Net等）部署到供应商的云计算基础设施中。用户不需要管理或控制底层的云基础设施（包括网络、服务器、操作系统、存储等），但用户能控制部署的应用程序，也能控制运行应用程序的托管环境的配置。

③ IaaS。IaaS提供给用户的服务是指云计算对所有计算基础设施的利用，包括处理CPU、内存、存储、网络和其他基本的计算资源，用户能够部署和运行任意软件，包括操作系统和应用程序。用户不管理或控制任何云计算基础设施，但能控制操作系统的选择，存储空间、部署的应用，也能获得有限制的网络组件（如路由器、防火墙、负载均衡器等）的控制。

（2）云计算的服务类型。按照部署方式和服务对象的范围，可以将云计算分为三类，即公共云、私有云和混合云。

① 公共云。这是由云服务提供商运营，为最终用户提供从应用程序、软件运行环境，到物理基础设施等各种各样的IT资源。在该方式下，云服务提供商需要保证所提供资源的安全性和可能性等非功能性需求，而最终用户不关心具体资源由谁提供、如何实现等问题。“公共云”一般应用于个人用户、小型组织和中小企业等。

② 私有云。这是由企业自建自用的云计算中心，相对于公共云，私有云可以支持动态灵活的基础设施，降低IT架构的复杂度，使各种IT资源得以整合、标准化，更加容易地满足企业业务发展需要，同时私有云用户完全拥有整个云计算中心的设施（如中间件、服务器、网络及存储设备等）。“私有云”则多为集团企业以及政府等采用。

③ 混合云。这是把“公共云”和“私有云”结合在一起的方式。用户可以通过一种可控的方式部分拥有，部分与他人共享。

五、大数据

1.大数据的概念

大数据是由数量巨大、结构复杂、类型众多的数据构成的数据集合。大数据分析基于云计算应用模式，通过多源融合和数据挖掘技术，形成有价值的信息资源和知识服务。①

2.大数据的特征

2008年，计算机业界组织“计算社区联盟”（Computing Community Consortium），发表了一份有深远影响力的白皮书《大数据计算：在商务、科学和社会领域创建革命性突破》（Big-Data Computing：Creating Revolutionary Breakthroughs in Commerce，Science and Society），标志着大数据进入主流社会的视野。大数据技术在云计算日渐成熟并得到规模化应用后于2012年开始了规模化的商业应用。这是一种新的数据共享、处理和使用技术，通过涵盖所有数据来发现通常被人们视而不见的、深

① 张云平，黄河.智慧养老实践［J］. 北京：人民邮电出版社，2020：39.

层次的各种关联信息。[①]

大数据时代当然离不开“大”，这也就表明了在数据方面是非常广泛和规模较大的，在10TB（1TB=1024GB）规模以上的数据量就是我们通常说的大数据的基本概念了。相较于过去的数据来说，如今的大数据主要通过4个方面来进行规划：多样性、体量大、速度快、价值密度低，通常我们用4个V来表示（Variety、Volume、Velocity、Value）。

第一V就是Variety，面对种类繁多的数据，我们可以根据其结构来进行区分，可分为结构化数据和非结构化数据。我们常见的数据和一些网页数据都属于结构化数据，而非结构化数据则是音频、视频等一类的数据。我们如今使用的视频、图片、网络日志、地理位置信息等都是数据的具体体现，这说明数据种类繁多，同时数据处理起来也是非常复杂的。

第二V就是Volume，数量较大，客户的内部数据是非常多的，用户在每一秒都可以进入许多的数据，还包含了PB数据，如此一来，数据中PB化将成为常态现象。另外，非结构化数据规模庞大并且不断增长，更是占了大数据总量的80%～90%，相较于结构化数据增长了10～50倍，更是传统数据仓库的10～50倍。

第三V是Velocity，数据是经常变化的，所以在得到数据后需要及时进行处理，结果也要尽快得出。这也和传统数据分析有着本质上的不同。移动互联网、车联网、平板电脑、云计算、物联网、手机、PC以及传感器，都是基于数据的方式得到应用的。[②]

第四V是Value，如果不对数据进行相关处理，那么得到的价值也就较低，也就是数据价值密度低。好比视频来说，时间非常长的视频可能有效的数据只有一两秒，面对如此复杂多量的数据，如果还是依靠传统的数据库BI显然已经不适合了。

大数据离不开“多样化（Variety）、大量化（Volume）、快速化（Velocity）、价值密度低（Value）”这些显著的特征，数据中拥有这些

① 王杰，董少龙.智慧养老基数及落地应用指南［M］. 北京：电子工业出版社，2021：74.

② 宋晶晶.谈大数据在智慧城市研究与规划中的应用［J］. 山西建筑，2016（23）：21-22.

特点，才是大数据。[①]

六、区块链

区块链（Blockchain）是分布数据存储、点对点传输、共识机制、加密算法等计算机技术的新型应用模式。从2013年开始，区块链技术开始广泛受到实业界的关注。2015年，区块链技术成为了网络大热词，这一年也被称为区块链元年，并迅速地渗透到了各个方面，受到政府和社会的广泛关注。该项技术的应用也从数字货币领域逐渐向教育、医疗、公共服务等部门扩展，有望成为改变人类社会的又一项技术。国家互联网信息办公室2019年1月10日发布《区块链信息服务管理规定》，自2019年2月15日施行。将区块链技术与养老有效融合，探索智慧健康养老的新机制、新路径已成当务之急。

1.区块链的定义

"区块链"一词源于中本聪的论文《比特币：一种点对点的电子现金系统》（Bitcoin：A Peer-to-Peer Electronic Cash System）。这篇论文提出了一种可信的、去中心化的电子货币系统，也就是我们熟知的比特币，而区块链技术正是此系统的核心技术。比特币能够在没有可信第三方的条件下，让没有信任基础的双方可以安全地在比特币网络中使用比特币进行交易。区块链的定义可以分为两个角度：从数据存储的角度来看，区块链可以理解为一种分布式的、去信任的账本数据库；从数据结构的方向来研究，可以认为区块链是一种基于时间戳的块链结构。[②]

2.区块链技术的发展阶段

从区块链技术的应用发展看，它已经历了以下三个发展阶段。

（1）区块链1.0阶段。区块链1.0建立了一套基于密码学的分布式账本，提供了一套新的记账方法，和我们传统的记账方式完全不一样，它具备去中心化、不可篡改、不可伪造、可追溯的特点。它的主要应用场

---

① 马力.大数据技术应用特点及在智慧城市规划中的应用［J］.中外建筑，2018（8）：86-88.

② 宋伻阳，徐海水.区块链关键技术与应用特点［J］.网络安全技术与应用，2019（4）：18-23.

景是支付、流通，典型的代表是比特币。但是，区块链1.0的缺点是应用面狭窄，不支持其他应用的开发，如写入智能合约功能等。

（2）区块链2.0阶段。区块链2.0与区块链1.0最大的不同就是在数字货币基础上加入了智能合约，可以在此基础上做其他的应用开发。区块链2.0的典型代表是以太坊。在区块链2.0中以太坊相当于一个基础链，一个底层的搭建。以太坊的计划是建成一个全球性的大规模的协作网络，让任何人都可以在以太坊上进行运算、开发应用层，这样就赋予了区块链很多的应用场景和功能实现的基础。以太坊最大的特点就是智能合约，其支持所有人在上面编写智能合约，即以代码形式定义的一系列的承诺合同。智能合约就是一套在不需要第三方的情况下还可以保证合同得到执行的计算机编程，是没有人能够阻止它的运行的一个计算机程序。这个计算机程序保证签订承诺合同之后，谁都不能反悔，只要条件达成，这个系统会自动执行合同中约定的条款，这就是区块链2.0相对于区块链1.0的重要功能。区块链2.0也是有缺陷的，它无法支持大规模的商业应用开发，如在交易速度方面，比特币的交易速度为每秒7笔，以太坊的交易速度为每秒不超过20笔，这很可能造成网络的堵塞，使用户无法完成交易。

（3）区块链3.0阶段。区块链3.0是由区块链构造的一个全球性的分布式记账系统。区块链3.0能够对互联网中每个代表价值的信息和字节进行产权确认、计量和存储，从而实现资产在区块链上可被追踪、控制和交易。理论上区块链3.0会超越金融领域，进入社会公证、智能化领域。区块链3.0主要应用在社会治理领域，包括身份认证、公证、仲裁、审计、域名、物流、医疗、邮件、签证、投票等领域，应用范围扩大到整个社会。区块链技术有可能成为“万物互联”的一种底层的协议。①

3.区块链技术的特点

区块链技术是一种全新的技术，被定义为一种去中心化、去信任化的基础架构与分布式计算范式，概括地来说区块链技术具有去中心化、

① 王杰，董少龙.智慧养老技术及落地应用指南［J］. 北京：电子工业出版社，2021：83-84.

去信任、不可篡改以及匿名性的特点。①

（1）去中心化。其特点是指构建系统的所有节点的权限是相同的，不像中心化的网络中，一个服务器权限高于其他服务器时，可以对其他服务器实行有效控制。基于密码学原理和共识算法，区块链的整个网络中所有节点具有相同的责任和义务，一旦有一个节点被破坏，不影响整个系统的运行。

（2）去信任。它是指所有的节点之间都是不需要相互信任的，基于对统一规则的认同，以及公开的数据和内容，节点之间无法欺骗其他节点，人为的干预在系统中不起作用，确保了每一个节点的自我限制，容错率较高。

（3）不可篡改。它是指一旦两个节点之间的数据交互发生以后，将会被永久记录，除非控制过半数的节点，不然，交互的路径和内容都被系统所记录，无法篡改；同时，由于路径和内容均被系统记录，因此也可以很容易被追溯。

（4）匿名性。它是指数据交互的双方由于不需要信任，彼此无法欺骗，因此节点之间也无须公开身份，所有的数据交互均在匿名的状态下进行分布式存储，系统对交互的双方数据进行了加密和保护，于是也具有一定的隐秘性与安全性。

七、人工智能

人工智能技术是引领社会进步和产业发展的重要力量，人口老龄化加速、养老服务需求增加，促进了人工智能与养老服务的融合。

1.何谓“人工智能”

“人工智能”（Artificial Intelligence，AI），是研究、开放用于模拟、延伸和扩展人的智能的理论、方法、技术及应用系统的一门新的技术科学。人工智能旨在通过机器实现人类智慧，并帮助人类解决各种各样的问题，人工智能的实现，需要涉及计算机科学、控制论、信息论、神经生理学、语言学、心理学等多个学科，人工智能通过模拟人类显性智慧

① 叶楚豪.试述区块链技术的特点及应用［J］.决策探索，2018（7）：81.

能力以远远高于人类的工作速度、工作精度、工作耐力，协助人类处理各种各样的问题。[①]人工智能具体应用的实现，需要先赋予机器一定的推理能力，然后它才能做出合理的行动。人工智能具体应用的实现过程是，先具有大量优质的应用场景数据集，然后使用大量的数据对算法模型进行训练，最终机器进行运算做出具有类人智能的判断、决策和行为[②]。人工智能随着大数据和云计算技术的不断成熟取得了突破性进展，语音识别、数据挖掘、自然语言处理、模式识别等领域取得飞跃性突破，并且已经进入实践领域[③]。可以设想，未来人工智能带来的科技产品，将会是人类智慧的“容器”。人工智能可以对人的意识、思维的信息过程进行模拟。人工智能不是人的智能，但能像人那样思考，也可能超过人的智能。[④]

2.人工智能的发展

近些年，人工智能在应用上取得了令人惊叹的进展。在世界范围内引人注目的人工智能应用包括苹果个人助理Siri、亚马逊聊天机器人Alexa、特斯拉电动汽车操作系统、亚马逊在线交易人工智能、预测观众观影爱好的Netflix、预测听众音乐爱好的Pandora、居家环境控制系统Nest、波士顿动力人工智能驱动的机器狗、人工智能辅助的医疗诊断、手术机器人达·芬奇等，不胜枚举。

在我国曾经引起极大关注的是AlphaGo。这一人工智能驱动的围棋选手在2015年10月以5∶0击败了当时的欧洲围棋冠军樊麾，这是计算机程序第一次击败职业围棋选手，标志着人工智能在棋类应用上达到了一个新的高度。2016年3月，AphaGo以4∶1击败了韩国围棋选手、围棋世界冠军李世石，并且获得了第一个授予计算机的围棋九段称号。2017年年底，AlplaGo Zero问世，它不再延续前人的围棋经验路径，而是通过自弈，在实践中学习摸索，开辟了一条全新

① 梁迎丽，刘陈.人工智能教育应用的现状分析、典型特征与发展趋势［J］.中国电化教育，2018（3）：24-30.

② 朱海龙.智慧养老：中国老年照护模式的革新与思考［J］.湖南师范大学社会科学学报，2016（3）：68-73.

③ 睢党臣，曹献雨.人工智能养老的内涵、现状与实现路径［J］.新疆师范大学学报（哲学社会科学版），2019（3）：111-119.

④ 王杰，董少龙.智慧养老基数及落地应用指南［M］.北京：电子工业出版社，2021：77-78.

的道路。

八、机器人

机器人被誉为是“制造业皇冠顶端的明珠”。随着人口预期寿命的增长和生育率的下降，人口老龄化问题日益严重。为了更好满足养老需求，养老机器人的使用逐渐进入人们的视野，成为当前研究和产业发展的热点。

1.何谓“机器人”

机器人（Robot）是综合了机械、电子信息、人工智能、生物医学、仿生学等多种学科的自动执行工作的复杂智能装备。它既可以接受人类指挥，又可以运行预先编排的程序，也可以根据以人工智能技术制定的原则纲领行动。它的任务是协助或取代人类的工作，如生产业、建筑业，或者危险的工作。

在古代文献里就有类似于机器人的描述，如《列子·汤问》记载了巧匠偃师献给周穆王一个伶人（歌舞机器人）的故事，流传下了“偃师造人，唯难于心”的典故。根据2018年在中国科技馆展出的“古希腊科技与艺术展”，公元前2世纪的古希腊就有“机器人”，用水、空气和蒸汽压力作为动力。

2.机器人的发展

现代机器人的出现要晚很多，世界第一家机器人公司是由乔治·德沃尔（George Devol）和约瑟夫·F.英格柏格（Joseph F.Englbeger）于1956年成立的Unimation公司。1959年，他们发明了世界上第一台名为Unimate的工业机器人。1961年，美国万能自动化公司（Unimation公司）生产的世界上第一台工业机器人在位于美国新泽西州特伦顿市的通用汽车公司安装运行，用于组装汽车的门、车窗把柄、换挡旋钮、灯具固定架等汽车部件，开始了工业机器人的规模化应用。

近年来，机器人在工业领域和家庭领域都已经有了深入的应用。无论是在加工生产线上、大型的仓库里，还是在手术室，都有机器人在从事着精细并持久、重复性的工作。机器人不仅完成着人类难以胜任的工作，还往往比人工成本更低。

波士顿动力公司的机器狗自问世以来广受关注，随着项目的改进，它的功能越来越强，动作越来越复杂，它们不仅能够轻松地越过各种障碍，还能够相互协作，共同完成任务。

用于家庭领域的机器人也逐渐普及起来，其中扫地机器人是应用最为广泛的家用机器人。在人形机器人方面，日本无论是在技术上还是在市场应用规模上都处于国际领先地位。索尼公司于1999年推出的AIBO机器人是第一个以陪伴为目的的宠物机器狗；本田公司于2000年发布（非销售）的ASIMO则是以陪伴娱乐为主要功能的人形机器人。[①]

九、可穿戴设备

1.可穿戴设备的概念

可穿戴设备是一种可以安装在人、动物和物品上，并能感知、传递和处理信息的计算设备。可穿戴设备基于可穿戴技术的发展，[②]20世纪60年代，麻省理工的研究人员就提出了将传感器、无线通信等嵌入到日常衣着，来支持更多的交互形式。21世纪，随着互联网的发展，可穿戴技术实现了与互联网的结合，产生了可穿戴设备。2012年，以GoogleGlass为代表开启了智能化终端新的形式。2013年是可穿戴设备的崛起之年，三星智能手表Galaxy Gear、咕咚智能手环、360儿童卫士等设备的发布，标志着互联网时代硬件创新进入新的阶段。2014年，索尼和苹果等更多的企业进军可穿戴设备市场。[③]已有的可穿戴设备主要集中于运动健身、娱乐社交和医疗监测领域。[④]

2.可穿戴设备的类型

根据佩戴位置的不同，老年人健康管理相关的可穿戴设备可分为头戴式、腕带式、携带式和身穿式4种类型，表3-2对几种类型的设备进行了对比分析。[⑤]

---

① 王杰，董少龙.智慧养老基数及落地应用指南［M］.北京：电子工业出版社，2021：81.

② 封顺天.可穿戴设备发展现状及趋势［J］.信息通信技术，2014（3）：52-57.

③ 肖笛.可穿戴设备与人的融合［J］.科技与创新，2015（10）：95-7.

④ 许露，江洪.可穿戴设备发展现状与问题对策研究［J］.新材料产业，2014（12）：63-67.

⑤ 胡雪茜.基于情绪心理学的空巢老人可穿戴设备设计研究［D］.马鞍山：安徽工业大学，2019：12-13.

表3-2 不同类型老年人可穿戴设备对比

佩戴位置类型	功能	特点	代表产品
头戴式	提示、帮助完成日常任务，纠正错误行为等	在用户自然视野中显示信息；利用骨传导或耳机发送私密声音信号；与用户的视野和头部运动关系高度密切	DAMAAS智能眼镜； Muse2头脑感应头带
腕带式	记录日常活动、异常情况报警、提醒功能及健康状况实时监控等	显示屏小；方便测量脉搏、血压等参数；与用户的肢体运动关系高度密切；利用低功耗通信技术（如蓝牙）与手机App配合使用	UnaliWear'sKanega watch； Garmin Vivosmart 3； Fitbit Charge 3； CarePredict's Tempo watch； Reemo Health Smartwatch； MobileHelp Smart； Freedom Guardian
携带式	实时监控活动情况、活动跟踪功能、紧急呼救功能等	显示屏较小；不直接佩戴在肢体上；可作为移动设备的外接装置；利用低功耗通信技术（如蓝牙）与手机App配合使用	KardiaMobile； Amulyte智能监测器； Zibrio's smart scale； Bay Alarm Medical
身穿式	定位防走失、运动监测健康管理、摔倒提醒风险预警和安全区域提醒功能等	一般不具有显示屏或显示屏小；对日常活动打扰小；与日常衣物穿着结合；需要特殊服装材料用以感应	Qwell Wearable Pain Relief； Technology Kit； GPS SmartSole； 双驰老人智能鞋

总的来说，目前可穿戴设备仍处于探索发展初期，国内成熟的高龄用户专业可穿戴设备比较少，现有老年人智能可穿戴设备也以腕带式为主，功能相对简单，大部分设备缺乏专业的数据分析和可视化功能，专业医疗设备较少。其主要功能是收集老年人的每日步数、步行距离、卡路里消耗和跟踪睡眠质量记录的个人数据。①随着科技的不断创新发展，动作传感、语音操作、虹膜扫描等技术不断被开发应用到可穿戴设备上，促使可穿戴设备与用户间的交互方式不断创新。②

第二节　智慧健康养老核心技术应用

这里重点探讨一下目前九大核心技术在智慧健康养老中的应用。

一、物联网的应用

近年来，许多地方开始将创新技术和物联网技术相结合，来解决人口老龄化问题。例如国家老龄办打算在全国推行“智慧养老”实验基地建设，并批准建立国家智能老年和国家老龄化智能科技产业园；河北发展基于“大数据”分析的“互联网+智能养老”项目，为老年人提供良好的服务。③物联网在社区养老和家庭养老中的应用也被国内许多学者提出。例如，董少龙从政府管理和科学决策的角度出发。指出大数据、物联网等技术手段可以促进和规范老年服务业的发展。智能养老系统以物联网技术为基础，将传感器与养老机构、社区、家庭养老中的设备相结合，远程观察老年人的生活。同时此技术涉及老年人生活的方方面面，如住房、饮食、娱乐、安全等，便于老年人的生活起居。④

1.物联网技术在居家养老中的应用

随着年龄的增加，老年人身体功能逐渐变弱（如健忘、视力下降

---

① 朱云泽.智慧养老背景下老年人可穿戴设备应用现状分析［J］. 科技创新与应用，2023（5）：151-155.

② 王月娟，杨丽娜，李木子.浅谈可穿戴设备引入养老领域的设计需求［J］. 中国卫生产业，2019（15）：180-182.

③ 席恒，任行，翟绍果等.智慧养老：以信息化技术创新养老服务［J］. 老龄科学研究，2014（7）：12-20.

④ 张琪若，叶若好，孙靓.基于物联网技术的智慧养老［J］. 特区经济，2020（1）：64-66.

等），在生理和心理上逐渐居于劣势，智慧健康养老服务对于提高老年人独居生活质量，弱化衰老带来的失落和困扰有很大帮助，还能减轻老年人在经济、体能、心理方面的负担，有利于身心健康。物联网驱动的智慧健康养老模式可提供但不限于以下服务场景。①

（1）智能家居系统。传感器技术装置在老年人家居室内，用于侦测室内的温度、湿度、一氧化碳含量等相关物理量，防止室内温度急剧变化对老年人产生影响，还可以探测火灾、燃气泄漏等危急情况，为物联网提供监测数据。老年人可通过声音、手势等方式实现居家需求，包括开关门锁、控制家电、调节灯光亮度等日常操作。

（2）智能家居医疗。家庭内搭建智能家居系统，可实现老年人生命体征监测，基础健康数据（心率、体温、血压、睡眠状况等）随时掌控；设置吃药提醒，帮助独居老年人实现自我管理；公共区域视频联动监护，了解老年人居家情况；危急时刻自动通话呼救，第一时间保障老年人安危等。再搭配网络远程技术实现实时健康管理，让子女随时知晓父母的健康状况。

（3）智能定位器。对于高龄老年人，尤其是搬离家乡与子女同住或患有阿尔茨海默病的老年人，在其外出时，不必害怕出现迷路或走失等情况，定位技术可实时反馈老年人的动态位置，还可在老年人受到意外伤害的情况下及时提供准确位置，方便子女和社会救援。

（4）运动安全设备。老年人适合平缓温和的运动，锻炼时，可在运动装备中放置传感器，也可佩戴运动手环，以感知老年人的心率、血压、心电图信息等，对老年人的运动安全进行实时监控。一旦发现指标超出安全范围，立即提示减轻运动强度，并适当休息。

（5）其他监测功能。可监测老年人是否正确服药、是否摄入足够的营养、睡眠质量好坏及卧床时间是否过久，同时将数据记录下来，作为医生评估身体状况的参考。

2.物联网技术在机构养老中的应用

为了进一步提高各地养老机构的服务水平和管理质量，就要积极

---

① 聂晓宇.物联网助力智慧养老居家服务［J］. 中国自动识别技术，2021（6）：64-66.

运用物联网技术，并将其与养老服务机构经营管理工作有机结合在一起，这样才能满足社会养老需求，为促进和谐小康社会打下坚实的基础。物联网技术在养老服务经营管理模式工作中的应用具体体现在以下方面。[①]

（1）实时监控老年人人身安全和健康安全。由于地理位置的特殊性以及社会活动的多样性，城市老年人在人身安全和健康安全方面所面临的风险因素要远远高于乡村老年人。而城市养老服务机构虽然为老年人构建了方便、舒适的老年生活环境，但是在某种意义上也增加了老年病症发病概率。因为我国是一个人口众多的国家，随着近年来工业企业的不断增多，城市空气质量也要远远低于以往，老年人若是长期处于这样的环境下，势必会诱发各种常见疾病，如呼吸道病症、心脑血管疾病等。另外，随着私家车辆的不断增多，给老年人的日常出行也带来了很大的困扰，而城市老年人不少都处于空巢状态，一旦发生特殊情况，很难在第一时间发出求救信号，这也是现下一些空巢老年人容易遭遇不测的诱因之一。所以，物联网技术应用在智慧养老服务机构中，就要充分考虑老年人的安全管理问题，能够实时监控老年人人身安全和健康安全，保证在第一时间预警老年人的需求与风险信号，这样才能为老年人的日常生活提供健康和安全的服务保障。

（2）满足老年人多方面需求。随着社会经济的不断发展，养老服务需求也变得越来越多样化。当前我国老年人在晚年生活中除了要具备充足的日常生活资金，更多的是需要家人常伴左右。而大多数城镇老年人的养老模式都集中在养老机构、家庭养老以及社区服务等模式下，因为很多城市老年人的子女要面临工作与生活两方面压力，根本无法常伴在父母身边，所以家庭养老模式在现下城市养老功能上就要显得不足。而一些养老机构以及社区服务机构由于缺少专业服务人员、专项建设资金以及现代化服务理念等，也是达不到预期服务效果。所以，在运用物联网技术开展智慧健康养老活动时，相关服务机构就要根据老年人的实际养老需求，引入先进的服务系统和服务技术，以便可以从多方面满足社

① 陆祖荣.物联网技术应用于养老服务机构经营管理分析［J］. 管理观察，2018（24）：74-75.

会养老需求，解决老龄化日趋严重问题。

（3）集成各种养老服务供给资源。众所周知，城市养老资源要比农村养老资源更为丰富，一般情况下，农村养老设施和资源都是以户为单位，而城市养老设施和资源就要显得更为多样化、现代化，其生活区域多以社区为单位，且一些先进的社区还会建有专门的社区医院、养老中心、社区服务中心等机构，这些养老资源和设施集中整合在一起，对当下老年人的养老需求而言，十分有利。所以，物联网应用于智慧健康养老产业中，也必须以最大化地聚集优势资源为目的，既要设计多功能服务模块，如卫生服务功能模块、公共服务中心模块、居家生活帮助模块等，又要组建专业化养老服务队伍，不断提高机构服务质量和服务水平，以便可以最大限度让老年人体会到幸福晚年生活。

3.物联网技术在社区养老中的应用

养老社区是专门为老年人建造的生活设施齐全、公用设施（如医院）配套完善的社区。它是供老年人集中居住及生活的场所，由专业机构进行服务和运营，并提供住户医疗保健、文化娱乐等全方位服务以满足老年人基本的生活保障。

养老社区比其他居住社区更复杂。养老社区除具备一般居住设施外，还需具备包括医疗护理、文化娱乐、生活服务等适宜老年人需求的特殊室内设施、配套设施和室外环境空间。养老社区还要根据老年人的生理特征和生活需要，提供无障碍的居住环境、活动空间和求助系统。

养老社区智慧化系统建设要突出适用、安全、便捷、节能、舒适、现代化、数字化、智能化的特点。

物联网技术在实时跟踪老年人的活动轨迹，分析老年人的肢体活动特征，为老年人提供便捷的通行方式和便利的服务方面显得尤为重要。

物联网技术的在社区养老中的显著应用体现在两个方面，具体见表3-3。[①]

① 张云平，黄河.智慧养老实践［M］.北京：人民邮电出版社，2020：21.

表3-3 物联网技术在社区养老中的显著应用

物联网技术的应用点	功能规划	说明
人身安全监护	人员定位	社区配置无线覆盖系统，每个老年人身上佩戴无线信号接收和发射装置，老年人在社区内的活动将被系统实时定位跟踪，方便老年人在需要帮助时，工作人员能找到他们的位置
	异常报警/求助	老年人感觉身体不适时，可通过随身佩戴的设备（紧急按钮）发送信息到监控中心，监控中心通过无线定位系统联动就近的摄像机，查看老年人的状况并迅速派人处理
生活便利	一卡通	老年人使用一卡通开启门厅、电梯和门锁，还可使用一卡通在社区刷卡消费，免去携带现金的麻烦

总之，将物联网引入养老领域，着力打造更加高效的智慧健康养老产品，以服务老年群体为导向研究和开发社会养老信息平台，针对当前老年群体的特征不断优化和完善智慧健康养老服务是明智之举。借助物联网技术的优势，充分利用各种养老资源，在传统养老模式的基础上不断推动养老服务的新发展，必将使我国养老服务跃上一个新台阶。

二、互联网+的应用

在我国人口老龄化日益严重且养老服务发展滞后的背景下，将“互联网+”思维应用到社区居家养老服务领域，实施“互联网+社区居家养老服务”发展战略，创新社区居家养老服务供给模式，打破社区居家养老服务发展的瓶颈，是“互联网+”技术在养老中应用的集中体现。

“互联网+社区居家养老服务”发展战略核心是将互联网和养老服务业整合起来，以信息流带动养老服务，创造智能养老产业新业态。在“互联网+”的运用下，将互联网、物联网和移动通信网三网融合，并与社区居家养老服务有机结合，充分发挥互联网的集成和优化作用，促使社会各方面资源进入社区居家养老服务，建立信息资源共享、业务协同和服务高效的社区居家养老服务供给体系，从而满足老年人多样化养老服务需求。

1.“互联网+”解决养老服务供求信息不对称问题

养老服务供需信息不对称和信息传递的滞后性，是目前社区居家养老服务供需不平衡的重要原因。我国社区居家养老服务供需不平衡的现象比较严重，养老服务供不应求和供过于求的情况同时存在。

通过调查发现，老年人在居家养老服务供给、服务需求和服务利用之间落差明显。与需求比例相比，供给比例总体较低，服务供给满足不了老年人的服务需求。精神慰藉类的服务需求大于供给比例达到了22%。相对于供给水平，养老服务各项目利用水平也普遍较低，服务利用远远低于服务供给，其中，上门看病服务过剩比例最高，供给与利用之间的落差比将近30%。[①]养老服务供需信息不对称是造成这一矛盾的重要原因。社区居家养老服务链的供给、输送和利用三个阶段都存在信息交流不通畅现象，由于缺乏深入挖掘养老服务需求信息，再加上服务信息传递中的障碍，服务信息不能被服务对象所熟知和理解，服务供需不能有效对接，导致老年人部分需求反映不及时，得不到及时有效的满足，而另有一些服务则利用率低，导致资源被闲置甚至浪费。

“互联网+社区居家养老服务”可以有效解决信息狭窄、封闭和流通不畅的问题，使养老供需相匹配。发展“互联网+”社区居家养老服务，发挥互联网低成本、及时性、开放性、兼容性的优势，实现养老服务供需信息的及时、无障碍传递与对接。例如，在四川成都，养老“关爱地图”通过互联网技术整合了各种养老服务信息，在养老地图上人们可以清楚地看到成都老年人的基本信息，以及全市各类养老机构、社区日间照料中心等养老服务设施点位的布局情况和他们所提供的服务内容，[②]这就有效地解决了养老资源信息不对称的问题，提高了养老服务递送的效率和质量。

“互联网+社区居家养老服务”解决养老服务信息供求不对称问题，主要表现在两方面：一是服务需求挖掘方面。利用互联网的信息集成和

① 王莉莉.基于“服务链”理论的居家养老服务需求、供给与利用研究［J］. 人口学刊，2013（2）：49-59.

② 吴双.“互联网＋养老服务”各地在行动［J］. 中国民政，2018（14）：53.

挖掘功能，建立养老服务需求信息资料库，摸底调查老年人的需求，为每位老年人建立档案，以大数据、云计算为代表的数据处理技术深入挖掘老年人服务需求，将老年人的需求信息化，为政府购买服务的对象确定、费用补贴、服务项目确定等提供依据。二是供求服务信息交互方面。依托手机App平台和PC客户端，可以为养老服务供求信息提供交互的平台，内联辖区内有实际服务需求的老年人，外联社区养老服务中心、服务商和加盟企业，信息交互平台利用互联网、射频识别技术，将记录、统计及监控到的需求信息集中汇总并分别传输给外联为老服务团队，由其提供上门服务，促使养老服务供需有效对接、资源有效匹配。[①]

2.“互联网+”解决养老服务资源离散化问题

目前我国养老服务资源在服务主体、服务信息、服务项目等方面呈现出离散化的态势，养老服务资源缺乏有效的协调与统筹。[②]造成我国养老服务资源离散化主要有三方面原因：一是养老资源归属不同社区，各个社区之间资源缺乏链接与整合。社区养老资源通常不对外开放，缺乏调配平台，养老资源无法在各个社区之间自由流动，导致资源浪费与利用效率低下。二是各个养老服务主体之间沟通、互动不足。社区作为养老服务多元合作的平台功能没有很好发挥，政府、社会组织、市场、家庭等多元主体之间互动不足、缺乏沟通，各主体掌握的软硬件资源尚未实现实时性链接。政府服务资源没有实现普惠化，而市场、社区和民间的资源进入养老服务动力不足，公私合作伙伴关系不稳定。三是养老服务项目采取分级分类的管理模式，难以实现资源的共享与合作。社区居家养老服务主要涵盖生活照料、医疗保健、康复护理、家政服务、精神慰藉等项目，不同行政管理部门主管不同服务项目，例如，民政部门负责生活照料、家政服务、养老机构、社会工作等；卫生部门负责医疗服务、保健、康复等；市场监管部门负责家政服务。这种条块分割型的管理体制，难以实现资源的共享与合作。

① 李长远．“互联网+”在社区居家养老服务中应用的问题及对策［J］．北京邮电大学学报（社会科学版）：2016（10）：67-73.

② 贾海彦，张红凤．基于产权约束的基层养老服务资源优化配置研究［J］．中央财经大学学报，2016（1）：16-22.

社区居家养老服务综合信息平台，可以实现养老服务资源的有效链接与整合。互联网与社区居家养老服务各领域深度融合，可以促进资源的优化配置。主要表现在以下三个方面：

（1）实现养老资源在各个社区之间的无缝链接。利用互联网工具和平台成立社区老年照顾协会或互助养老服务组织，开设社区居家养老服务网络论坛，充分挖掘社区内部养老服务资源，发展互助养老服务。通过养老资源调配平台，可以促进养老服务资源在各个社区之间自由流动。

（2）实现养老服务各项目间的整合。将社区养老服务所需的照看护理、家政服务、医疗保健、社会工作、精神慰藉等资源整合起来，形成社区养老服务集成系统，合力支持信息化养老。

（3）推动养老服务主体由单一向多元转型。利用互联网平台连接政府、社会组织、企业和志愿者等多主体共同参与养老服务，定期或不定期地发布为老服务、优惠政策、志愿者征集等信息，便于多种社会资源进入社区为老年人服务。①

3.“互联网+”解决养老服务管理部门碎片化问题

社区居家养老服务管理部门的碎片化，难以形成统一协调机制。管理层面上，我国社区居家养老服务行政分割、管理分治现象较为严重，决策和执行网络涉及老龄、民政、财政、卫生、社保等职能部门，养老服务部门化、部门服务单体化，导致社区养老服务部门条块分割严重，各部门间尚未形成共同决策和信息资源共享机制。②政府购买服务信息化网络建设滞后，影响了网络协同治理的形成。政府购买服务的顺利推行不仅取决于资金是否到位、相关政策法规是否完善，而且还有赖于信息网络技术的支持。但是政府在推进购买社区居家养老服务过程中，购买方和服务提供方信息不对称影响了公私合作伙伴关系的构建。另外，在政府养老服务外包的过程中，购买信息发布、购买政策咨询、服务量的核算、服务质量反馈、服务评估、社会监管等对完善政府购买服务至

① 李长远．“互联网 +”在社区居家养老服务中应用的问题及对策［J］．北京邮电大学学报（社会科学版）：2016（10）：67-73.

② 翁列恩，王振，楼佳宁．集成化、信息化与标准化的居家服务创新研究——以杭州市上城区为例［J］．公共管理学报，2013（3）：1-11.

关重要。

提高社区居家养老服务管理的效率和效能，不仅需要变革政府行政管理体制，同时需要发挥多网融合等信息化技术和手段，实现政府对养老服务管理的信息化、集成化。政府将大数据、移动互联网、云计算等技术运用到日常养老服务的管理中，来提升服务管理的深度和管理水平，已经成为养老服务发展的趋势。其主要表现在以下三个方面：

第一，政府出资建设平等共享的养老服务信息平台，确定养老服务业务规范及流程，实现养老服务信息采集、信息沟通、回应、反馈等全程闭环式管理流程，有效地将自上而下的行政资源与自下而上的社区民间资源对接起来，不仅降低了管理过程的时间和资金成本，而且切实促进社区养老服务的网络化治理，使政府购买社会居家养老服务更加公平和有效。

第二，政府政策与管理工具也可依托综合信息服务平台，达到其预期目的，如合同外包、服务券、税收优惠、补贴等。

第三，政府通过信息化技术能够对养老服务实施全程监控，信息平台产生的相关数据，可以为养老服务统计管理与效能考评提供重要依据，从而成为综合评价的重要指标。[①]

4.“互联网+”打造养老服务新模式、新业态

由于互联网对我国养老事业的影响是全方位的、深层次的，因此我们应该对“互联网+”养老的内涵进行更加全面的认识。从理想化的养老服务供给来看，“互联网+”养老的核心应该是实现“应养尽养”，具体来说有两个标准：一是养老服务的内容广泛，必须满足老年人的生活照料、康复医疗、紧急救助、健康管理、远程医疗、精神慰藉等需要；二是服务对象的全覆盖，无论是低龄老年人还是中高龄老年人，无论是身体健康的老年人还是患有各类疾病的老年人，都能在一个现实的养老生态圈或者虚拟的养老生态圈内获得相应的需求满足。

---

① 李长远.“互联网+”在社区居家养老服务中应用的问题及对策［J］. 北京邮电大学学报（社会科学版）：2016（10）：67-73.

推动互联网和养老深度融合，实现“应养尽养”，不仅要求我们从技术层面去认识，还应该从思维层面、政策层面、商业模式层面对“互联网+”养老模式进行全面深入的认知。如图3-1所示，“互联网+养老”模式就是要用互联网思维、技术和商业模式改造传统的养老产业和养老模式，把互联网元素融入到养老服务产品研发、设计、生产、营销以及养老服务管理的每一个环节中去，打造出养老服务新业态，提高养老服务的供给效率和质量，增强老年人的幸福感和获得感。

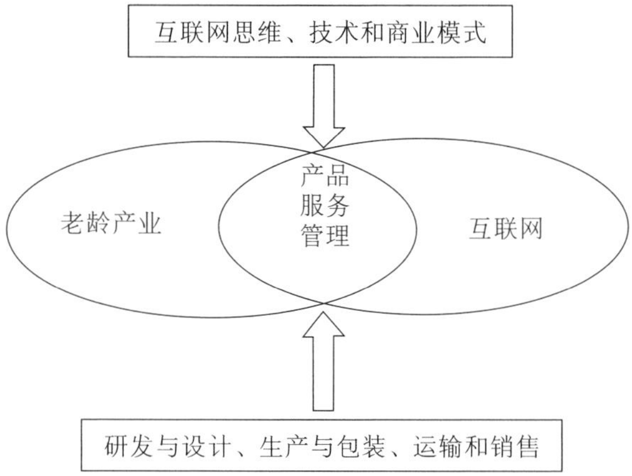

图3-1 “互联网+”养老模型

互联网和养老的融合是全方位的、深层次的，互联网技术、思维、商业模式、管理模式和养老的融合将会推动养老服务升级换代，提高养老服务供给的质量和效率。如图3-2所示，从横向来看，二者的深度融合涉及老龄产品、老龄服务、养老服务的管理模式、运行机制等方面。从纵向来看，二者深度融合将会对养老服务供给模式带来巨大变革，从养老服务需求端到供给端都会产生巨大影响。

总的来看，积极运用互联网思维改变传统养老思维，大力革新互联网技术，推动互联网商业模式在养老场景的运用，构建全新的养老生态，人类的养老方式将会越来越智慧化，“互联网+”养老模式将会为解决我国当前的养老困局提供新的方向和路径。[①]

① 孙建娥，张志雄．“互联网+”养老服务模式及其发展路径研究［J］．2019（3）：46-53.

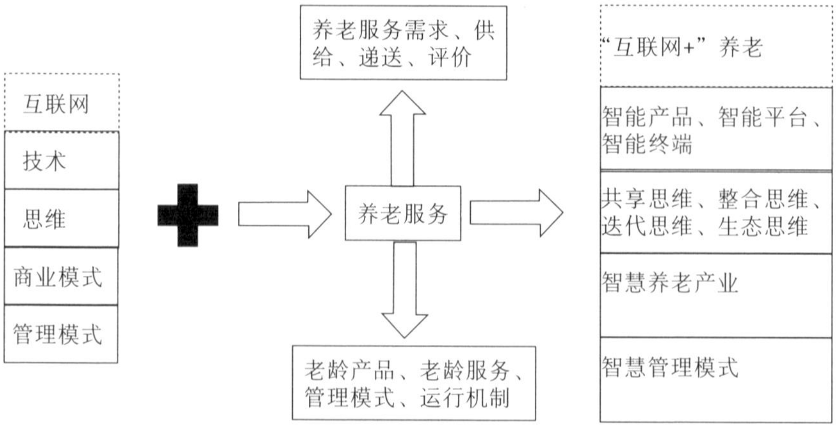

图 3-2 “互联网+”养老深度融合模型

三、定位技术的应用

现有养老模式主要有三种，即机构养老、社区养老以及居家养老。其中负责采集信息的终端有定位基站、定位信标/节点、床位压力传感器、视频采集器、健康监测设备以及智能手环等，这些终端会将采集到的信息发送到云数据中心，由云数据中心进行分析与处理，并将相应的结果发送给管理者。若有非正常情况，管理者可以及时预警。在这三种不同养老模式中所需具备的功能有所不同：在机构养老中，所需功能包含机构管理、安全系统、老年人监护、财务管理以及统计分析等；在社区养老中，所需功能包含服务管理、健康管理、老年人监护、智能呼叫以及统计分析等；在居家养老中，所需功能包含档案动态管理、智能呼叫、老年人监护、视频关爱以及统计分析等。

在所有的功能中，室内定位技术可以用在多处：机构管理里面的设备和物品管理可以利用室内定位技术来获取所在位置，大型设备如床位、书柜等不常移动的家具类可以设置较长时间段刷新定位，而血压计等物品需要实时定位或较短时间刷新定位，这样需要拿取时可以节省精力与时间；安全系统和老年人监护中可以应用室内定位技术来确保老年人不会远离安全区域，特别是患有阿尔茨海默病的老年人，同时若监护系统发现老年人身体机能出现异常，可利用定位技术实时获取老年人位置，让因为摔倒或慢性病导致晕厥的老年人能够得到及时的救助；智能呼叫也是依赖定位技术来获取需要帮助的老年人的位置，其在社区养老和居家养老的模式中极为重要；老年人可能是独自一人在家或在社区走动，若遇到身体不舒服，在有意识的情况下及时寻求帮助，系统获取定位后及时通知管理人员，并呼叫救护车，能够缩短救护时间。

邓术芬针对智慧养老中的远程监控与定位进行了研究，并实现了活动轨迹实时显示、轨迹回放以及电子围栏越界报警。她将这些技术应用在智慧养老院中，实现的是小范围内的人员定位，但在社区养老模式上有可拓展性。可拓展性在于通过布设多个超宽带定位节点，可以实现社区范围内的人员定位。当然，它也有一定的局限性，即投入成本相对较高。[①]姚国勤针对居家养老，利用蓝牙定位技术实现了老年人的离家判定和室内位置定位，其优势在于蓝牙定位的成本相对超宽带要小很多，且大范围的扩展具有可行性，其局限性在于定位精度没有超宽带高且未涉及老年人离家后在社区内的定位。[②]

Wi-Fi定位技术也可应用在养老院和居家养老中，但由于其易受干扰导致精度较差且指纹采集工作量较大，相对超宽带和蓝牙，较少应用在实际养老院的场景中。国内现有的研究室内定位技术的公司有乾坤物联、清研讯科等，设计了智慧养老相关方案，实现了实时定位、轨迹回放、健康监测以及电子围栏等功能，但较少有针对社区养老所设计的方案。

若要实现针对社区的养老，除了上述已实现的功能以外，还需考虑在整个社区内定位时要用到的定位技术，无论是选择单一定位技术，还是考虑组合定位技术，都要对成本与精度进行衡量。

在为智慧养老平台提供位置服务的同时，室内定位技术如果能与大数据分析相融合，将会得到更有利于决策的结果。例如在得到实时定位的同时，利用已有数据集分析并预测老年人现在可能在做什么；对老年人一天活动的轨迹进行分析，得出老年人喜欢去哪些地方，判断老年人的喜好；对老年人在何地，遇到何人以及健康监测上的数据进行分析，

① 邓术芬.智慧养老院人员定位系统研制［D］.成都：电子科技大学，2019：20-22.

② 姚国勤，俞晖，杨震.基于蓝牙技术的智慧养老监护系统的设计［J］.电信快报，2017（7）：32-34.

得出老年人现在可能的心理活动。

健康监测并不能只关注身体体征，还需要关注心理健康，从而更好地为老年人服务，使他们生活得更加快乐与幸福。[①]

对中小型养老机构中对老年人的监护需求，可以研究构建基于ZigBee技术的养老监护系统。系统主要包括老年人的健康监护和安全监护功能，传感器节点以CC2530芯片为核心，组建覆盖养老机构区域的无线网络，通过汇聚节点将传感器节点采集的数据经互联网传至数据管理中心，数据通过管理中心进行监测与分析，如果各项数据超出设定的安全阈值系统将提示并通知护工，护工通过终端设备安装的App软件能够实时查看老年人的相关信息。[②]

由于RFID系统可通过射频信号自动识别目标对象并获取相关数据，识别工作无须人工干预，因此RFID可用于养老院和社区服务中。在养老院的各个场所中，如房屋、道路、围墙等位置安放RFID读写器，读写器会定时自动读取佩戴在老年人身上的电子标签上的ID信息，再通过以太网络以及相关集线器等中间设备把这些信息传到管理系统中。管理系统通过对照数据库就能查询到老年人的详细信息，有效地管理老年人，最大限度地保障老年人的人身安全。[③]

RFID系统，首先可以对老年人定位。及时掌握老年人的实时信息以及实现对老年人的位置管理。如老年人走入湿滑的地方，要通过预警功能告知他；还有一些老年人有定向力障碍，常常毫无目的地四处乱走，容易出现意外。我们可以通过 RFID 技术通知附近的管理服务人员及时地采取保护服务。其次，可以提供求救服务。老年人不舒服或遇到困难时，可发出求救信号，附近的管理服务人员可以及时有效地给予帮助，以免意外情况发生。最后，可以发挥滞留警醒的作用。老年人难免会出现昏迷摔倒等情况。当RFID技术定位发现老年人一直在原地不动时，发出预警，通知老年人。如果老年人未给予回应，则通知附近的管

① 张陈晨，刘加萍，张自强，等.室内定位技术在智慧养老中的应用研究［J］.计算机应用工程技术，2021（15）：16-18.

② 张钰，王思阳，王霁润，等.基于ZigBee技术的养老监护系统设计［J］.电脑知识与技术，2018（24）：51-53.

③ 王静.浅谈RFID技术在养老院老年人定位和预警方面的应用［J］.电子技术与软件工程，2015（21）：131.

理人员进行照看老年人。[①]

四、云计算的优势及其应用

1.云计算在养老中的优势

云计算是一种对IT资源的使用模式，是对共享的可配置的计算资源（如网络、服务器、存储、应用和服务）提供无所不在的、方便的、随需的网络访问。[②]云计算的核心内容是网络资源的共享和海量信息数据的整合，能够以较低的成本来解决海量数据的处理问题。云计算可以通过物联网和互联网连接，利用各种硬件及软件资源，随时帮助企业对海量信息进行有效的获取和分析，进而做出更明智的决策。云计算的核心技术是自动化，它可以使用户在不需要服务提供者介入的情况下，以自行服务的方式实现资源使用请求。针对目前我国所面临的人口老龄化、居家养老难等问题，引入云计算可以带来以下优势。

（1）实时监控养老服务情况。通过云计算技术，构建老年人关爱系统，其受益者（包括老年人、子女）可以在任何地点求助、查看，只需要通过一个移动设备即能实现；而系统管理方可以随时随地对老年人的实时状况进行监控，在提升养老服务质量的同时使养老服务的管理效率达到最大化。此外，在信息数据收集中，利用云计算技术的远程管理和数据传输功能，不仅可以加强对日常服务工作的监督和检查，而且能及时准确地把握养老服务的信息和数据，高效地完成对数据的加工处理与统计，并形成报表把数据传递出来。这样，为养老服务决策者进行政策决策提供了信息查询与管理平台，建立了一种新型高效的管理模式，提高了工作的准确性及数据的共享性。[③]

（2）降低养老的成本。面对我国养老信息呈现爆炸式增长的现状，利用云计算以较低成本处理海量数据这一优势，养老机构引入云计算技术可以降低养老的成本，云计算技术的规模化效应为政府及社会节省了

① 王静.浅谈RFID技术在养老院老年人定位和预警方面的应用［J］.电子技术与软件工程，2015（21）：131.

② 朱近之.智慧的云计算：物联网的平台［M］.北京：电子工业出版社，2011：1.

③ 卢剑炜.基于云计算的老人关爱系统的设计与开发［J］.软件设计与开发，2016（5）：82-83.

开支，解决资金投入不足的问题。养老所面对的一个主要问题是“资源的共享”以及“信息的整合”，这正是云计算的核心所在。因此养老机构可将云计算引入养老模式，整合居家老年人及与老年人相关的一切要素，使其构成一个大的物联网。在实施过程中，云平台收录全部居家老年人的资料，利用云计算技术分类汇总和有效整合这些信息，并应用不同的云终端进行实时监控，处理老年人复杂化的、海量的服务需求，最大程度上方便老年人及其家庭，使他们准确获取信息，达到真正意义上的双赢。

（3）智能化地配置资源。云计算能够智能化地调配资源，养老机构通过云计算构建完整的自动化的养老模式，降低对服务人员的需求量，节省了人力成本。同时，云计算的使用，并不要求使用者对其充分了解或者是IT精英，任何人都可以运用，它的广泛易用性大大降低了专业人员的需求量，可以用来解决养老模式中专业服务人员不足的问题。养老机构可以向大的云计算运营商租用相关设备，以便灵活地响应居家老年人的需求。这样，当需求增加时，养老机构可以加大租用量来节省时间和降低大量的基础设施投入成本；反之，当养老需求下降时，养老机构则可以减少租用，不用担心投资建设的设施闲置问题。云计算的弹性伸缩和自动部署特点为养老提供了弹性化服务，在降低成本的同时，也规避了资源闲置和浪费现象。

（4）提供一体化的居家养老服务。通过云计算在养老模型中的运用，养老机构可以将老年人及与他们相关联的各要素整合在一起，建立一体化的服务模式。一体化服务模式具有低成本、高效率的特点，能够更加充分地利用政府及福利机构所投入的资源，在更好地满足老年人需求的同时，不辜负政府及福利机构的期望。此服务模式强化了信息整合、资源共享的优势，能够使服务趋于规范化、透明化，老年人们易于接受和参与其中，也有利于提高老年人的参与程度及养老的社会化程度。[①]

2.基于云计算的养老模型中提供的云模块

如何将云计算应用于居家养老模式中，张亭、薛伟莲建立的基于云

① 张亭，薛伟莲.基于云计算的居家养老模型研究［J］.中国管理信息化，2013（7）：96-98.

计算的居家养老模型，较好地满足了现有智慧健康居家养老的需要，具有较好的发展前景。该模型如图3-3所示，用户通过用户访问层的COP（Convenient to Old People）装置（是一个可以方便老年人使用的小装置）来使用云计算所提供的各种服务。此装置集中了云计算的资源共享、信息整合、自动化、智能化等特点，同时又具有很高的安全性。COP外观如同iPhone手机大小，为触摸屏，其配置近似于iPad，易用且便于携带。结合老年人的实际情况上面设置几个实用的触摸图标按钮，如养老金认证图标、红十字图标、120图标、购物车图标、迷宫图标、音符图标、爱心图标和学士帽图标等，分别代表不同的云服务功能。用户可以通过用户访问层的接口来选择需要使用的云服务，用户的请求由中间部分的各种服务提供支持，服务管理层对中间部分提供的各种服务进行管理，该层次包含业务管理和服务管理，提供了对所有层次云计算服务的管理功能，是云计算平台的核心支撑功能，也是评价云计算方案优劣的重要因素。

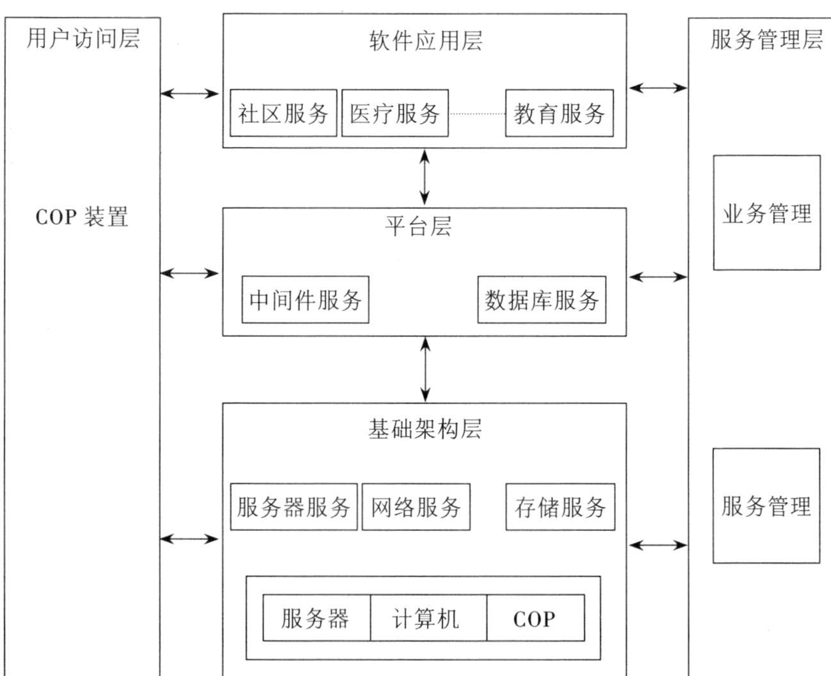

图3-3 基于云计算的居家养老模型

图3-3中的中间部分包含三个层次：基础架构层、平台层和软件应用层，这三个层次分别提供不同层次的服务。其中，基础架构层通过服务器、计算机、COP装置为系统提供服务器服务、网络服务、存储服务等；平台层则是对基础架构层的服务进行封装，使软件应用层可以使用更高级的服务来构建自己的应用；软件应用层为用户提供应用软件服务，是用户使用云计算的接口，具体包括社区服务、医疗服务、购物服务、定位服务、教育服务等。

基于云计算的居家养老模型中提供的各主要云模块如下。①

（1）社区服务云模块。利用COP的安全性、自动化和保密性等优势，可以为老年人提供更加完善的社区服务。社区服务云模块支持退休金认证、送饭送菜、清洁卫生、基本医疗、陪护聊天等切实贴身的服务。社区对辖区中的老年人的信息进行统计、整合，对其进行网上登记，通过互联网实现网络化访问和自助式服务。这样，只需要很少的专业人员监控这个云计算平台，大大弥补了专业人员不足的问题。另外，此模块提供的支持养老保险认证功能，通过为老年人设置登录账号、密码、指纹识别等技术将云计算、云安全运用到社区的管理中，为老年人提供网上认证，确保退休金管理的准确、严密。

（2）医疗云模块。基于云计算的居家养老模型将区域医疗信息化解决方案引入，提供低成本、易管理、可按需灵活扩展的信息共享平台。此模式略去中间环节，将老年人与医院直接建立起互相帮扶的网络系统即医疗云。通过COP装置，当老年人点击红十字图标时，表示病情不是很严重，如感冒、头疼等，这可以由社区医疗提供服务。当情况紧急，如心脏病突发或者出现胸闷气短等症状时点击120图标，此时医院会接到求救信息，并根据信息的紧急情况派遣医疗小组或者派发120急救车。利用这种小装置将老年人的信息进行整合，统一交付于医院的云终端，更有效地满足居家老年人的突发性医疗需要。同时，此种做法比那些在社区建立服务平台、救护信息需求平台等进行中转的方式要节省很多时间，更有利于对病人进行及时的抢救。

① 张亭，薛伟莲.基于云计算的居家养老模型研究［J］.中国管理信息化，2013（7）：96-98.

（3）购物云模块。购物云模块利用云计算将老年人与各大商场超市信息进行全面整合，分别推送到商家和老年人的云终端上，形成一个信息完整的资源汇集池，对老年人的购物需求提供自动化管理和快速交付，及时满足老年人的需求。老年人可以通过COP装置的购物车图标与商店联系让他们送货上门，或者商店根据COP资源汇集池的记录情况，自动为老年人适时地提供物品及服务。商家可以引入云计算，建立自己的购物云网络，更好地满足有特殊需求的老年人。

（4）定位云模块。老年人随身携带的COP装置将老年人的信息有效地整合在一起，与老年人的儿女、联网的医院、社区等相互联系，方便其子女对老年人进行时刻的远程监控，能够准确了解自己的父母所处的地理位置及其所处环境的安全情况。当老年人出门在外迷路的时候，只需点击迷宫图标，他们的子女们便会接到呼救信息，通过此技术子女可以及时确定父母的地理位置。

（5）娱乐交流云模块。该模型将娱乐交流功能引入到老年人的日常生活，更切实地为老年人提供适合他们交流及娱乐的环境氛围。通过网络把老年人联系在一起，为老年人提供有益于他们身心健康的娱乐交流活动，如养花、书画、垂钓、跳舞、旅游等。娱乐交流云也可以将不能到现场参加活动的人覆盖其中，使他们通过COP装置的音符图标感受活动的快乐，如身临其境一般。与此同时，利用云计算的广泛性将老年人与其相关的人员“集聚”在一起，使老年人与他人能随时联系，扩大他们的娱乐交流范围。

（6）精神抚慰云模块。老年人也可以通过精神抚慰云与子女、他人在精神上互相安慰与关心。通过精神抚慰云将居家老年人集中起来，由几名专业人员提供网络咨询与心理抚慰，适时地向老年人传授积极乐观向上的精神。此外，社区或者其他一些组织可以利用这个精神抚慰云将老年人的信息和其他家庭的信息进行全方位整合及网络覆盖，使老年人能够看到其他人的需求，有能力的老年人便可以直接向有需求的家庭发出有偿或者无偿的帮助请求，这样老年人在为他人提供服务的同时又可以愉悦自己的身心，达到年轻人和老年人互助的目的。

（7）老年教育云模块。教育云模块可以为老年人提供教育学习功能，使老年人更能适应时代发展的需要。此模块运用云计算的资源整合功能将老年人与不同的教育机构、保健组织等相联系，老年人可以根据自身的需要，通过点击COP上的学士帽图标随时与教育机构沟通，获得所需要的教育指导。此外，老年人还可以通过网络互相交流学习的心得体会，有效地帮助社会、社区更好地开展教育。将教育云模块运用到政府创办的老年大学等老年人教育机构中，能够满足更多老年人的学习要求，更有效地利用政府及社会公益组织的资金投入。[①]

五、大数据的应用

在我国，受经济发展等因素的影响，大数据应用的落地具有一定的困难，真正成功的大数据应用目前大多集中在电商等互联网公司。掌握海量数据的各个政府部门，仍然在艰难、缓慢地推进数据共享的有效机制。随着越来越多的地方政府设立数据局，统筹各个部门数据的互联互通，数据孤岛的现象将逐渐消失。

大数据在养老领域中的应用离不开政府的支持。目前，国家将发展大数据技术纳入到国家发展战略，在政策层面给予大数据技术发展有力支持。大数据技术在推动互联网、金融、医疗、政务等方面发挥了非常积极的作用。在国家层面，以民政部门为例，民政部积极推动信息化建设发展，将大数据技术在社会救助、慈善福利、政府治理、养老服务等方面进行了积极探索，在智慧健康养老方面积极尝试，有力推动了“大数据+养老服务产业”的发展。

正是在国家政策的积极推动下，大数据技术提升迅猛。与大数据+产业（行业）的解决方案开始不断涌现，诸如互联网、金融保险、企业管理、政务管理、电信、教育、医疗等众多行业。在此背景下，加上国家对健康战略的积极推动，大数据+养老解决方案也不断出现。这些大数据养老应用系统，运用先进的技术架构，通过数据交换共享、数据分析、数据挖掘等手段，构建标准统一、开放、共享、高效、安全、畅通的云服务平台，提供一系列养老医疗服务，为方便老年人生活、建设智

① 张亭，薛伟莲.基于云计算的居家养老模型研究［J］.中国管理信息化，2013（7）：96-98.

慧养老提供有力的技术支持。①

目前，在某些地方的养老的某些细分垂直领域，大数据的应用已经开始落地，并显现出巨大的效应。其中一个例子是“北京通”，即北京的养老助残卡，通过发行覆盖所有老年人的养老助残卡，以及制定基于这个卡的一系列针对老年人的优惠和补贴政策，使得此卡的使用率相当高，从而使北京市获得了老年人在衣食住行各个方面的大数据信息，以利于合理地配置公共资源，适应日益加剧的人口老龄化。同时，借助于老年人出行大数据，还可以发现老年人消费的各种市场机会，充分发挥市场机制，促进养老产业的可持续发展。而微信大数据则提供了大量老年人社交娱乐的信息，为那些文化、教育和娱乐养老服务商提供了精准的需求信息。大数据在未来老年人生活的核心领域之一的健康管理上，将大有作为，为老年人优化自己的晚年生活提供科学依据。

由于我们正处于一个消费升级、社会转型的阶段，新一代老年人的消费习惯、生活需求都在不断地变化中，这些变化是很难从以往老年群体的需求中总结出来的。大数据分析为我们及时地洞察、捕捉老年人新需求提供了一种可能。②

大数据技术在推动养老模式发展方面的作用具体体现在以下几方面。③

1.大数据技术改变养老服务方面“信息孤岛”现象

信息化程度低，缺乏合作交流平台，是目前各养老服务机构之间的技术现状。目前，虽然已经有部分养老服务机构涵盖了护理、家政、救助、维修、配餐、心理关爱等领域，数量和规模不小，但是分布较为零散，质量参差不齐；同时这些服务机构相互之间的合作交流较少，各自为政，造成了一定程度的资源浪费。这些状况的存在，使养老服务的公共数据共享成为一个难题，当然这一现状的存在和政府有关部门的数据

---

① 荆爱珍，侯雨，齐彩虹.基于大数据技术的医养结合养老模式研究［J］. 湖北科技学院学报，2016（10）：19-21；26.

② 王杰，董少龙.智慧养老基数及落地应用指南［M］. 北京：电子工业出版社，2021：75.

③ 荆爱珍，侯雨，齐彩虹.基于大数据技术的医养结合养老模式研究［J］. 湖北科技学院学报，2016（10）：19-21；26.

开放有一定的关联，它们在数据拥有和数据使用方面存在不少障碍，技术操作方面还存在很多不足，还不能将诸如社区（地域内）居住环境、医疗机构配比、社区（活动、养老）中心数量及分布等老龄人群的公共数据实现有效的共享与互通，造成了各机构之间的“信息孤岛”现象的存在。这一现象的存在，一方面造成政府治理的困境以及负担，另一方面对养老服务机构以及老年人的医疗养老造成很多不便利的影响，不利于医养结合的养老服务产业的高效和健康发展。

而利用大数据技术，则可以在地域范围内构建大数据云服务平台，各养老服务机构搭建本机构的大数据信息中心，实现各级机构的信息互联、接口开放。通过大数据挖掘技术与分析技术，将分散居住的老龄人口，遵循此大数据配置服务机构、医疗机构、社区活动等，并且记录下老年人使用这些机构服务的数据再加之分析、改善实现区域内信息的有效整合，方便信息的共享、查阅、监督、检查等。

2.大数据技术促进养老模式监管和政策导向改变

大数据技术促进了政府的信息化建设以及职能变化，以民政部门为例，大力推进省、市、县（区）三级机构的信息化建设，实现各级机构的信息共享，并实现有效监督。另外，为促进养老服务以及养老产业的发展，民政部门对以政府为主导的养老机构的入驻对象进行了严格限制（面向享受低保及特困老年人），将其他一些需要养老的对象推向社会组织或商业化组织，有效推动产业竞争，促进养老服务质量的提升。而这种转变，得益于大数据技术的快速发展以及大数据技术在推动产业发展的显著效果。

3.大数据技术带动了养老产业的发展

目前，在大数据应用市场，不断涌现了与养老服务相结合的大数据应用及行业解决方案。虽然，这些应用性能参差不齐，应用范围不广，以及囿于公共数据的封闭等，并未取得理想的效果。但是，不断涌现的应用产品，以及市场竞争氛围的形成，在理念引领、技术促进、手段丰富等方面，提供了非常正面的促进作用。

4.大数据技术促进老年人个性化需求的满足

大数据技术重在充分挖掘数据价值，通过分析、整合，发现行为规律，以应对个体需求。当前，我国养老服务机构和医疗机构的条件得到极大改善，但老年人数量增长迅猛，这些机构能满足其基本的养老需求已不易。老年人的个性化需求，诸如个性化医疗、个性化服务以及娱乐等精神需求根本无法得到满足（一些地区已经在积极尝试），而利用大数据技术则可以弥补老年人在个性化需求方面的不足。一方面，通过大数据挖掘技术，挖掘老年人的生活、医疗数据，并充分将这些数据整合；另一方面，对这些数据进行定期或不定期的分析，总结其行为规律，就能为有个性化需求的老年人提供优质服务，在提高养老质量，减轻老年人家属负担方面提供诸多可能。例如，大数据驱动的居家和社区养老服务系统平台具有陪伴、健康、生活、娱乐和安全五个方面的基本功能，可以极大地满足了老年人多方面的个性化的需求。陪伴功能主要是加强老年人与子女间的沟通、互动，使老年人时刻感受亲情温暖；健康功能主要是对老年人的身体状况进行跟踪监测，并对异常情况及时告警；生活功能主要是解决老年人的饮食、家政、出行、购物等日常起居问题，为老年人提供安心的服务；娱乐功能主要是提供新闻、影视、戏曲、养生保健知识等，组织社区活动，增加邻里互动，从而丰富社区养老对象的文化生活；安全功能主要是保证老年人的居家安全，全方位监控来访人员以及家庭场所的烟雾、煤气等。

5.大数据技术提高老年人的养老服务满意度

以移动互联网、物联网和云计算为代表的新兴信息技术给居家及社区养老救助体系的建设带来了前所未有的革命性影响：通过互联网可实现多方信息实时共享，快速反应，协同救治；可以颠覆传统的一对一、面对面的医学救治模式；突破传统医疗活动在时空上的限制；甚至可以改写老年人急性心脑性卒中急救的临床路径，使得对大规模人群应用最新医学技术成为可能。在居家及社区养老服务模式中，采用生物特征识别、情感计算、机器视觉、语音语义识别等技术，通过各种终端传感设备对养老对象的语音、动作、情感、身体状况、既往病史等实时数据进行采集，建立基于云计算的分布式数据库，同时建立老年人重大疾病如心脑血管疾病、糖尿病、肿瘤等预测预警模型，采用深度学习技术对海量养老数据进行分布式数据挖掘，筛选高危人群，进行不同的智能预警，并采取干预措施，从而切实为降低老年人心脑血管疾病的发病率和死亡率产生积极影响，为居家及社区养老对象提供更好的服务。[①]可以说，大数据为养老服务满意度的提高提供了技术手段。

6. 大数据技术解决医养结合型养老模式中服务人员不足问题

数据显示，我国老年护理人员严重不足，护理人员的素质水平有待提高。虽然，我国加强高校在养老服务专业方面的建设，培育专业人员，但是市场缺口仍旧很大。而利用大数据技术，一方面通过建设信息化平台，提升护理人员的综合素质水平；另一方面也刺激就业竞争，实现护理人员数量与人员质量的有效统一。[②]

由此可见，大数据技术在推动我国养老服务方面，尤其在推动医养结合的养老模式方面，优势明显且意义重大。大数据技术将为我国养老模式的发展带来新的变革，居家养老+医疗等智慧养老模式将不断涌现。

六、区块链的应用

区块链为解决养老中的一些难题提供了一个难得的、强有力的工具。通俗地讲，可将“区块链”视为一个分布式、去中心的网络账本或云端数据库，其以计算机编程技术、密码学技术、大数据技术等现代技术为基础，完成虚拟货币的网络交易，以及相关数据信息的点对点传输与新区块生成。从本质来看，将区块链技术融入到智慧健康养老体系的构建当中，是大数据时代下解决人口老龄化问题、优化社会养老资源配置的新思路和新方法。区块链技术在智慧健康养老中的应用主要体现在以下几个方面：[③]

1.区块链技术在养老数据管理中的应用

在智慧健康养老体系中，老年居民的健康、行为、财产等数据是一切养老服务的实施基础，因此必须要做好养老数据在传输、存储、应用等过程中的管理。具体来讲，区块链技术在养老数据管理中的应用，主

---

① 齐城，刘道华，程守政.大数据驱动的居家和社区养老服务改革路径探索［J］. 华北水利水电大学学报（社会科学版），2021（10）：108-114.

② 荆爱珍，侯雨，齐彩虹.基于大数据技术的医养结合养老模式研究［J］. 湖北科技学院学报，2016（10）：19-21；26.

③ 徐志广.区块链技术在智慧健康养老的应用［J］. 科学技术创新，2020（12）：169-170.

要表现在以下两个方面：

（1）保证养老数据的管理高效性。存储载体的容量与数据信息的使用效率密切相关。现阶段，受惠于网络技术的不断演进，各类存储设备的数据容量已有较大增长，但仍存在不同程度的存储极限。一旦养老数据在传统数据存储模式下达到相关设备的容量阈值，整体智慧健康养老系统的运行负荷将急剧上升，甚至趋于崩溃。此时，将区块链技术融入到养老数据的存储管理当中，可有效规避这一隐患问题。在区块链技术的支持下，用户的健康、行为等数据都将纳入到分布式的存储和管理区块当中，从而通过调动国家乃至世界范围内的闲置存储空间，避免存储极限的形成。同时，基于区块链技术去中心化的特点，不同区块、节点中的养老信息都是可独立验证、可平行同步的，这进一步保障了智慧健康养老系统的调度效率。此外，在去中心化的技术特点之下，各类智慧养老行为并不需要大量冗余信息、烦琐流程的参与，因此还可在较大程度上降低整体养老平台的交易成本。

（2）保证养老数据的管理安全性。健康智慧养老涉及大量老年居民的个人账户、行为动线、健康水平等隐私信息，所以必须具备良好的数据安全性。将区块链技术应用到健康智慧养老领域中，可充分满足这一性能需求。一方面，区块链技术具备高等级、多层次的加密技术支持，可通过身份认证、访问监控、密钥识别等多种方式，实现养老数据的严密保护；另一方面，区块链技术的数据库架构为去中心化，无法被网络窃听或外部侵袭，有效地避免了养老数据被盗取、篡改、破坏的风险。例如，阿里巴巴与江苏省常州市政府于2017年8月合作开展了名为“医联体+区块链”的智慧型医疗项目，正是通过区块链技术实现了医疗领域下用户信息的隐私保护，这为健康智慧养老的数据安全管理提供了有力的借鉴基础。[①]

2.区块链技术在养老金融领域中的应用

通常来讲，当居民处于“养老”这一阶段时，其金融行为的重心并非积累财富或创造财富，而是将现有财富转化为可用资源，以此满足老

① 庄伊婷，朱欣雅.基于区块链技术的社会资源合力养老新模式［J］.金融经济，2019（10）：25-27.

年生活的各类需求。同时需要注意的是，受到我国文化传承的影响，多数老年人不仅要实现现有财富的价值最大化，还想要为后辈留出一定的财富。由此可见，与养老观念相对独立的西方国家比起来，我国的养老金融行为往往更加复杂。但与这一复杂情况相冲突的是，老年人在金融领域往往缺乏正确的判断力与广阔的投资视野，故而存在一定的行为风险。此时，将区块链技术融入到养老金融领域当中，为老年人财富的精细化管理创造了可能。

在区块链技术的应用下，健康智慧养老系统会结合所处区域、既往消费行为、当前财富积累量等多种大数据信息，对老年用户的投资预期、财富理念、养老方式作出分析，并据此生成精细化的投资建议与支出规划。同时，随着医养结合、候鸟式养老、旅行式养老等新型养老模式的兴起，健康智慧养老系统还可依托区块链技术构建出多元化、交互化的移动养老金融平台，从而在提高老年人养老生活质量的同时，实现老年人现有财富的价值最大化。

3.区块链技术在养老安全保障中的应用

当人步入老年后，其脏器功能、记忆能力、身体素质通常会随着年龄的增长而下降，使得其居家生活、户外旅行中的健康安全很难得到保障。因此，如何实现养老安全等级的提升，也是健康智慧养老系统在建立初期就必须要考虑的重要问题。将区块链技术应用到户外服务与行为管理中，可较有效地保障老年人的健康安全。例如，可将搭载有高精度卫星定位系统的终端设备与区块链数据库结合起来，对老年人的户外行动轨迹、实时位置变化进行精准掌控。当老年人陷入危险境地，或遇到个人难以解决的情况时，可触发终端设备的SOS警报系统，以此作为健康智慧养老平台相关服务人员的行为依据。再如，可将区块链技术与物联网技术相结合，对老年人的居家环境进行全面监测。一旦健康智慧养老系统通过区块链数据感知到居家环境存在水、气、电、外来人员等方面的安全隐患时，便会及时发出报警信号，提醒相关服务人员对老年人的生命财产安全做出保障。[①]

---

① 洪阳.国内智慧养老行业问题探究及对策［J］.通信企业管理，2019（5）：68-69.

4.区块链技术在公共养老服务中的应用

目前，我国政府提倡并推行“9064”的现代养老模式，即做到90%左右的老年人居家养老，并享受社会化、公共化的养老服务；6%的老年人通过购买社区服务实现养老，获取到充足的有偿养老资源；4%的老年人进入到养老院、老年医养中心等专业机构当中，得到集中式、规模式的养老服务。但无论是上述哪一种养老方式，都需要公共资源、社会服务的有效参与和协助支持。但从现实情况来看，资源配置效率低、社会接受程度弱、设施配置尚未完善以及老年人缺乏主观消费意愿等多种因素，严重影响着公共养老服务的效率和质量。面对上述局面，将区块链技术应用到健康智慧养老当中，可基于大数据的海量化分析优势，实现社会资源的最优化配置，进而达成养老服务需求、供给与利用的有机平衡。例如，政府可通过区块链的数据信息，对老龄办、街道办、卫生局等相关机构的工作落实情况做出全面了解，并明确相关养老资金的具体流向，以此保证公共服务资源有的放矢、“到户到人”。同时，还可通过发放“养老币”这一虚拟货币的方式，吸引志愿者、公益组织等其他资源主体加入到公共养老服务当中，从而有效缓解养老资源的供给压力，为老年居民及其照料者的实际需求提供充足支持。①

借助区块链技术，保障多元主体的利益诉求，打通关键痛点，激发多元主体内生动力，提高其供给的积极性和有效性是破解我国传统养老服务困境，实现数字化转型的可行路径。区块链技术在公共养老服务中将发挥如下作用。

（1）区块链技术赋能养老服务需求侧。区块链技术有助于养老服务需求的高效采集、深度挖掘，提高其表达效率及响应速度，确保隐私安全保护和过程监督。区块链的分布式存储技术对服务需求者（包括老人及家属）验证身份、存储养老服务的供需信息、交易信息和反馈信息，可实现数据的溯源；点对点传输技术跨越了中介的束缚，减少了数据信息的传输环节，提升了传输效率；加密算法则提升了数据存储、分析和

① 徐志广.区块链技术在智慧健康养老的应用［J］. 科学技术创新，2020（12）：169-170.

传递等环节的安全性；智能合约技术有效解决了养老服务需求者对服务供给主体及递送过程的不信任问题。

（2）区块链技术赋能养老服务供给侧。区块链技术有助于供给方及时获取真实的服务需求及潜在的异质性多元化的个性需求，从而实现供需的精准对接，保障用户隐私安全和权益的同时，快速获取需求方的信任。服务供给信息利用区块链的分布式存储技术对服务提供者（包括公办或私办的养老机构、医疗机构、社会组织、志愿者、家庭）验证身份、存储养老服务的供需信息、交易信息和反馈信息，且可实现数据溯源，其显著优势在于增强信息的透明度，有效抑制欺诈，能解决多方主体信任不足的困境，从而显著降低交易成本，提高交易效率。

（3）区块链技术赋能养老服务资源探测与配置。区块链技术突破了过去碎片化的组织形态，跨越了社区养老数据的配置鸿沟，形成了服务需求方与供给方的无缝衔接。通过整合、调配养老资源，精准对接供需双方，协调多元服务供给者，实现资源的合理流动。区块链的元存储技术使线下账本变成线上电子账本，可以实现社会公共账本的去中心化，其优势在于能有效解决多方管理主体的信任问题，提升数据的准确性及管控能力，实现部门间数据资源共享，且通过去中心化的数据存储手段及共识机制来保障数据安全，以不可篡改性维护数据的一致性和及时性。

（4）区块链技术赋能养老服务的递送和执行。区块链从技术层面为养老服务数字化的环境变革提供保障，主要包括安全可靠的数据环境、服务环境以及健康可持续的制度环境，实现服务递送的全过程监督和反馈评估。区块链点对点传输和加密算法有助于构建可靠安全的信息环境与交易环境，信息网络中各节点在进行交易活动时都会产生相应的数据痕迹，时间戳特征能有效维护数据的价值主权，对交易过程记录，对数据流监管，应用违法行为举报机制及智能合约技术，使得互不了解的多方实现可信任及对等的价值传输，可以快速建立信任，保障用户权益。①

总之，区块链技术在健康智慧养老体系的构建中具有重要价值。在区块链技术分布式、去中心化的应用特点下，养老信息的存储、传输与使用都将更为安全。同时，将区块链技术与物联网技术、卫星定位技术等技术类型相结合，可大幅提升养老服务的综合水平，充分保障老年居民的养老安全与生活质量。

七、人工智能的应用

1.人工智能养老的内涵

人工智能养老是人工智能与养老服务相结合而形成的一个新领域，在人工智能养老中，养老服务模型、领域知识模型和养老对象模型是其核心。养老服务模型主要包含养老服务过程中涉及的专业知识、技能及方法，领域知识模型包括养老服务过程中要涉及的专业知识体系，养老对象模型展现了人机互动情况，通过老年人行为信息、身体及情绪状况可反馈其养老服务需求。养老服务模型和领域知识模型通过养老对象模型的反馈情况，调整模型中的知识体系和技能方法，进而形成一个动态的、完整的、丰富的模型体系。人工智能养老建立在大量的养老场景数据基础之上，并利用这些数据对养老服务模型、养老领域知识模型和养老对象模型进行训练，然后机器通过高运算能力做出合理的行动，满足养老需求。虽然目前人工智能养老发展并不完善，但是通过养老场景收集的大数据，再进一步进行数据挖掘和深度学习，人工智能养老将会取得巨大进步。人工智能养老可实现如下目标：一是有效应对人口老龄化给经济社会生活带来的问题；二是优化养老社会环境，提高老年生活质量。换言之，人工智能养老重在通过人工智能技术，更全面、更深入、更微观地了解养老服务对象，为养老服务对象创造良好条件，并高效服务养老对象。

人工智能养老内涵如图3-4所示。②

---

① 高建丽，陈杨，张晓晴.区块链技术赋能养老服务数字化转型的经济学逻辑与实现路径［J］. 北方经济，2023（2）：59-61.

② 睢党臣，曹献雨.人工智能养老的内涵、现状与实现路径［J］. 新疆师范大学学报（哲学社会科学版），2019（3）：111-119.

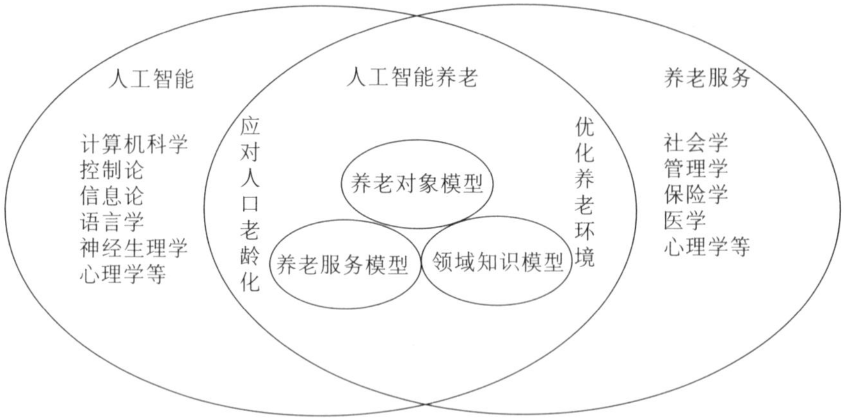

图3-4 人工智能养老的内涵

2.人工智能养老的发展现状

人工智能养老在实践领域已经进行了诸多探索，涉及服务种类包括生活照料、医疗护理、精神慰藉及紧急求助四类，生活照料服务涉及洗衣、穿衣、吃饭、购物、扫地等，医疗护理服务包括健康知识咨询、康复指标检测、身体指标检测、身体护理等精神慰藉服务，包括心理咨询、聊天、爱好、交友、与子女联系等，紧急求助服务包括自动报警、远程监控及可穿戴设备的开启与关闭等。人工智能产品有日常助手型、医疗看护型、精神关爱型和安全预防型四类，产品涉及智能开关、智能灯光、智能家居、扫地机器人、智能电器、机器人医生、智能护理机器人、智能穿戴设备、陪伴机器人、老年人智能心理专家系统、人机交互产品、智能疾病监测、智能生活状态监测、智能特殊情况监测等，所应用的技术包括模式识别、自然语言处理、专家系统、图像处理、智能控制、深度学习、情感计算及神经网络等，具体见表3-4。人工智能养老尚处在发展的初级阶段，产品仍呈现重复化的现象，技术还有待进一步研究，使用范围还较狭窄，人工智能的数据还存在数量和质量上的一些问题。①

① 雎党臣，曹献雨.人工智能养老的内涵、现状与实现路径［J］. 新疆师范大学学报（哲学社会科学版），2019（3）：111-119.

表3-4　　人工智能在养老领域的发展现状描述

服务种类	服务内容	人工智能产品种类	人工智能产品示例	人工智能相关技术
生活照料服务	洗衣、穿衣、吃饭、购物、扫地等	日常助手型	智能开关、智能灯光、扫地机器人、智能家居、智能电器等	模式识别、自然语言处理、专家系统、图像处理、智能控制、深度学习、情感计算、神经网络等
医疗护理服务	健康咨询、康复指标检测、身体指标检测、身体护理等	医疗看护型	机器人医生、智能小助手、智能传感器、智能护理机器人、智能穿戴等设备	
精神慰藉服务	心理咨询、聊天、爱好、交友、与子女联系等	精神关爱型	陪伴机器人、老年人智能心理专家系统、人机交互产品、三维虚拟影像等	
紧急求助服务	自动报警、远程监控、可穿戴设备的开启与关闭等	安全预防型	智能疾病监测、智能生活状态监测、智能特殊情况监测	

3.人工智能养老的优势和劣势

（1）人工智能养老的优势。人工智能养老的实现，将极大地解决传统养老痛点，具体体现在如下方面：

① 有助于提升失能、半失能及空巢老年人的养老生活质量。传统养老对腿脚不方便的老年人非常不友好，人工智能养老通过语音识别，无须起身，即可实现开灯、开电视、开空调、开关窗帘，不仅如此还能通过人工智能工具实现语音购物、手机充值、叫外卖，阿里的“天猫精灵”就是人工智能养老的典型案例，这将在较大程度上便利失能、半失

能老年人的生活；人工智能养老还可通过智能可穿戴设备和智能远程监测设备，加强健康监测和安防监护，避免空巢老年人出现意外。智能机器人的出现，能够帮助失能、半失能老年人进行翻身等日常护理和康复训练等专业护理。以上这些优势是传统养老所无法比拟的，这将在较大程度上提升失能、半失能及空巢老年人的养老生活质量。

② 有助于提升养老服务的精准化水平。人工智能养老可通过智能传感器记录、收集老年人相关居住环境及身体健康等各种数据，这些数据不仅是进一步提升人工智能养老效率的基础，而且有助于建立养老对象微观数据库，每个老年人有自己的急救卡，通过扫描二维码就能了解老年人相关基础及健康信息，有助于进行个性化的精准治疗。不仅如此，人工智能养老还可通过养老金融专家系统和养老健康专家系统，因人施策，解决老年人养老金融服务和养老健康服务方面的问题，人工智能还能参与到智能评估中，针对老年人过去的行为进行评估，这将有针对性地满足养老服务需求。

③ 有助于缓解老年护理专业人才短缺的状况。我国老年护理专业人才严重短缺。目前我国养老护理人员普遍年龄大、学历低、流动性高，护理能力离“专业”二字还有很大差距。老年护理人才常常因照顾老年人工作强度高、工资待遇低、社会地位低等原因，而选择更换工作，人才流失严重。随着人工智能养老产品的不断升级，喂饭、翻身、导尿、鼻饲、换药、洗澡、康复等工作将能顺利完成，未来人工智能机器人可为老年护理提供一半以上的劳动力，这将有助于缓解老年护理专业人才短缺的状况。

④ 有助于一定程度上满足老年人精神生活的需求。人工智能情感陪护类产品，通过互联网+人工智能技术，可以实现语音指令、表情交互和人机互聊，这在一定程度上可以缓解老年人寂寞的状况，老年人可通过人工智能产品满足个人爱好，填充个人生活，有助于一定程度上满足老年人精神生活的需求。

（2）人工智能养老的劣势。人工智能养老的劣势主要体现在以下方面：

① 人工智能的理性与人的感性之间的冲突。随着机器学习算法的不断发展与进步，计算机借助强大的存储与运算能力，不仅能够完成简

单重复性的体力劳动，也会对复杂事物进行相应的评估与判断，人工智能在处理许多感知及认知任务，如图像识别、语音识别、人脸识别等方面，其庞大的内存及运算能力具有一定优势，但是人工智能并不能模拟人类的创造力与想象力，人类是具有逻辑思维能力、想象力、创造力和自我意识的，[①]这是人工智能依靠再强大的数据集也无法具有的感性。而人始终是情感的动物，老年人更需要人与人之间的情感交流，人工智能无法满足老年人渴望与朋友、与家人之间的沟通和交流的需求。目前的人工智能更多的是从物质需求方面满足老年人的生活，对老年人的精神慰藉也大多停留在为老年人空余时间“解解闷”的程度。目前的智能服务机器人没有人类的情感，即使有一天人工智能可以和人类进行感情互动，也不如老年人儿女们那一张张生动鲜活的脸庞。目前使用人工智能的老年人往往一开始对智能机器人比较好奇，但是时间一久，就丧失了与机器人交流的兴趣。

② 人工智能养老会造成养老服务领域一定程度的结构性失业。人工智能机器人在操作能力和执行能力上，由于其强大的工作速度、工作精度和工作耐力，能够帮助人类解决各种各样的问题。在养老领域，可以帮助老年人解决很多生活照料、医疗护理、精神慰藉及紧急求助的问题，如扫地、开关灯、开关窗帘、购物、康复指导、身体指标检测、翻身、心理咨询、聊天、下棋、自动报警、远程监控等工作，这将导致过去从事这些工作的人员就业机会减少。在养老服务领域，专业护理人才紧缺，但是家政人员供应较多，随着机器人、人工智能技术的成熟，生产成本逐步降低，用户需求的范围扩大，大量原来从事老年人日常生活照料的人员会出现过剩的状况，而人工智能领域则会催生出许多高技能性的工作。[②]

4.人工智能养老服务系统架构

人工智能养老服务系统通过学习老年人医疗护理知识、老年人照料专业技能、老年人需求、养老场景等大量专业领域数据，通过感知系统

① 龚怡宏.人工智能是否终将超越人类智能——基于机器学习与人脑认知基本原理的探讨［J］. 人民论坛·学术前沿，2016（7）：12-21.

② 睢党臣，曹献雨.人工智能养老的内涵、现状与实现路径［J］. 新疆师范大学学报（哲学社会科学版），2019（3）：111-119.

对老年人行为信息、身体及情绪状况计算并推断老年人所需服务。人工智能系统处理信息过程类似人类思维，其通过数据库知识进行思考并作出决策，根据不断获取个体数据来调整模型中知识体系和技能方法，形成动态、完整和个性化模型体系，[①]满足老年人养老需求。据睢党臣、刘星辰研究，完整的人工智能养老服务系统是由仿生感知层、基础资源层、核心算法层、实际应用层组成的四层技术架构，如图3-5所示。[②]

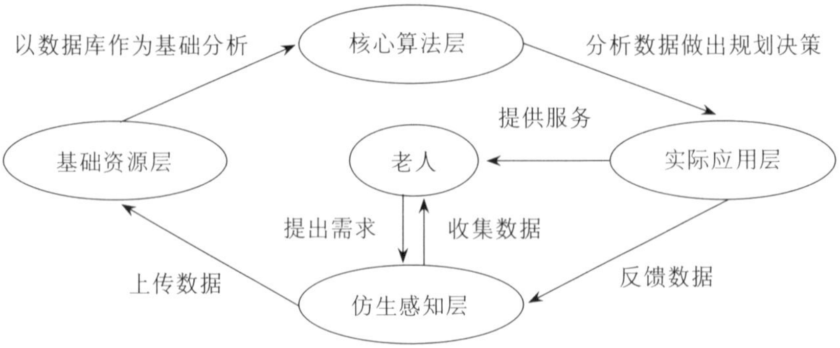

图3-5 人工智能养老服务系统架构

第一层是仿生感知层，感知层作为人工智能系统处理信息和执行命令的基础，是智能系统与外部世界交换信息的窗口。感知层核心技术是机器视觉技术、智能识别技术、语言处理技术、情景感知技术和传感器技术。机器视觉技术作为人工智能系统的“眼睛”，通过多只“眼睛”对整个养老场景进行实时观察，提供所“看到”的信息至后台进行分析处理；智能识别技术识别人、物品，主要用来对老年人及所处环境进行标识并建立场景模型；自然语言处理技术能够识别服务需求者语言，能够与老年人进行交流互动并明确其需求；传感技术通过感知亮度、温度、声音、气味、位移等信息来采集老年人及环境信息，评估老年人实时状态和居住环境；情景感知技术，根据当前收集到的个性化数据对老年人行为习惯进行更深层次“了解”，从而更精准地提供养老服务。通过仿生感知层，智能系统能以语言形式与需求者沟通，养老场景实时状况及老年人需求能够被全面感知，如图3-6所示。

① 罗定生，吴玺宏.浅谈智能护理机器人的伦理问题［J］. 科学与社会，2018（1）：25-39.
② 睢党臣，刘星辰.人工智能居家养老模式构建［J］. 重庆社会科学，2020（7）：6-19.

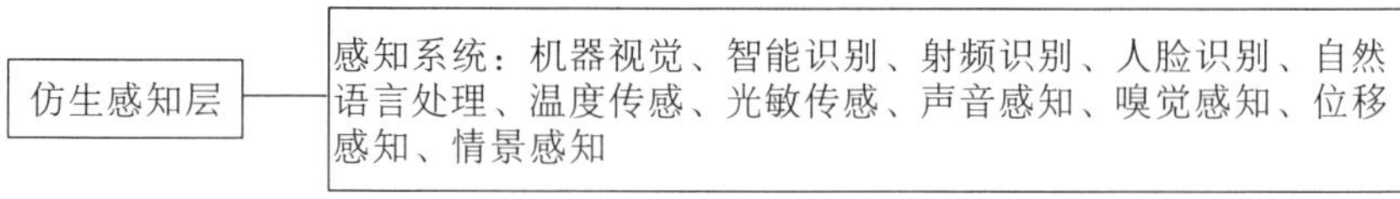

图 3-6 仿生感知层

第二层是基础资源层。基础资源层承担信息传输、记忆储存、信息分析计算等类人脑功能。基础资源层由数据支撑层、网络层、数据运算层组成。数据支撑层包括养老专业领域数据库、基础信息数据库、多媒体数据库、GIS数据库、业务共享数据库等信息数据库，使得人工智能系统掌握海量“记忆”，以便全面应对所需处理信息；网络层负责信息传输，通过专用网络、互联网、移动通信网络、远程控制等各种网络向感知层传递有关老年人信息并进行汇集、交换和传输，类似人类神经网络的功能；数据运算层通过云计算、专家系统、机器人学、自动规划、语言和图像理解、智能搜索、博弈、自动程序设计等技术配合感知信息和已储存“记忆”实现信息处理，如图 3-7 所示。

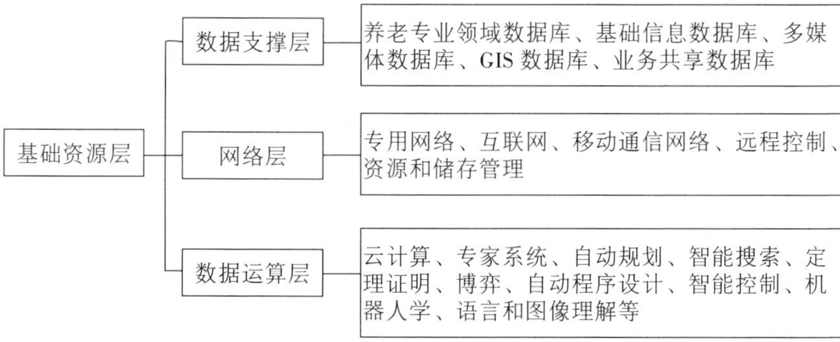

图 3-7 基础资源层

第三层是核心算法层，利用机器学习、深度学习进行模拟人类思维逻辑以解决问题。机器学习即通过决策树、贝叶斯网络、聚类分析、K-means 算法、EM 最大期望算法等模拟和推测人类思维逻辑。随着计算能力飞跃和海量数据出现与储存，深度学习算法在 21 世纪取得飞速进展，能够贴合地模拟视觉任务人脑工作原理，成为目前人工智能领域主要运用算法，也有潜力拟合老年人思维逻辑，从而更精准地理解老年人需求，如图 3-8 所示。

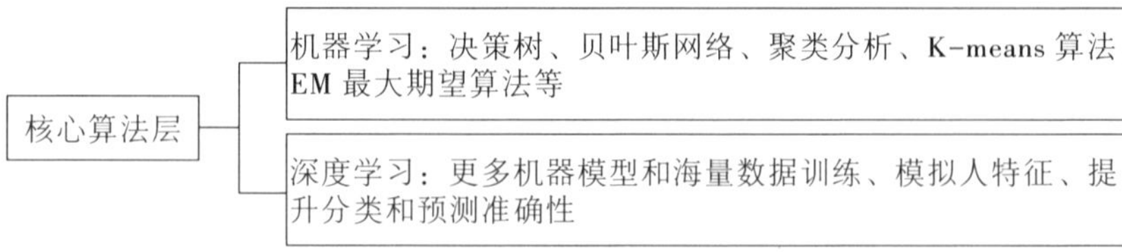

图3-8 核心算法层

第四层是实际应用层，即人工智能的最终服务提供形式。将养老服务通过实际应用层接入人工智能系统，老年人通过人工智能系统获得自己所需服务。实际应用层通过智能家居系统、智能照料系统、智能健康管理系统、老年人智能心理专家系统、监测呼救系统为老年人提供生活照料、医疗健康、精神慰藉、紧急求助等服务。实际应用层可以通过服务老年人来记录和存储老年人日常生活数据，通过对这些数据处理分析实施精准化决策，如图3-9所示。①

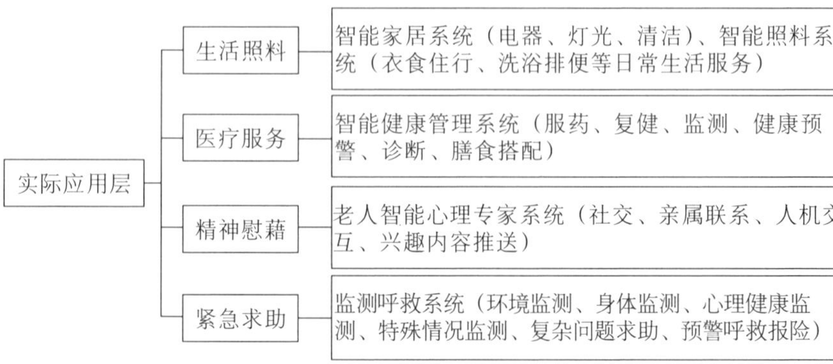

图3-9 实际应用层

随着人工智能技术的发展，人工智能养老是一种值得研究探索的养老新模式，它为解决“银发浪潮”下养老服务产业存在问题带来了新机遇。虽然目前人工智能养老发展并不完善，但是通过各主体通力协作，人工智能将会在我国养老服务中发挥巨大作用。

八、机器人的应用

1.机器人在养老领域中的一般应用

目前，直接应用于养老的机器人主要分为两大类：陪伴机器人和服

① 睢党臣，刘星辰.人工智能居家养老模式构建［J］.重庆社会科学，2020（7）：6-19.

务机器人。陪伴机器人不一定是“人形”，它们的主要功能是满足老年人的情感需求和提醒、娱乐等“非接触式”的日常生活辅助需求；服务机器人的主要功能是为某一类老年人提供身边的“接触式”的日常生活辅助服务，如到冰箱里拿一罐饮料、协助穿鞋等。

具体来说，陪伴机器人是一个能够给老年人一定情感回应的或日常生活活动提醒与组织等的信息系统或玩具，其形态可能是个智能音箱、一个电子宠物，或者一个平板电脑，也可能是一个能做一些简单交流的人形机器人。当老年人用触摸搭讪的形式与陪伴机器人交流时，会获得带有一定情感的反馈。服务机器人通常是一个能够行走的“躯体”，上面配备能够做一些简单动作的机械手臂等，用以协助老年人完成一些简单的但老年人难以自己完成的动作。

当前，在我国能够独立（在无人监督的情况下）为老年人提供服务的机器人的普及面临着一些非技术的、不易逾越的障碍。独立服务的机器人的使用场景常常是和老年人独处，在没有其他人监督的情况下独立地为老年人服务。这实际上存在一定的风险，比如，在机器人与老年人独处时，如果老年人发生了意外，则很难确定是老年人自己发生了意外还是由机器人导致的意外。因此，无论是本地开发的机器人，还是外部引进的机器人，都需要在一个真实的环境里对它们进行试验、示范，以建立可展示的样板。但是，考虑到目前的社会认知、法治环境和保险业的现状，很少有养老服务机构愿意承担尝试使用机器人的风险，也难以用保险来控制和化解这一风险。

间接地应用于老年群体的机器人则有很多种类。在医疗领域、类似于达芬奇的精密手术机器人能够降低老年人手术的风险，有利于改善老年人的晚年健康。而另一类是不局限于老年人，但大量应用于老年人的、能够进入人体内的微型机器人或纳米机器人，比如美国Drexel大学与瑞士和韩国的11个机构的研究人员正在联合开发一个能够清理血管壁上斑块的微型机器人，用以取代目前的放置心脏支架和心脏搭桥手术等的心血管病治疗方式，大大地提高治疗成功率、减少治疗后的恢复时间。

目前，有一个养老机器人领域的应用逐渐显露头角，就是服务于高龄老年人特别是失智老年人的有一定智能的机器宠物。它们通常有一个可爱的、毛茸茸的、比较真实的外观，能做一些简单的交流，会对抚摩做出一些肢体或语音反应。实践证明，这类机器宠物能够协助放松高龄老年人的心情，激励老年人的交流活动，甚至起到一定的陪伴作用。

最后，智能化和外骨骼的结合有着极大潜在发展空间，我们期待着辅助出行和助力型机器人的出现，给由于年老体迈或伤病导致行动受限的老年人带来福音[①]。

2.养老机器人的技术和类型

现在已经从信息技术时代（Information Technology，IT）进入了数据时代（Data Technology，DT），未来将进入机器人时代（Robot Technology，RT）。养老机器人将在养老服务中发挥着重要作用。养老机器人是利用依靠超强计算能力、存储能力、通信技术、利用人工智能、大数据技术为老年人提供日常照料和生活需求的服务型机器人。[②]养老机器人，可以对老年人进行全方位的照顾和陪伴，符合老年人的消费需求特点，具有广阔的市场前景。[③]

（1）养老机器人的技术。这种技术涵盖了人工智能、机器学习、感知技术、语音识别技术、机器人控制技术、智能家居技术等多个方面。[④]其中，人工智能和机器学习技术可以使养老机器人具备更高的智能化水平，感知技术可以使养老机器人能够感知周围环境，语音识别技术可以使养老机器人能够与老年人进行语音交互，机器人控制技术可以使养老机器人实现移动、操控等功能，智能家居技术可以使养老机器人实现家居控制等功能。[⑤]养老机器人技术相关的关键方面如下：

① 人机交互和社交互动：研究人员致力于改进养老机器人与老年人之间的交互方式，以提高用户体验和接受度。他们探索使用自然语言处理、情感识别等技术来实现更自然的对话，以及使用面部表情和声音

① 王杰，董少龙.智慧养老技术及落地应用指南［J］.北京：电子工业出版社，2021：81-82.
② 刘珊，兰智高.养老服务机器人的技术发展趋势［J］.计算机测量与控制，2019（1）：1-6.
③ 张嘉昕，张宇帆.我国机器人产业成长途径与前景对策［J］.商业研究，2012（8）：16-19.
④ 苏炜杰，徐智华.人工智能对养老服务法律制度的挑战及其完善路径［J］.宁夏社会科学，2021（3）：77-85.
⑤ 钱艺倩.基于人工智能的养老机器人功能设计及发展研究［J］.智能计算机与应用，2020（7）：292-293；296.

模拟来增强机器人的社交互动能力。

② 感知和导航技术：养老机器人需要具备感知环境和导航能力，以在居住环境中自主运动和执行任务。研究人员致力于开发先进的计算机视觉和感知技术，以帮助机器人识别家庭物体、避开障碍物，并进行精准的室内导航。

③ 康复和健康监测：在康复领域，研究人员致力于开发养老机器人的康复辅助功能，包括运动康复、平衡训练和认知训练等。此外，机器人可以搭载健康监测设备，例如心率监测器和血压计，以实时监测老年人的健康状况。

④ 机器学习和人工智能：机器学习和人工智能在养老机器人研究中起着重要作用。研究人员利用大数据和机器学习算法，改进机器人的学习能力和个性化服务。人工智能技术还可用于自动化日常任务，例如智能家居控制和药物管理。

（2）养老机器人的类型。不同于呼吸机、血糖仪等家用医疗设备，“真才实学”的养老机器人一般兼具多种功能，在养老场景中发挥着替代人类护工的作用，起到减轻子女赡养压力、提升医疗机构管理效率等作用。北京航空航天大学机器人研究所所长陈殿生从事智能护理机器人和康复医疗机器人研究多年，他将养老机器人分为康复机器人、护理机器人和陪伴机器人三类。“此外，还有一类紧急救援机器人，在检测到老人生命体征异常后，可以自主拨打急救电话并联系子女。”陈殿生讲解道，“一些护理和陪伴类的养老机器人，兼有智能用药、一键呼救、远程监护、智能安防等功能，也可以起到紧急救援的作用。”

康复机器人的服务对象主要是脑卒中、脊髓损伤等神经系统损伤的半失能老人，他们可以通过有效的康复训练延缓或恢复部分行动能力，还能预防肌肉萎缩。当前，康复治疗人才稀缺，比起传统牵引式康复设备，康复机器人提供更生理性的步态，并负载多个传感器，获取准确的训练数据，将康复评价指标体系量化，形成更科学有效的康复方案。

护理类机器人主要适用于失能老人，一方面便捷失能老人的生活起居，另一方面减轻医护人员的护理压力。不仅如此，从身心健康层面，能由老人自主控制的护理机器人充分重视了老年人的主观能动性，并帮助他们将“剩余功能”发挥出来，有利于避免长期卧床的老人产生“无价值感”，同时，舒缓焦虑心情、增强治愈疾病的信心。

陪伴类机器人则适用于不同年龄和不同身体状况的老人，给予他们精神上的慰藉。我国现有空巢老人超 1.3 亿人，基础的陪伴类机器人相当于一部移动的智能手机，提供视听通话、音乐视频等基于网络的服务，部分机器人还有健康管理的功能，如提醒吃药、健康指标检测等。升级版机器人则深度运用人工智能技术，表现出更充沛的人类情感和更智慧的交互模式，目前仅有少数产品能实现日常物品的抓运。①

3. 养老机器人的优势与功能设计

（1）养老机器人的优势。养老机器人具有以下三方面优势：

① 有助于实现对老年人的日常照护。养老机器人可以帮助老年人做饭、扫地、洗衣等多种日常活动，提高老年人的生活质量，尤其是对于失能、半失能等行动不便的老年人。当子女不在身边时，智能机器人可通过抱起、喂饭、洗头等功能代替子女照料老年人，减轻子女负担。同时，养老机器人还具备监测健康状况、记录生活轨迹等功能，当这些数据信息发生变动时，可及时将老年人的信息传递给子女、社区服务中心等，以便其随时关注老年人的健康状况，防止老年人发生意外，提升老年群体生活的安全性。

② 有助于实现精准化养老服务。养老机器人是人工智能和大数据的有机结合，对于医疗保健、饮食健康等知识储存量大，老年人可针对自己的健康状况通过语音识别向机器人提问，由机器人给予相应的建议，求医更加方便，减少医院排队时间长、路程远这类麻烦；同时养老机器人可利用智能传感器、智能手环等将老年人的健康信息录入，并对数据信息进行评估分析，通过对老年人健康状况评估，给予每位老年人个性化的精准服务。

③ 有助于满足老年人的精神需求。养老机器人能够通过录入老年人的年龄、性别、日常爱好等基础信息，利用心理学等知识综合分析老年人性格特点，在与老年人进行聊天时，针对不同老年人的性格进行回

① 李轲昕. 机器人打造智慧养老新业态［J］. 机器人产业，2024（2）：31-35.

答，给予老年人更好的交互体验；同时，对空巢老年人、患有老年痴呆症、精神病等弱势老年人给予一定的心理治疗；在通信技术方面，养老机器人可利用摄像、通话功能，在老年人思念子女时，拨通子女电话或进行视频沟通，缓解老年人的孤独感，给予老年人一定的精神慰藉。①

（2）养老机器人功能设计。以往服务于老年群体的机器人功能都较为单一，通常为简单的照护型、陪伴型等。作为服务于老年群体的智能机器人，功能设计应符合老年人的生理与心理需求，操作应以简单方便为原则，并朝着多功能的方向发展，来满足老年人多方面、多元化需求。②

①养老机器人总系统功能设计。智能养老机器人贴合老年人实际需求，功能板块包括日常照护、文化娱乐、情感陪护、安全保健、多种功能。养老机器人总系统模型如图3-10所示。

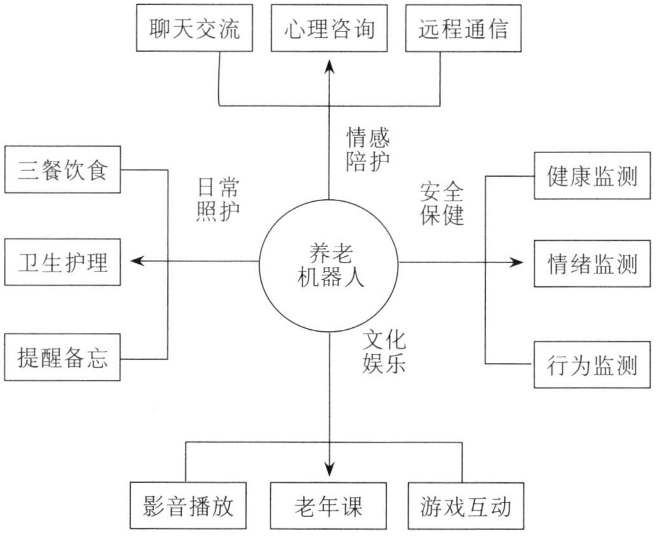

图3-10 养老机器人总系统

②日常照护子系统功能设计。日常照护功能是养老机器人最基本的功能，满足老年人在饮食、卫生、日常起居等方面的需求，特别是为失能、半失

① 钱艺倩.基于人工智能的养老机器人功能设计及发展研究［J］. 智能计算机与应用，2020（7）：292-293；296.

② 张思锋，张泽滈.中国养老服务机器人的市场需求与产业发展［J］. 西安交通大学学报（社会科学版），2017（5）：57-58.

能老年人提供照顾服务，提高老年人的生活质量。其功能模型如图3-11所示。

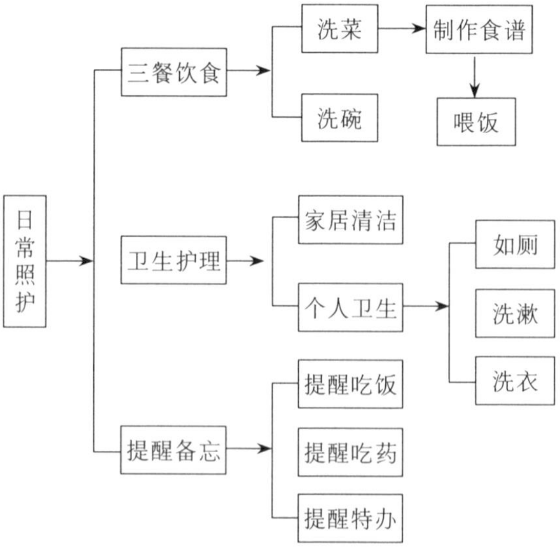

图3-11 日常照护子系统

③安全保健子系统功能设计。老年群体的健康状况是最不容忽视的部分，安全保健子系统可以实时监测老年人的情绪状况、身体状况，及时获取老年人的健康信息，并发送给家人，为老年人的健康保驾护航。其功能模型如图3-12所示。

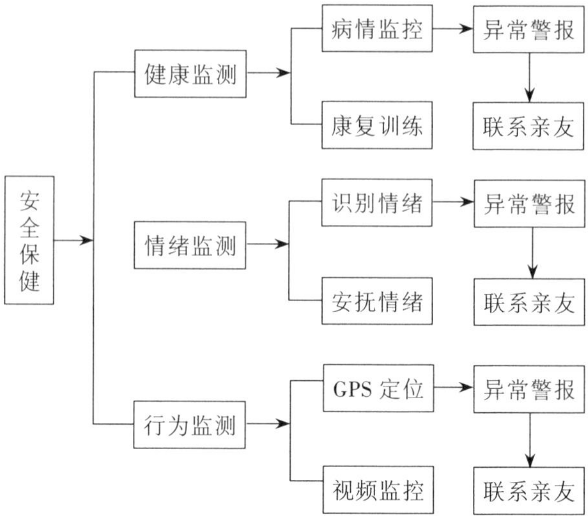

图3-12 安全保健子系统

④情感陪护子系统功能设计。老年群体最需要和最缺乏的就是亲人的陪伴与关怀，情感陪护功能能够让老年人与养老机器人进行交流，在老年人心理不适时给予一定的心理咨询，给予老年人心理慰藉。其功能模型如图3-13所示。

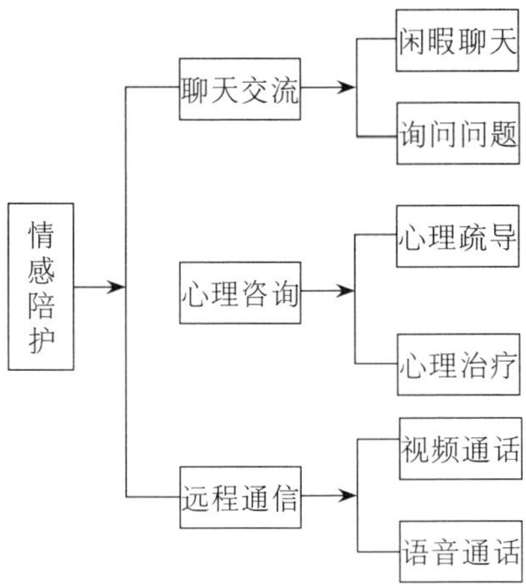

图3-13 情感陪护子系统

⑤文化娱乐子系统功能设计。休闲娱乐功能通过游戏、影音、课程学习等，实现“老有所乐”“老有所学”，满足老年人的精神文化需求和休闲娱乐需求，提升幸福感。其功能模型如图3-14所示。

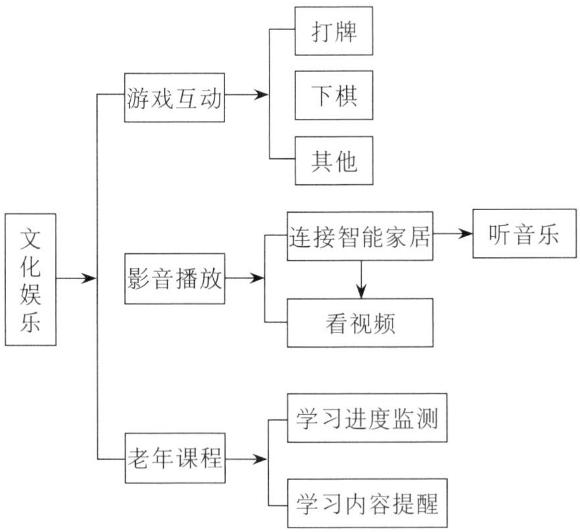

图3-14 文化娱乐子系统

科技的发展与进步，使得人工智能、机器人在未来具有广阔的发展空间，面对中国日益严峻的老龄化形势，多功能的养老机器人也将成为未来老龄社会不可或缺的一部分，为老年群体提供更加优质的生活，缓解老龄化带来的一系列社会服务问题。[①]

九、可穿戴设备的应用

要想将可穿戴设备普遍应用到养老领域，应着重考虑到以下两个方面。[②]

1.进行接触点分析

按照为老年人设计可穿戴设备“日常生活、健康监护、出行安全”的三大服务需求，细化每项服务内容，然后根据可穿戴设备本身的“时间、提醒、通信、报警、监护”等基本功能，通过列表形式寻找接触点，可穿戴设备与居家养老服务需求之间的接触点分析见表3-5。在各个服务模块中，根据所需功能的必要性标注。其中，●代表完全必要；◎代表部分必要；○代表不必要。需要指出的是，各项服务存在并行情况，功能也是多项同时存在，只是在重要程度上有所区分，从而为设计中操作的方式提供参考。另外，通过这种方式寻找功能与服务内容之间的关联性。

表3-5　**可穿戴设备与居家养老服务需求之间的接触点分析**

功能	日常生活				健康监护	出行安全	
	起居	三餐	活动	睡眠	指定生理指标	导航	定位
信息（1）	●	●	●	●	◎	◎	◎
信息（2）	◎	○	○	○	○	◎	○
提醒（1）	◎	◎	◎	○	○	○	○
提醒（2）	○	○	●	●	●	○	○
通信	●	●	●	●	○	●	●

① 钱艺倩.基于人工智能的养老机器人功能设计及发展研究［J］.智能计算机与应用，2020（7）：292-293；296.

② 徐娟芳.可穿戴设备在居家养老服务中的设计策略［J］.包装工程，2016（6）：125-128.

续表

功能	日常生活				健康监护	出行安全	
	起居	三餐	活动	睡眠	指定 生理指标	导航	定位
报警	●	◎	●	●	●	◎	◎
监护	◎	◎	◎	◎	●	◎	◎
娱乐	◎	◎	◎	○	○	○	○

表3-5中的各功能解释如下：

信息：（1）时间，屏幕上显示当前日期和时间；（2）生活信息，天气预报、空气质量等。

提醒：（1）在完成每天固定的一些动作，如起床、早餐、服药等之后点击确认，并在家人端显示；（2）在监护过程中出现运动过量、生理指标异常等情况的提醒。

通信：可直接切换到与常用联系人的通话功能。

报警：异常情况报警，老年人可取消，若不取消则自动联络家人或社区；提醒得不到回应后的动作。

监护：记录运动状态、能量、生理指标等。

娱乐：音乐、收音机、互动游戏等。

通过接触点分析，在可穿戴设备的基本功能与老年人服务需求之间建立可见的重要性关联差异，从而明确在不同情形下，可穿戴设备可提供的必要功能与不必要功能服务。这种功能的整理和简化是为了在提供必要服务的基础上，适应老年人对科技产品的掌握能力和接受度，使产品尽量多地提供帮助，尽量少产生干扰。

2.讲究设计策略

通过对可穿戴产品与老年人之间关系的分析和接触点的整理，得到适用于老年人的可穿戴设备的设计依据，作为具有普遍意义的功能布局的参考。与此同时，可穿戴设备作为老年人服务的新兴产品，首先应该设计“被老年人接受”的产品，走进他们的日常生活，为他们提供切实有效的保障和服务。在此基础上，才能逐渐产生产品的“黏性”，使产品在居家养老服务领域得以持久发展，[①]因此，为老年人服务的可穿戴设备，应从使用方式、使用过程、功能需求等方面来制定相应的设计策略。[②]根据老年人的特点，为老年人生活和健康服务的可穿戴设备应遵循以下基本设计策略：

（1）佩戴方式简单。考虑到老年人视觉和精细操作能力下降，适应老年人的可穿戴设备产品在佩戴过程中应简化步骤，尽量不出现精细动作，减少细微辨识差异，并且无须过多用力。应考虑到手抖，对细微差别的识别力较弱和容易摔落等各种情形。佩戴部位应简单易行。

（2）佩戴后少干扰。随身佩戴的可穿戴设备可具有各种形式以满足不同需求，但总体应以较小的体积随身佩戴。在佩戴过程中，应以较少的信息提示和干扰为老年人服务，遵循和适应老年人惯有的生活方式，而不是要求“人适应产品”，以此来提高老年人对产品的接受度。

（3）提供必要的功能。根据接触点的分析，在不同情境下提供必要的功能，且操作简单，适合老年人的交互方式。如紧急情况的响应，在紧急情况下自动联系家庭成员和社区，但老年人可主动关闭紧急联系，以防错误的警报发生。

（4）个性化的设置。根据不同的居家养老环境和用户特征，可设置不同的功能服务特征或提供不同的模式选择，以适应多样化的需求。如针对老年人慢性病多发的状况，在研发设计方面，应考虑呼吸、血压、血氧、心率等指标的准确监测设计。

（5）具备关闭和重启功能。为防止设备故障和错误提醒，应具备简单的关闭提醒和重启功能。老年人的“科技恐惧感”常常来自对产品的“不可驾驭”，或在操作过程中复杂的交互方式使得老年人对功能难以理解。当遭遇困惑难以解决时，关闭重启往往是人们的常用之举，因此在设计中应充分考虑故障的自动修复能力以及关闭重启方式的简单易行。

---

① 辛向阳.交互设计：从物理逻辑到行为逻辑［J］. 装饰，2015（1）：58—62.
② 郑林欣，张帅.基于老年人生理衰退的产品设计［J］. 包装工程，2007（10）：188—189.

（6）具有稳定的物理特性。具有防水、防撞、持久的电力等稳定的物理特性。作为随身佩戴的物品，在老年人生活中应做到“不易被破坏”。同时，也应保持持久的使用时间，避免经常充电带来的麻烦。

（7）产品“黏性”的考虑。除了让老年人容易接受可穿戴产品外，也应从长远考虑产品的黏性。这就需要从提供帮助的持久性、有效性，以及使用中交互的顺畅性方面进行设计，使产品真正成为老年人生活的助手。①

（8）提高结果监测标准。可考虑将老年人特色可穿戴设备纳入医疗器械领域。这样可以有统一质量标准且方便监管，有利于提高可穿戴设备获取的数据可信度、改善可穿戴设备市场鱼龙混杂的情况。

（9）建立统一的健康监护系统或平台。每一位佩戴者生成一个单独账号，生成连续、可追踪的数据。系统可以通过无线设备与穿戴设备相连，将智能手环、智能手表等可穿戴设备获取的数据传输到后台系统分析，并提供信息整合服务。期待有更好的产品可以通过互联网将老年人在家中的日常活动建立专属档案，并对其行为模式和身体数据进行分析，如果检测到发病前期症状、紧急状况，由可穿戴设备将即时信息反馈或发出警报给佩戴者本人、亲属或社区，从而使老年人在遭遇突发状况时能够得到及时有效的救治和帮助。②

总之，可穿戴设备在人口老龄化日趋发展的背景下，具有很高的社会价值和科技价值。可穿戴设备对老年人的健康和监护可以起到重要的作用，可以适当解决当前“空巢老年人”、慢性疾病、突发意外等很多养老问题，减轻家庭和社会的负担，缓解当下社会养老的难题。通过对老年人特征及可穿戴基本功能与服务需求接触点的分析，得到可穿戴设备功能设计的依据，并提炼出若干条设计策略，为服务于养老的可穿戴设备产品设计提供参考，使老年人能切实享受到可穿戴技术进步所带来的福祉和生活上的便利。

---

① 徐娟芳.可穿戴设备在居家养老服务中的设计策略［J］. 包装工程，2016（6）：125-128.

② 王月娟，杨丽娜，李木子.浅谈可穿戴设备引入养老领域的设计需求［J］. 中国卫生产业，2019（15）：180-182.

重点问题探讨：智慧养老强化人文视角

养老服务是基于人道、人文和人权的理念，本着服务的宗旨，在国家与社会的支持下实现共享共治的一种运行模式。其强化人文视角，有利于提高智慧养老技术的温度。

1. 智慧养老的“人文温度”

智慧养老虽然好，但也不是万能的，要防止“智慧不养老，养老不智慧”，避免技术至上，炫技术，炒概念，做表面文章，因为技术再好，也代替不了养老服务特有的人文属性。比如，很多地方都建设了智慧养老信息平台，但是普遍存在着“重线上轻线下、重显示终端轻客户终端”等问题，做出来的显示终端是用来给人参观的，大屏幕跟作战指挥室一样挺气派，但是这充其量只是一个呼叫平台，与“114”的功能差不多，老年人需要的是更多实实在在的线下服务。再比如，这些年市场上研发生产了很多智慧养老可穿戴设备，但大多市场反响不好，根本原因是厂家在技术上下了很多工夫，却很少考虑老年人使用的真实感受，致使这类产品成了“智慧不养老”的创新产品。[①]

2. 智慧养老强化人文视角的主要做法

智慧养老强化人文视角要做到以下三点：一是要在全社会形成共识，无论技术多先进，都不是万能的，落实到“最后一公里”，一定需要人去完成，需要和老人进行人性的对话。二是对技术使用过程中带来的伦理问题，要明确子女照护和技术照护的职责边界，实现共赢效果。三是针对老年群体对网络环境存在的未知性和不确定性的担忧这一智慧养老服务普及的最大阻力，智能设备应用开发存在难以跨越的“银色数字鸿沟”，除继续加强技术开发外，还要切实抓好科普，通过社会组织，组织志愿服务人员或通过家属亲朋，开展入户宣传和指导，或通过开办免费培训班等方式，提升老年人运用科技产品的能力。

---

① 吴玉韶.智慧养老既要“技术精度”更要“人文温度”[J]. 中国社会工作，2020(23)：18.

养老的本质是服务，而养老服务的最大特征是以人为本，人对人带有情感的近身服务是其基本形式。所以，再先进的技术都不可能代替情感、代替近身服务，智慧养老既要有技术的精度，更要有人文的温度。[①]

① 董红亚.技术和人文双维视角下智慧养老及其发展［J］. 社会政策研究，2019（4）：90-102.

第四章　智慧健康养老产业发展的困境与路径

为应对人口老龄化与失能化加剧的趋势，健康中国战略的大健康观念与全生命周期管理对健康养老服务提出了新的要求与方向。智慧健康养老立足于老年群体的个性化健康需求，将大数据、物联网、智能终端、云计算等现代信息技术运用到智慧健康养老服务过程中，为应对人口老龄化与失能化加剧趋势提供了新思路和新方向，对提高健康养老资源利用效率、调整健康养老服务供需结构、实现健康老龄化具有现实意义。

现有研究基于不同视角探讨了智慧健康养老产业的发展。张雷等提出，国内智慧养老包括智慧居家养老服务、智慧医疗养老服务、智慧机构养老服务和智慧城市养老服务四种典型模式，但两极化、碎片化特点显著，没有形成完整的产业链①；张博等认为，智慧健康养老以信息技术为支撑，因此应当以“互联网+健康养老”构建养老服务保障体系②；

① 张雷，韩永乐.当前我国智慧养老的主要模式、存在问题与对策［J］. 社会保障研究，2017（2）：30-37.

② 张博，韩俊江.“互联网+”下智慧健康养老服务研究［J］. 宏观经济管理，2018（12）：40-44.

雷晓康等以健康中国为背景，提出智慧健康养老的发展方向应当是大健康、全方位、大环境[①]；高鹏等提出，精准化供给是解决智慧养老服务可及性问题的关键[②]；任洁等针对智慧养老中的问题指出，政府要从顶层设计与科技适老能力两方面入手。[③]总体来看，现有研究充分肯定了智慧健康养老产业发展的必要性，并从不同方向提出了对策建议，但对智慧健康养老产业发展的现实情境有待进一步分析，对智慧健康养老产业供需的系统性、整体性研究有待深入。[④]基于此，本章在探讨智慧健康养老概念、特征等的基础上，分析了智慧健康养老产业的发展现状和困境，指出了智慧健康养老产业的发展路径。

第一节　智慧健康养老产业概述

随着科技的飞速发展、人口老龄化的加速以及人民生活水平的稳步提升，单靠传统的养老服务模式已经无法满足老人们多元化的养老需求。目前，我国养老产业发展正处于由“传统人工养老”向“智慧健康养老”逐步过渡的阶段，智慧健康养老服务能够助力居家养老、自我养老、社区养老、机构养老、异地养老等多种养老模式实现新跨越。其核心是在现有养老服务模式的基础上融合现代科学技术，以补足传统养老服务模式的短板，实现与老年群体的实时沟通交流，用最低的人力和时间成本，满足老年人多层次、个性化的养老需求，优化地区间的资源配置，实现多层次的养老服务供给。[⑤]

一、智慧健康养老产业的概念

智慧健康养老产业围绕养老产品和养老服务开展各种社会经济活

---

① 雷晓康，汪静.健康中国背景下的智慧健康养老：战略目标、体系构建与实现路径[J]. 西北大学学报（哲学社会科学版），2020（1）：131-139.

② 高鹏，杨翠迎.智慧养老的精准化供给逻辑与实践：来自上海市的调研［J］. 经济体制改革，2021（5）：187-193.

③ 任洁，王德文.智慧养老中的老问题、新形式与对策研究［J］. 兰州学刊，2021（5）：197-208.

④ 王立剑，朱一鑫，马伟.智慧健康养老产业的现实需求与发展进路［J］. 西安交通大学学报（社会科学版），2024，44（3）.

⑤ 蒋金泰，文玉春，肖喜银，等.我国智慧健康养老发展模式研究——基于上海的典型案例［J］. 产业创新研究，2021（15）：30-34.

动，是在传统养老产业基础上深度融合、应用信息技术孵化出的新兴产业形态，具有较强的跨界特征。由于产业具有较强的新颖性，目前产业的定义也没有统一标准。

《智慧健康养老产业发展行动计划（2017—2020年）》指出，“智慧健康养老利用物联网、云计算、大数据、智能硬件等新一代信息技术产品，能够实现个人、家庭、社区、机构与健康养老资源的有效对接和优化配置，推动健康养老服务智慧化升级，提升健康养老服务的质量和效率”。

这里，我们认为：智慧健康养老产业是将以互联网、物联网、云计算、大数据、设备终端为代表的现代科学技术，与个人、家庭、社区、养老机构、医疗机构、养老服务资源等进行有效对接和优化配置的新型业态；产业始终秉承以智慧居家养老为主、社区和机构养老为辅的理念，破除“数据鸿沟”，为老年人提供更智能、质量和效率更高的养老服务。[①]它是健康养老和科学技术高度融合产生的新业态（如图4-1所示）。

图4-1　智慧健康养老产业的内涵

二、智慧健康养老产业的特征

我国智慧健康养老产业的特征主要有正处于黄金发展期、智慧性、公益性以及微利性等。[②]

1.处于黄金发展期

我国的智慧健康养老产业始于2012年，2017年2月，国家三部委联合发布了《智慧健康养老产业发展行动计划（2017—2020年）》，这是我国第一个国家级智慧健康养老产业规划，标志着我国智慧健康养老

① 清华大学互联网产业研究院.智慧养老产业白皮书2019［EB/OL］.［2020-03-16］. https：//www.iii.tsinghua.edu.cn/info/1097/1615.htm.

② 蒋金泰，文玉春，肖喜银，等.我国智慧健康养老发展模式研究——基于上海的典型案例［J］.产业创新研究，2021（15）：30-34.

产业迎来了发展的黄金期。随着5G时代的到来，万物互联的智能生活得到网络保障，智能终端产品变得丰富多样，人机交互方式也因AI技术的发展产生新的变化，这为养老服务的精准化、智能化、人性化升级提供了有力保障。

2.智慧性

智慧健康养老产业的智慧性，建立在物联网、云计算、移动互联网、大数据等新一代信息技术的基础上。其具体体现在三个方面：健康数据收集存储、智能系统智慧化决策以及服务从供给端精准投放到需求端。通过这些信息技术，一方面，可以高效挖掘市场的潜在需求，起到引领市场的作用，实现“精准决策”；另一方面，利用诸如智慧终端、机器人和3D打印技术服务养老产业，能够解决养老市场人力资源匮乏的问题。

3.公益性

截至2019年年末，中国60岁及以上老年人约有2.5亿，其中半数以上老年人为中低收入群体，预计到2025年年末60岁及以上老年人将超3亿，其中中低收入老年人将超2.1亿。[①]对于这些中低收入的老年群体，客观上要以非营利性的老年服务来帮助他们安度晚年。因此，养老和一般的家政服务不一样，家政服务是纯粹商业化的，追求利润；养老更多的是公益性的，和教育有些类似，不是纯粹的商业活动。智慧健康养老的本质仍是养老，其第一属性应是公益性，市场化只能是其次要属性，应当服务于公益性。此外，智慧健康养老不等同于高端化养老。智慧化是为了整合养老产业的各种服务资源而采取的手段，为老年人提供质量优良、价格适度的养老服务才是其根本目标。

4.微利性

养老业是微利行业，这是业界共识。一方面，智慧健康养老产业的本质仍是养老产业，并且要在传统养老产业的基础上投入智慧化建设的成本，因此利润更加微薄。目前，公建民营的养老机构多是通过政府补贴，才能保证一定的利润，保障养老服务的标准和质量。另一方面，随

---

① 蒋金泰，文玉春，肖喜银，等.我国智慧健康养老发展模式研究——基于上海的典型案例［J］.产业创新研究，2021（15）：30-34.

着科技的高速发展，智慧健康养老产业的进入门槛越来越低，近年来从其他行业转型而来的智慧养老企业数量呈爆发式增长，市场竞争越来越激烈，使得行业利润率迅速降低。

三、智慧健康养老产业链

智慧健康养老产业链主要涵盖上游的智慧健康养老硬件制造、中游的智慧健康养老服务运营、下游的智慧健康养老终端场景。①

上游产业产品主要有可穿戴设备、日常智能服务设备、便携式监测设备、自动式监测设备等。

中游产业主要服务有生活照料、健康管理、学习娱乐、人文关怀、护理服务等。

下游产业主要模式有居家养老、社区养老、机构养老等。

四、智慧健康养老产业的竞争格局

目前，我国智慧健康养老产业主要集中在华中、环渤海、长三角和珠三角等沿海发达地区。北京、上海、广州、深圳等发达城市的智慧健康养老产业发展水平远高于中西部，城市智慧健康养老产业的发展水平优于城镇、农村地区。智慧健康养老产业内高端养老机构、高端养老社区的智慧化程度高于基础型福利院、普惠型养老院和一般社区。

发达地区智慧健康养老产业中的政策引领、服务设施、供给主体、供需对接平台、服务水平、人才队伍等方面都获得较好较快的发展，已形成具有区域特色、产业联动的产业集聚基地，产业上下游协同发展比较完善。例如，北京市出台了一系列养老服务法规，加强顶层设计，鼓励社会力量参与智慧健康养老产业，完善养老服务体系，扩大养老服务供给，为老年人提供就近的居家社区养老服务。上海市将“智慧养老”作为养老服务全面升级的引擎，充分利用信息技术提高养老服务供给的效能。在国家智慧健康养老试点示范、产品及服务推广目录征选工作中，上海市入选的产品、服务项目在全国名列前茅，上海市长宁区获得

① 赵璐.城市社区智慧养老健康服务平台服务设计体系研究［D］. 成都：西南交通大学，2017：12.

“首批国家级智慧健康养老示范基地”称号。浙江省在2019年打造了一个全省统一的智慧健康养老服务大数据平台——“浙里养”平台，形成了一个一套政策管理的新体系。山东省除了积极参与国家级智慧健康养老应用试点项目之外，在2020年1月开展了本省的智慧健康养老应用试点评选工作，层层扩大智慧健康养老产业的影响力。

未来二三十年，我国智慧健康养老产业将更快地融合科技元素，提供更为舒适、安全、便捷、全面的功能服务。进一步深化互联网、大数据、人工智能、云计算等应用的智慧健康养老设备开发商或软件商将会更具竞争力，为居家、社区、机构等上门提供的智慧健康养老服务将会继续率先发展，社会资本投资的商业化、专业化、高端化智慧健康养老社区将更受欢迎。①

五、智慧健康养老产业的变化趋势

我国智慧健康养老产业萌芽于2010年，随着产业的不断发展，其商业模式、技术应用、服务方式等也不断发生变化。当前，我国智慧健康养老产业变化呈现出以下三个趋势：②

一是智慧健康养老产业设备制造商，由单纯的产品生产转向产品研发、制造、销售、维护、终端一体化发展。如乐普医疗、鱼跃医疗等是国内健康器械龙头企业，已布局打通心电设备、POCT③、血糖仪、血压计等新一代智慧设备到养老院、康复中心、家庭、医院、社区等的应用链条。④

二是智慧健康养老产业信息平台提供商，由单个机构、单个功能转向多个机构、多个信息化平台、多个区域、多功能的互联互通。如深圳和而泰研发的C-Life智慧养老服务平台，连通了老人、子女、养老机构、医疗机构、健康智能产品等，具备“数据、计算、服务、知识”等

① 荆玲玲，王海晶.共享经济理念下我国智慧养老服务供给优化研究［J］.山西农经，2021（2）：11-12.

② 肖喜银，文玉春，蒋金泰，等.我国智慧健康养老产业未来发展预判［J］.社会与公益，2021（4）：85-90.

③ POCT：即时检验（Point-of-Care Testing），是在采样现场即刻进行分析的临床检测及床边检测，可以省去标本在实验室检验时的复杂处理程序，快速得到检验结果的一类新方法。

④ 刘思奇，罗月，付晶晶，等.积极老龄化背景下老年人数字健康素养现况及对策研究［J］.护理研究，2021（2）：250-254.

多方面功能，能实现用户重点关注的夜间监护、睡眠质量、心率、呼吸率、血压、血氧、心电、体温、尿湿等20多项指标的全面、实时、动态监测和分析计算。[①]

三是智慧健康养老产业综合服务提供商，由简单的养老照料服务转向全面的人机综合服务，通过智能硬件、信息化系统、金融服务等，为用户提供涵盖生活、健康管理、健康监测、康复诊疗、护理照料、产品设计、资金管理、文化旅游、宗教信仰等在内的全面的养老服务。如安康通组合云计算中心利用各类信息管理系统、专业化服务团队等，向用户提供紧急救助、安全预警、居家助老、健康管理、照料护理、适老化改造、健康咨询、慢病管理、医疗康复等服务，成为“管家型服务提供者”。[②]

第二节 智慧健康养老产业发展现状与困境

智慧健康养老产业一头连着民生保障，一头连着产业发展，既是造福老年人群、补齐民生短板的民生事业，也是拓展消费市场、培养经济发展新动能的重要载体。特别是智慧健康养老产业涉及领域广、产品形态丰富、跨界特征显著，是构建国内大循环的重点产业发展方向和政策着力点。

当前，我国智慧健康养老产业已迈入发展的新阶段，进入从规模增长向质量提升的重要窗口期。

一、智慧健康养老产业的发展现状

近年来，随着新一代信息技术和健康养老资源的不断融合，我国智慧健康养老产业得到快速发展。除了如前文“智慧健康养老发展历程”所述的政策支持体系不断完善外，其发展现状还突出表现在如下两个方面：

---

① 丁倩雯，江智妍，周泽炯.“互联网+”背景下智慧养老模式构建［J］.山西农经，2020（23）：34-35.

② 黄瑶.智慧养老破解“三重三轻”方能渐入佳境［J］.中国社会工作，2020（23）：16-17.

1.产业发展模式初具雏形

当前，虽然智慧健康养老产业仍处于产业发展的起步阶段，但随着各地区和相关企业的大力探索创新，新模式、新业态持续涌现，产业发展模式初具雏形。目前已形成的智慧健康养老发展模式主要包括基于远程技术的智慧健康养老模式、基于智能家居的智慧健康养老模式以及基于多方参与的医养护一体化智慧健康养老模式。[①]

（1）基于远程技术的智慧健康养老模式。该模式依托智能手表、体征监测仪等智能终端设备实时监测老年人的行动、安全和健康数据，并及时提供预警干预和有针对性的延伸服务，实现医、养、护资源与老人需求的有效连接。

（2）基于智能家居的智慧健康养老模式。该模式将智能科技运用到老人的居住环境和生活细节中，让老人在不离开自己熟悉和习惯的环境的前提下即可享受到各类健康养老服务。相对于传统的居家养老模式，基于智能家居的智慧健康养老模式是一种兼容并蓄的养老模式，它既能满足老人对“家”的需要，同时又能提升其生活质量和便捷性，在一定程度上能减轻老人对家人的依赖，让他们享受到人工智能带来的便捷服务。

（3）基于多方参与的医养护一体化智慧健康养老模式。该模式以社区或街道为依托，将辖区内医疗机构、养老公寓、志愿组织、行政机构等部门的涉老资源和业务有机整合，打造线上线下精准对接、资源共享、方便快捷的“医养护一体化”养老综合体。而将上述部门整合的关键就在于开发居家和机构养老数字信息化管理平台。

2.企业和社会资本逐步介入

老年人口基数不断增加所形成的巨大的养老消费需求市场，使智慧健康养老成为下一个“风口”和“金矿”，投资价值日益凸显。特别是在国家利好政策的引导下，互联网科技企业、传统制造企业、医疗健康企业、大型险企等各类市场主体开始涉足智慧健康养老领域，开启投资和产业布局。

---

① 张博.供给侧视角下社会资本参与智慧健康养老服务供给研究［J］. 兰州学刊，2021（3）：171-184.

以腾讯、小米、京东、58同城、饿了么为代表的互联网科技企业依托自身业务模式，利用人工智能、物联网等前沿技术开发出各类助老、适老应用场景，为老年群体提供高质量的智慧健康养老服务。同时，海尔、美的等传统家电制造业巨头也纷纷试水智慧健康养老。另外，平安、泰康、人寿等保险企业也逐步进军智慧健康养老市场。[①]

二、智慧健康养老产业的发展困境

现阶段智慧健康养老产业虽有一定基础，但在发展过程中仍面临诸多问题，只有认清并致力于解决这些问题，才能构建更加完善的智慧健康养老服务体系，推动智慧健康养老产业发展。

1.缺乏顶层设计的统筹，统一标准缺失

国家政策和地方法规的出台，引导着智慧健康养老产业的发展，但产业发展缺乏顶层设计的统筹，总体上受到体制和传统思想的约束，缺乏监管、政出多门等都是束缚企业进行技术合作和市场拓展的原因。[②]从政府管理的角度来看，智慧健康养老产业分为三个部分并分属于三个部门，“智慧”部分由工信部门管辖，“健康”部分由国家卫健委管辖，“养老”部分由民政部门管辖，但最终都是要解决社会“养老”问题。政出多门导致部门之间监管不足，管理体制不畅；同时，因没有明确的政策文件指导，相关部门之间总是出现职责、利益上的矛盾与冲突，政府部门之间、政府与企业之间也容易出现沟通不畅的问题，导致养老资源的浪费和利用效率的不高。

智慧健康养老产业是朝阳产业，但当前缺乏对智慧健康养老的产业标准和信息化标准有指导性的政策文件，智慧健康养老产业尚未出台统一的行业标准，且没有有效的行业监管，导致智慧健康养老服务的质量参差不齐，制约了产业的发展与融合。[③]信息化标准的缺失给企业搭建的养老信息平台之间的数据交换造成了障碍，企业之间难以对接数据信息，数据共享困难；同时，也不利于老年人健康数据的采集、存储和挖

---

① 黄清峰.新发展阶段我国智慧健康养老产业发展的时代要求与路径选择［J］.延边党校学报，2021（4）：71-76.

② 郑俊亮.我国社区公共智能养老服务平台构建［J］.中国市场，2017（2）：142-145.

③ 张雷，韩永乐.当前我国智慧养老的主要模式、存在问题与对策［J］.社会保障研究，2017（2）：30-37.

掘，影响企业后期对智慧健康养老产品与服务的研发与推广。服务过程中的数据呈现出明显的多源结构性和跨时空特性，对多源异构数据的有效获取与数据融合都面临着很多困难与挑战。[①]因没有统一的数据和行业标准而产生的多种问题，均会阻碍智慧健康养老产业的发展和推广。[②]

2.智慧健康养老供给不足，供需错位

当前，我国正处于人口老龄化持续快速增长阶段，老年人口数量急速增加，但智慧健康养老产品供给却远远跟不上人口老龄化的进程。我国的养老床位供给还存在不足，养老产业仍需巨额资金来填补现有缺口。另外，由于智慧健康养老产业的特殊性，其进入门槛相对较高，当前政府依然是我国智慧健康养老产业的主要买方，在社会资本介入不足的情况下，仅仅单纯依靠政府投入显然不能够满足日益增长的智慧健康养老需求。这些都加剧了智慧健康养老产业供给不足的困境。

虽然伴随着人口老龄化形势的日益严峻养老需求不断地增长，但是市场上仍然有大量的智慧健康养老机构处于亏损状态。我国智慧健康养老产业发展过程中存在供需错位的现实困境。

从供给方面来说，由于智慧健康养老产业还处于发展初期的起步阶段，技术与产业的成熟度还不高，产业发展机制不健全，供给的产品比较单一，服务尚不丰富，而且由于缺乏对市场进行精准的调查和细分，提供的产品或者服务超出了广大老年群体的消费能力或者不被其认可和接受。从需求方面来讲，受我国传统观念以及老年人的文化水平、生活习惯、身体状况等多种因素的影响，老年人对智慧健康养老服务的认知度较低，在养老消费理念和消费能力上也存在明显的不足。

通过对当前智慧健康养老产业供需方面的对比可以发现，智慧健康养老服务与产品的供给与需求之间脱节严重，智慧健康养老服务及产品的供给不能够满足需求；同时，智慧健康养老服务与产品的供给与需求

① 华中生，刘作仪，孟庆峰，等.智慧养老服务的国家战略需求和关键科学问题［J］.中国科学基金，2016（6）：535-545.

② 韦艳，徐赟.智慧健康养老产业发展的困境与路径——以陕西省为例［J］.西安财经大学学报，2020（6）：37-45.

之间存在错位，这更加重了当前形势日益严峻的人口老龄化问题。①

3.信息不通畅，难以共享

智慧健康养老产业并不是独立存在的，它是由多个部门共同组成的，包括医疗卫生部门、民政部门、公安部门、人力资源和社会保障部门等。智慧健康养老信息难以共享的原因主要包括以下四点：

一是各个部门目前无法建立一种比较有效的沟通机制，所以无法实现信息的互联互通，也不能保证信息交流的及时性，使得各个部门之间形成了严重的“信息孤岛”。正因为如此，智慧健康养老产业在发展的过程中就无法实现信息数据的整合与统一，在信息共享这一环节就出现了问题，使得智慧健康养老产业难以顺利发展，也很难大面积普及。

二是通过研究发现大部分养老信息都涉及老年人的隐私，许多老年人还没有对新兴的智慧健康养老产业完全信任，他们对信息的共享并不支持，这也阻碍了智慧健康养老产业的发展。

三是我国智慧健康养老产业刚处于起步阶段，没有对其完全认可的不仅仅是需求一方，还有供给一方，即政府部门。由于相关部门并没有对智慧健康养老产业发展的优势、前景和特点进行有效的宣传，政府部门之间也不愿意进行信息交流。

四是我国当前还没有对信息的安全进行严格和有效保护的机制，并且缺乏相应的技术人才和手段。

正是由于以上四点原因，才造成了我国智慧健康养老产业信息难以共享的现状。②

4.产业发展不充分，商业模式欠佳

当前，我国智慧健康养老产业发展尚不充分，协同推进机制尚未形成。从产业经济学的视角来看，智慧健康养老产业是一个产业集群的概念。同时，在新一代信息技术迅速发展和老年群体养老需求不断升级的带动下，智慧健康养老产业将会衍生出更多子产业，形成一个以健康养老为主题，以信息技术为驱动力，涉及医疗健康、养老和信息技术等多

① 张博.智慧健康养老产业发展困境与出路——基于有效供给视角［J］.兰州学刊，2019（11）：179-188.

② 孙子雯.有效供给视角下智慧健康养老产业发展问题分析［J］.边疆经济与文化，2020（4）：33-35.

个产业的产业集群，构建起完整的智慧健康养老上下游产业链。从我国智慧健康养老产业发展的实践来看，它是在全新的技术环境和社会环境下产生的，因此没有成熟的经验、模式和路径可循，且产业发展周期较短，尚处在产业发展的初期阶段，尚未形成良性互动、利益合理分配的发展模式以及协同推进机制；智能技术、医疗健康、养老服务三者之间的融合度不高；上下游产业链条较短，产业联动效应较弱，还未能结合成一个整体系统，形成集群和规模优势。①

此外，智慧健康养老的商业模式也存在问题。伴随着我国人口老龄化问题的日益凸显，发展智慧健康养老产业已经成为一种必然趋势。要保证智慧健康养老产业能够稳定持续地发展下去，就必须借助市场的力量，要增加社会资本的份额，在商业模式下充分发展。到目前为止，我国智慧健康养老产业投资占比最大的是政府，产业发展极度依赖政府的资金投入，这既造成了资金渠道单一，也使得政府的财政压力巨大，严重地阻碍了我国智慧健康养老产业的发展。由于智慧健康养老产业是随着我国人口老龄化的实际情况所衍生出来的产物，因此要想维持其稳定持续发展，就必须依靠市场的力量。换句话说，就是将重心放在民间资本上，鼓励企业加入以促进产业的发展。由于我国智慧健康养老产业发展的市场机制还不够健全，收益点和目标也不够明确，资金投入之后的回收期很长，所以大部分民营企业都不愿意对养老产业进行投资，即社会资本介入严重不足，影响了商业模式的健全和发展。从供给的角度来看，由于各地区经济发展状况存在较大的差异，这种差异也使得商业模式无法顺利发展，严重地阻碍了产业的发展。②

5.核心技术缺乏，产品与需求契合度不高

首先，核心技术缺乏，制约产业向价值链高端发展。信息化和智能化核心技术是智慧健康养老产业发展的基础和保障。虽然当前针对老年群体实际需求开发的智慧健康养老应用场景层出不穷，但企业对基础研究的重视程度还不够，缺乏重大原创性成果。具体而言，一方面，我国

① 黄清峰.新发展阶段我国智慧健康养老产业发展的时代要求与路径选择［J］. 延边党校学报，2021（4）：71-76.

② 孙子雯.有效供给视角下智慧健康养老产业发展问题分析［J］. 边疆经济与文化，2020（4）：33-35.

智慧健康养老产业核心技术过于依赖进口。在应用场景中所使用的处理器芯片、高精度传感器、基础软件等核心技术受制于人，技术短板问题突出，制约产业向价值链高端发展。另一方面，部分从国外引进的智慧健康养老技术和产品未在充分考虑国内老年群体的使用能力、生活习惯和购买力实际的基础上加以改进，某些终端产品操作复杂且使用成本高昂，这使得大部分老年人无法自行熟练使用或无力购买。

其次，智能健康产品与服务同老年群体的实际需求契合度不高。当前，智慧健康养老企业对各类涉老产品与服务场景的开发热情很高，但现有产品与服务同老年群体特殊的实际需求之间的契合度不高，市场上出现了明显的“叫座不叫好”的现象。具体来说，一是部分企业奉行技术至上的理念，过于追求物联网、云计算、AI、区块链等最新技术的使用，而对老年群体最直接、最迫切的现实需求满足不够，智能技术和现实需求之间存在一定程度的脱节，陷入了“智慧不养老”的怪圈。更有一些企业炒作某些技术概念，玩花样和噱头，甚至打着高科技的幌子进行诈骗，败坏商业环境。二是“重产品、轻服务”的问题突出。随着智慧健康养老产业的快速发展，市场上针对老年群体开发的“智能穿戴”“智能监测”“智能医疗”等各类产品越来越丰富，但产品日常使用、后续维护和保养等服务跟不上，导致产品的使用功效大打折扣，影响了智慧健康养老产品的可信度。[①]

6.智慧健康养老技术粗放式发展，诱发技术伦理悖论

科学技术的飞速发展，一方面给人们带来了巨大的便捷与益处；另一方面，技治主义、工具理性、功利主义俨然成了现代社会的主流思想和价值观，价值理性、人文精神被遮蔽了，地位日渐下降，技术的突飞猛进使得传统的道德观念、人际伦理、法律关系日益面临挑战。比如，智慧健康养老产业发展过程中整合技术被广泛使用，为老年群体提供了高效和优质的服务；与此同时，智慧养老等现代模式在很大程度上取代了传统的家庭子女养老模式（成年子女赡养老年父母），使得家庭子女养老模式中家庭成员之间的血缘关系维系、伦理道德责任和亲密角色关

① 黄清峰.新发展阶段我国智慧健康养老产业发展的时代要求与路径选择［J］.延边党校学报，2021（4）：71-76.

系大为削弱。而家庭亲情、血缘关系在中国人的思想意识、文化传统、人际互动中非常重要，现代社会家庭的经济功能、赡养功能虽然日趋弱化，但情感依赖、情感慰藉功能仍很有必要，亲情关系的维系需要家庭成员之间频繁紧密地互动，老年父母特别是当前我国大量正在和即将老去的独生子女父母从与子女的交流互动中更多的是获得情感上的寄托与满足。智慧健康养老虽然可以借助可听可视的即时通信网络（线上）技术使老年人与子女的沟通、互动成为可能，但毕竟不是面对面的交流互动，中间隔着机器和媒介，难以取得深度照料的效果。家庭中融洽的亲情关系、尊老爱老孝老美德具有浓厚的伦理道德意蕴，是家庭稳定的黏合剂，也是良好社会秩序的基础。智能化技术及其应用系统虽然能够高效地发挥照护老年群体的作用，至少从表面上来看是有效率的，但技术无疑是没有温度的，缺乏人性温暖、人文关怀，难以产生心灵上的归依感。况且，当前的老年群体是20世纪50年代以前出生的人群，他们的思想观念较传统，家庭意识浓厚，内心渴望能够享受和儿孙厮守在一起的天伦之乐，特别是独生子女的年老父母，如果子女不在身边，则更加孤独寂寞。老年人虽然具有一定的接受和使用智能技术的能力，但多数情况下是被动的、无奈的，是为了能减轻子女负担而自愿做出牺牲，选择与子女分居两地；多数老年人虽然能够得到经济、物质、医疗、社交方面的种种资源和服务，但亲情的渴求、情感的慰藉、心灵的寄托难以满足。[①]近几年来，长期照护需求虽已纳入了重要政策考量，但老年人长期照护相关立法基本上还处于缺失状态。[②]

另外，智能技术系统及其应用还可能引发其他的伦理道德问题，如实时监控系统，对选择居家养老的老年人来说是否无意间侵犯了个人隐私？其子女信息、家庭状况、社会关系是否存在信息泄露？是否会遇到不法牟利的风险？亲属可视互动（线上见面）系统对子女的居住场所、工作场面的实景呈现是否不利于子女住所的隐私保护和工作单位的保密要求？又如，在智能养老技术服务系统常态化运行过程中出现的偏差和

---

① 豆小红.新时期我国智慧养老健康发展研究［J］.湖南行政学院学报，2019（6）：5-10.
② 何燕华.健康老年化战略下我国长期照护制度的反思与重构［J］.湖湘论坛，2018（5）：95-107.

损失由谁承担责任、各方责任多大以及责任分担方式怎样？[①]

7.高质量专业人才极度匮乏，人才培养亟待加强

人口老龄化加剧，养老问题日益严重，必然要求大批高质量专业人才从事智慧健康养老产业，研发广大老年群体满意的智慧健康养老产品及提供智慧健康养老服务，但现实状况是一些智慧健康养老机构专业人才尤其是高质量专业人才极度匮乏。以老年护理为例，当前全国取得养老护理专业资格的仅有几万人，绝大多数智慧健康养老机构极度缺乏专门从事智慧健康养老的医生、护士、营养师、康复师等专业人员。除了专门从事智慧健康养老服务的专业人才极度匮乏之外，还缺乏从事智慧健康养老产品研发的高质量技术人才，这可以从前面提到的智慧健康养老服务机构提供的智慧健康养老产品单一，不能够满足多样化、多层次、个性化的智慧健康养老需求相关的内容中得到有效的印证。

高质量专业人才极度匮乏是由多种因素导致的，但是大体上来说，一方面是因为智慧健康养老产业属于新兴产业，另一方面是因为高校及相关部门缺乏高质量专业人才培养的机制。由于经济从根本上说是人的经济，脱离了人，经济是不可能发展起来的，当然这里的人特指当前智慧健康养老产业发展所需的人才，因此高质量专业人才极度匮乏自然也就成为制约智慧健康养老产业发展的现实困境。[②]

如今老年人对精神和文化方面的需求越来越高，所需要的不再是单一的产品和服务，还要求满足心理和精神上的需求。这就要求必须加强对人才的培养，加大对人才培养的投入力度，但多数高职院校并没有设立专门的护理以及与养老相关的专业，在这方面还有很大的发展空间。[③]

① 朱海龙.智慧养老：中国老年照护模式的革新与思考［J］.湖南师范大学社会科学学报，2016（3）：68-72.

② 张博.智慧健康养老产业发展困境与出路——基于有效供给视角［J］.兰州学刊，2019（11）：179-188.

③ 孙子雯.有效供给视角下智慧健康养老产业发展问题分析［J］.边疆经济与文化，2020（4）：33-35.

第三节 智慧健康养老产业的发展路径

作为世界上人口数量第二多的国家，我国正经历着整个人类发展史上规模最大、形势最严峻的人口老龄化进程。党的十九大报告中首次提出“智慧社会”的新概念，除了说明要普及运用先进网络信息技术之外，也为智慧健康养老产业的发展提供了契机。同时，新时代以先进科技为支撑的互联网与经济有机融合而产生的互联网经济，成为促进经济发展不可替代的最佳方式及不可逆转的必然趋势。为此，应针对我国智慧健康养老产业发展中存在的问题，通过以下发展路径和对策，不断推动我国智慧健康养老产业发展：

一、加强宏观引导，推动政策落地

1.加强顶层设计，建立统筹协调机制

政府应着力从政府职能和民间智库两个方面建立统筹机制，推动智慧健康养老产业高质量发展。

在政府职能方面，在强化政府职能的基础上，落实各项智慧健康养老政策和规划；成立以工信部门为主导的智慧健康养老产业发展机构，统筹其他部门；成立智慧健康养老产业发展领导小组，评选示范企业；成立智慧健康养老产业联盟等，形成协调发展机制。

在民间智库方面，引导社会力量进入智慧健康养老产业，积极打造企业之间信息共享的民间信息智库，在产品研发、服务推广、技术应用等方面进行企业之间的对接。同时，政府应积极推进智慧健康养老产品和服务在上下游养老产业链中的应用，实现产业的可持续发展。①

2.完善智慧健康养老产业制度，促进老龄经济持续健康发展

当前，我国智慧健康养老的制度理念不清晰、制度体系不健全、制度执行不到位等，严重阻碍了智慧健康养老市场的形成和壮大。因此，要建立和完善智慧健康养老产业发展的运行规范制度，包括准入制度、

① 韦艳，徐赟.智慧健康养老产业发展的困境与路径——以陕西省为例［J］.西安财经大学学报，2020（6）：37-45.

合作制度、反馈制度、监管制度、评估制度等。当前，加强智慧健康养老产业制度建设，大力推动智慧健康养老产业发展，一要全面贯彻《国务院办公厅关于促进“互联网+医疗健康”发展的意见》，加快医疗联合体内互联网技术的运用，开展预约诊疗、双向转诊、远程医疗等服务；二要建立政府和市场协同运作机制，政府的主要职责是保基本、管民生、兜底线，非基本的多元化高层次健康养老需求应充分发挥市场机制的作用，调动社会力量，增强智慧健康养老产品和养老服务供给的积极性，并强化全程监管和质量把关职责，为老年群体提供更加优质、多元、安全、高效的健康养老产品；三要大力发展医药产业、医疗设备等先进制造业，通过兼并重组，做大做强一批具有较强国际竞争力的大型企业，打造核心竞争力强的医药产业体系；[①]四要以创新引领智慧健康养老产业发展，推动健康养老领域的大众创业、万众创新，培育和壮大智慧健康养老新模式、新业态、新产业。[②]

3.行业标准与信息化标准相融合，规范产业发展

统一的行业标准能够促进企业发展，提高智慧健康养老智能信息产品与智慧服务的质量。智慧健康养老产业的主要目标群体是老年人，优质的产品与服务质量是促使老年人购买和使用的最主要原因。因此，应制定产品与服务的质量标准，增加老年群体的消费，从而促进产业发展。信息化标准是解决产业间“信息孤岛”问题的有效途径，能够促进产业间信息数据的共建共享，解决多源异构数据的获取与融合问题，加强企业和各平台之间的联系[③]。信息数据的共享不仅能够推动信息平台收集的老年人健康数据的利用，发展数字化智能养老，而且能提高服务资源的共享性，整合多方面资源，优化养老资源配置，促进社会养老事业的和谐发展。[④]制定和完善严格的管理办法及法律、法规，是强制保护用户隐私数据的一种方法。[⑤]对于信息化标准的建立，也需要多关注

① 豆小红.新时期我国智慧养老健康发展研究［J］.湖南行政学院学报，2019（6）：5-10.

② 张博，韩俊江.人口老龄化背景下发展智慧养老产业研究［J］.云南民族大学学报（哲学社会科学版），2018（4）：125-128.

③ 张先庚，彭德忠，刘月，等.数字化智能养老模式研究进展［J］.中国老年学杂志，2017（37）：755-756.

④ 徐盈艳，李坪.我国社区居家养老的现状、问题与对策探析［J］.广州城市职业学院学报，2013（4）：50-53.

⑤ 黄国彬，郑琳.大数据信息安全风险框架及应对策略研究［J］.图书馆学研究，2015（13）：24-29.

信息安全管理。

4.突破现实困境，确保政策落实到位

政策落实到位，就是致力于解决地方落实智慧健康养老产业发展过程中遇到的现实困境。由于各地政府对智慧健康养老产业的思想认识不太一致，提供的政策支持、落实力度、配套机制等还有很大的自然差异，而当前要确保政策落实到位，就应该找出具体政策落实的症结之所在：是思想观念、态度方面的问题，就应该从转变其思想观念及态度等方面入手；是政策支持方面的问题，就应该从政策支持方面入手；是配套机制方面的问题，就应该从配套机制方面进行相应问题的解决。总之，依据现实中政策落实不到位的具体原因进行精准调查，就一定能够确保政策落实到位。[①]

二、加大总量供给，调整供需结构

1.根据各个地区的实际情况，加大供给量

人们都知道生产多少商品取决于消费量，而供给量则取决于需求量的大小。随着我国人口老龄化程度的加剧，人们对养老服务和养老产品的需求也越来越大，但是目前看来，养老产品和养老服务的供给量远远低于需求量。因此，要根据各个地区的实际情况，如该地区的经济发展水平、老年人对智慧健康养老服务的认可程度和了解水平等，对其应该增加的供给量进行一个较为准确的评估，然后选择一个有效加大供给量的方法。也就是说，方法的选择需要以供给量增加的多少为依据和基础，且必须保证供给和需求的平衡，不能损害需求或供给任何一方的利益，满足以上条件的方法才可以被采用。

2.摸清供需两方存在的问题，调整供需结构

在当前智慧健康养老产业的发展过程中，存在供给不足的情况，这是由于供给和需求两方存在不平衡和错位，也就是由供需结构不对称所导致的。改变这一状况的有效方式就是调整供需结构，目前来说，供给一侧的问题主要体现为养老产业提供给老年人的服务和产品还不能满足

① 张博.智慧健康养老产业发展困境与出路——基于有效供给视角[J].兰州学刊，2019（11）：179-188.

人们的日常需求，或者无法吸引老年群体；需求一侧出现的问题主要是部分老年人受我国传统思想观念的影响和收入水平的限制，不认同智慧健康养老产业所提供的服务，或无力购买相关产品及服务。因此，想要解决我国智慧健康养老产业供需不平衡的问题，首先要弄清楚到底是哪一侧出现了问题，要采取什么方法来解决问题。只有这样，才能帮助我国智慧健康养老产业健康发展。①

三、满足多元需求，构建高效平台

当前，构建完整高效、层次清晰的智慧健康养老信息整合技术平台非常有必要。按照养老信息的需求类型和来源渠道，信息可以分为三类，相对于每类信息，应采取不同的处理策略和支撑技术。现代智慧健康养老信息整合技术平台要能够兼容和整合以下信息：

第一类信息是直接信息（也可称为初级信息、基础信息、档案信息），它属于静态类的基本信息，大多关注个体、微观层面的老年人特征，旨在描述和收集老年个体的文化水平、身体情况、收入状况、保障类型、生活质量、家庭构成、亲属关系等信息。当前，我国有关养老的档案类信息多存储于政府职能部门、企事业组织、社会团体中，呈现出条块性、分割性、重叠性、离散性、互斥性等复杂特征，亟待构建一个规范、标准的统一信息管理技术平台，对老年群体的基础类、档案类信息资源进行系统梳理、合理筛选和有效整合。

第二类信息是中转类信息（也可称为加工信息、媒介信息、网络信息），主要包括互联网和物联网信息（借助物联传感技术）。其通过多种通信网络载体，记录和反馈老年个体的行为状态、活动过程和生活轨迹，借助互联网特别是移动互联网信息，能够清晰表征出老年个体的兴趣爱好、行为特质、需求状态、消费习惯、人力资源、社会资本和组织资源。互联网养老信息的来源渠道主要有社交媒体、服务网站、QQ群、微信群和应用类App等。随着物联网技术的广泛应用，借助物联传感技术获得信息日益便捷，成熟的物联网技术主要依赖实时控制智能设备，

① 孙子雯.有效供给视角下智慧健康养老产业发展问题分析［J］.边疆经济与文化，2020（4）：33-35.

能够及时有效地获取监控和追踪老年个体的生命体征、活动状态和行动轨迹等的实时信息，以满足多层次、多样态的养老服务需求。物联网信息的来源渠道主要有各种固定式、便携式、穿戴式、移动式、接触式和非接触式的传感设备。①

第三类信息是关联信息（也可称为配套信息、第三方信息），是与养老事业等产业业态相关的统计数据、外部环境和社会信息。关联信息的主要来源渠道有第三方服务系统（关联配套业务系统）、数据咨询服务公司和社会组织。它们为智慧健康养老平台链接和提供关于养老业务、老年服务的高相关性外部环境信息、数据分析和调查结果，如气候变化、民政救助、医疗保健、交通出行、餐饮分布等。关联信息的顺畅接入、兼容并存和转化输出是智慧健康养老跨领域、跨时空、跨行业数据信息共享融合的基础条件。②

四、完善商业模式，推动产业发展

1.改善商业模式，推动产业集群发展

由于目前我国智慧健康养老产业的发展还存在商业模式不完善的问题，因此就要改善商业模式，促进其完善和成熟。同样，为了更好地解决商业模式不完善的问题，首先要弄清楚问题的根源所在。通过研究发现，我国智慧健康养老产业发展的问题主要来自自身和外部条件两个方面。

首先，从自身来说，我国智慧健康养老产业的投入资金相对于其他产业要多得多，而且它的资本回收周期和盈利周期都相对较长，由于我国的智慧健康养老产业尚处在起步阶段，所以市场机制还不够完善，盈利点也不清晰。

其次，从外部条件来分析，由于资金的投入路径很少，智慧健康养老产业的运营和发展主要依靠政府部门的投入，社会资本的投入非常有限。若想改变当前的投资环境和商业模式，就必须从产业内部着手，依靠产业自身的发展特征和潜能，为智慧健康养老产业的发展提供更加优

① 豆小红.新时期我国智慧养老健康发展研究［J］.湖南行政学院学报，2019（6）：5-10.
② 郭骅，屈芳.智慧养老平台的辨析与构建［J］.贵州社会科学，2017（12）：125-132.

质和有效的条件。[①]

在改善商业模式的基础上，要积极推进智慧健康养老产业集群发展。智慧健康养老产业可以带动上下游产业快速发展，形成推动经济增长的产业集群。产业链中的每个环节都要有试点示范的优质企业推动产业发展，形成成熟的运营模式。可以由政府评选出优质企业，使其在区域内纵向一体化发展；也可以通过政府推动智慧健康养老企业的发展，借鉴先进省份实施数字经济的经验和成功做法，推动互联网、移动智能与民生服务深度融合，培育和发展消费新热点。[②]

2.引导企业精准定位，提高自身“造血”能力

企业应精准定位，提升自身的创新、创造能力，抢占市场先机。企业“造血”首先要了解市场，提高创新能力，研发出精准对接老年群体需求的智慧健康养老产品；打造属于自己的品牌，降低设备操作难度、提高智慧度，价格制定更加亲民。根据老年人的生理和身体状况，产品不仅在功能上而且在形态等方面也应适应老年人的需求，把老年人适应智慧健康养老产品变为智慧健康养老产品适应老年人，变被动为主动。可依托当地人才资源和智能制造等优势，加快推进已有的智慧健康养老产品、康复辅具、服务型机器人由科研向规模生产的转化，创建优质品牌，提高企业的可持续发展能力。[③]

3.提升产品适老化水平，注重产品的服务配套

引导企业秉持适老化创新理念，以老年群体的实际需求和体验反馈为出发点来创新技术、设计产品和优化服务，着力解决老年群体最直接、最现实的养老难题和产业发展的“堵点”“痛点”。企业要深入开展市场调研，将老年人的生理、心理特征以及消费水平、使用习惯等融入产品的开发与设计中，提高产品的适配度、稳定性和性价比，让老年群体用得上、用得起、用得好，在老年人居家生活或照护服务的更多场景中发挥作用。

---

① 孙子雯.有效供给视角下智慧健康养老产业发展问题分析［J］. 边疆经济与文化，2020（4）：33-35.

② 韦艳，李坤城，徐赟.整体性治理视角下的智慧健康养老产业发展碎片化与路径优化研究［J］. 新西部，2020（1）：52-55.

③ 韦艳，徐赟.智慧健康养老产业发展的困境与路径——以陕西省为例［J］. 西安财经大学学报，2020（6）：37-45.

养老的本质是服务，再先进的技术都不可能代替情感和近身服务。因此，智慧健康养老的本质和核心仍是服务，既要有技术的精度，更要有人文的温度[①]。要提供智慧健康养老产品全生命周期的服务保障，建立“智能产品-匹配服务-后台支撑”的闭环，最大化发挥智能技术赋能健康养老的功效。[②]同时，还要注重线上与线下的深度融合。线上服务不能止步于线上，要坚持线上、线下相结合，通过线上信息化服务平台整合线下各类涉老资源，构建全方位的线下服务体系，实现线上线下的良性互动、有机结合。

4.突出创新驱动，提升原始创新能力和智能化水平

加强智慧健康养老领域关键核心技术的研发，统筹优化高等院校、科研院所和企业的技术研发创新平台，整合汇聚优质要素资源，开展关键共性技术、重点产品的联合攻关和技术研究，争取在高精度传感器、可穿戴产品芯片、基础软件、智能交互等领域取得具有国际领先水平的原创性理论成果，突破一批核心技术，推进新一代信息技术、新材料技术、医疗技术等在智慧健康养老领域的融合应用。[③]

五、转变传统观念，推动服务升级

通过新媒体与传统媒体相结合的方式，加强对现代养老理念的宣传与推广，向老年群体及时进行成果展示，使其真正接触、了解智慧健康养老模式并树立智慧健康养老理念。重点抓住基层宣传阵地，采用通俗易懂、潜移默化的形式定期开展健康教育与健康促进主题讲座，同时对老年群体的生活方式及潜在危险因素进行评估，这不仅有利于了解老年群体的健康需求及生活习惯，还可以引导其用积极的心态对待智慧健康养老问题。

为促进智慧健康养老服务升级，政府相关部门可制定服务产品推广目录并介绍智慧健康养老产品的使用技巧及功能，对于需求强度高、流动性低、价格高的智慧健康养老产品，可采用租赁的方式提供给老年群

① 吴玉韶.智慧养老既要“技术精度”更要“人文温度”[J]. 中国社会工作，2020(23)：18.

② 朱勤皓.关于推进“智慧养老”的几点思考[N]. 中国社会报，2020-06-08.

③ 黄清峰.新发展阶段我国智慧健康养老产业发展的时代要求与路径选择[J]. 延边党校学报，2021(4)：71-76.

体，推动智慧健康养老产业拓展新领域与服务转型升级。①

六、人才培育为本，夯实专业队伍

人才是支撑产业高质量发展的核心资源，是提升智慧健康养老服务水平和质量的要素保障。

在人才培养中，首先，要建立分类分级的人才梯队结构，以信息技术人才为支撑，以养老服务人才为主体，以企业人才为补充，推动多元化的人才培养。

其次，要依托高等院校、职业学校、职业培训机构等培养专业性强的智慧健康养老人才；将高校的培养优势与企业的生产优势相结合，培养适合不同生产场景的复合型人才，鼓励从业人员进行定期培训和学习交流。

最后，明确用人制度和晋升流程，尤其是对养老领域短缺型人才，应加大引进力度，在人才服务、人才补贴、人才流动等方面提供绿色通道，鼓励社会力量如退休医护人员、中介服务机构、社会工作者和志愿者等广泛参与智慧健康养老服务工作。②

七、借鉴国外经验，推进产业发展

随着全球老龄化程度的加深，国外发达国家纷纷通过信息技术等手段辅助健康养老。研究发现，发达国家的政府与企业都非常重视智慧健康养老的发展，关注养老产品及信息平台的研发与应用，从多层面满足老年人的养老康护需求。欧美等发达国家在智慧健康养老服务领域已经形成较为完善的体系，而我国智慧健康养老正处于起步阶段。“他山之石，可以攻玉”，因此，剖析部分发达国家智慧健康养老产业的发展模式，借鉴这些国家的成功经验和做法，改善我国智慧健康养老产业现状，对推动我国智慧健康养老产业发展至关重要。国外智慧健康养老产

---

① 刘军军.智慧健康养老产业发展的现实困境与路径优化［J］.中国医疗管理科学，2021（9）：1-5.

② 王立剑，朱一鑫，马伟.智慧健康养老产业的现实需求与发展进路［J］.西安交通大学学报（社会科学版），2024，44（3）：31-39.

业主要有以下发展模式和做法：[①]

1.英国：拓展养老医疗手段的智慧健康养老模式

智慧养老的概念最早由英国生命信托基金会提出，又称为“全智慧化老年系统”，指依托先进的信息技术手段，将老年人的日常生活纳入远程监控中，使老年人在生活中可以不受时间、空间束缚，即使在家中，也可以过上高科技、高质量的生活。

作为最早提出“智慧养老”概念的国家，英国主要依托社区建立智慧养老服务中心，为老年人提供丰富、快捷的养老服务。为了更好地观测老年人的健康状况，提供优质医疗服务，英国利用互联网信息技术发展完善包括数字医疗、远程医疗和移动医疗在内的养老医疗方式。

通过互联网、可穿戴监测设备等智能化手段，英国不断提高针对老年人的医疗服务水平和效率，以增强老年人独立生活的能力。数字医疗、远程医疗和移动医疗是用在智慧养老中的主要医疗手段。其中，对于数字医疗，可以利用计算机为老年人建立全面详细的健康电子档案，并对档案内容加密，允许医护人员、老年人及其家属申请在线访问；对于远程医疗，可以利用老年人穿戴智能化设备，连接医疗终端，评估老年人日常身体情况，从而监测老年人的健康状态，避免突发疾病无法呼应造成的二次伤害；对于移动医疗，可以通过手机、电脑等移动通信设施，为老年人提供医疗健康信息和医疗咨询服务，以网络互动方式，搭建起医生与老年人之间的沟通桥梁，从而为老年人提供必要的医疗信息和医疗救助。[②]

利用现代信息技术，丰富和拓展面向老年人的医疗手段和方式，适应了老年人健康发展的需求，使英国智慧健康养老产业的发展更加具体化和人性化。

目前，英国政府正在推动一项名为“虚拟伴侣”的研究项目。“虚拟伴侣”是可以与老人进行互动交流的智能电脑，不仅可以监测老人的血压、心率等健康数据，在老人出现意外时还能及时通知医疗机构，而

---

① 赵宁，张健.国外智慧养老发展模式的经验与启示［J］.社会科学动态，2020（8）：67-71.

② 徐凤亮，王梦媛.国内外智慧养老比较与发展趋势研究［J］.劳动保障世界，2019（27）：17-18.

且它可以分析老人的语言、面部表情和行为等，从而判断老人的情绪，并作出相应的反应。

2.美国：智慧健康养老产品市场化供应模式

美国是世界上率先开始智慧健康养老实践探索的国家，1984年，美国联合技术公司在康涅狄格州哈特福德市建造了首栋智能型建筑，为老年人的居家服务提供便利。从1999年开始，美国各州陆续建立了老年人移动医联网（老年人医疗服务车队）。目前，该医联网已经覆盖美国50个州、1 000多个城市，包括12 500多个分支机构。医疗服务车队运用包括RFID技术和传感技术等在内的大量物联网技术，提供送医送药、上门看病、医疗护理、日常身体检查、健康状况监测、家政等多种业务。另外，美国也积极地探索老年人健康技术，2006年，由卡内基梅隆大学牵头，联合匹兹堡大学等高校，建立了美国生活质量技术研究中心，主要开展针对老年人和残疾人的辅助技术研究，包括体域网、体感网技术、无意识测量技术、穿戴式技术、服务机器人技术等。①

截至2020年，美国65岁及以上人口达到16.63%，为了提高养老服务质量、降低政府管理成本，美国的养老服务行业引入了市场竞争机制，采取市场化的运作模式；同样，美国的智慧健康养老产业也延续了市场化模式。

在美国的众多日间护理中心，老人们可以方便地在触屏电脑前点餐。电脑程序还可以根据老人的身体状况限制菜品选择，如患有糖尿病的老人在选择菜品时，电脑程序已经把老人可选择的菜品限定在糖尿病人可食用的无糖、清淡、少油等范围内。屏幕上还清楚地显示出剩余空座和相应桌号，以及已经选择在此桌就餐的老人姓名。很多养老中心接送居家老人往返中心参加活动时都在车上安装了追踪设备，让老人在等车期间就可即时查询车况、路况，从而可以等车靠近住所时再下楼上车。根据亿欧智库的统计数据，2020年美国投资市场上共有40起科技适老相关行业的投融资行为，总金额达到3.81亿美元，平均融资额进一步提升，部分企业已进入C轮及以后的融资轮次。②

① 谢虔.国外智慧养老的经验与启示［J］.北京经济管理职业学院学报，2018（9）：3-7.
② 东方欲晓.智慧养老，国外这样做［J］.中国商界，2021（10）：46-47.

凭借互联网普及率高、科技企业数量众多的优势，美国智慧健康养老发展迅速。美国鼓励企业开发智慧健康养老产品，三星、苹果、飞利浦等大型高科技企业积极进行智慧健康养老产品研发，以满足老年人的养老需求。微软公司与政府及社区服务机构合作，采用PPP模式，创建网络虚拟老年中心，利用互联网技术丰富老年人的日常生活，提高老年人的生活质量。针对老年人的需求，各类电子设备和应用程序不断被生产和开发出来。针对老年人医疗照护，微软的智能体感交互设备及网络应用程序可以通过电脑远程分析老年人的锻炼动作，帮助老年人做康复训练，医生也可以利用该系统对老人进行远程医疗指导，提高医疗资源的利用效率。针对部分老年人的日常生活辅助需求，一些企业开发出了为老年人提供远程慢性病监控的系统，并对老年人的住所进行智能化改造[①]。针对老年人的社会发展需求，部分企业创建了专门针对老年人的工作、教育的网站，为老年人提供工作信息、在线课程等。如WorkReimagined.AAPP.org可以为老年人提供工作信息，在SeniorNet.org等网站上可以查找在线课程及开放课件。

在美国，互联网的普及与科技企业的发展为智慧健康养老的推广提供了便利条件；智能家居、生活辅助设备及应用程序等智慧健康养老产品的逐渐涌现，使美国养老产品和服务市场得以重塑和完善，智慧健康养老市场化进程不断加快，推动美国智慧健康养老产业快速成长。

3. 日本：制度建设与科技支撑并重的智慧健康养老模式

作为全球老龄化程度最高的国家，日本非常重视发挥智慧健康养老的作用，以应对人口老龄化问题。除了注重高科技对养老的支持外，相关政策体系的不断完善也为日本智慧健康养老发展提供了强劲动力。

在高龄化和少子化的双重压力下，日本的养老科技发展较早，许多辅助养老的高科技产品与技术已经比较成熟，能够为日本智慧健康养老产业的发展起到重要的支撑作用。2014年，松下集团联合住友信托银行等19家企业共同开发了藤泽SST（可持续智慧小镇），通过电力、信息网络的融合，为区域居民提供无负担的最适合控制的智能建筑，构建

① 任彦.智慧养老悄然来临［N］. 人民日报，2017-05-26.

能源自循环型的可持续发展社区。2013年，日本电气株式会社（NEC）研发了嵌入式M2M模组，将该装置集成在智能鞋上，独居的老年人穿上这种鞋，照顾者就可以通过智能手机掌握其行踪。日本科技适老化产品中最具代表性的是护理机器人。日本非常重视为老服务机器人的研发，通过让机器人与老年人对话来辅助老年人生活，以发挥机器人在老龄社会中的作用。日本NEC公司也致力于为老服务机器人的研发，2010年公司研发出了生活辅助型机器人，可理解老年人说话的内容；2014年研发出了能联网的小型机器人，可守护老年人并监控非法闯入者。根据使用目的，日本技术支援协会将护理机器人分为12类，即移乘支持、移动支援、排泄支援、监护支援、入浴支援、机能训练支援、服药支援、认知症治疗支援、食事支援、口腔护理支援、护理业务支援和其他。根据经济产业省的预测，到2025年，日本老年人用的机器人将创造2.6万亿日元的市场，到2035年，该市场份额将增加至5万亿日元。[①]

与发展养老科技相比，建立完善的智慧健康养老制度体系，是日本发展智慧养老的又一亮点。早在1963年，日本就颁布并实施了《老人福利法》，开始实行社会化养老。针对老年人使用智能家居的需求，日本政府通过并实行了《高龄者居住住宅设计指导方针》和《高龄者居住安定保护法》，对养老智能家居设计和建造的标准进行规范和统一。在智能家居的设计和建造中，充分考虑老年人的生活习惯和身体状况，注重细节和人性化，保障老年人居住环境的健康安全。2013年，日本总务省组织召开信息通信技术（Information Communications Technology，ICT）辅助超高龄社会构想会议。2014年日本总务省继续推动"ICT超高龄社会建设推进事业"，经济产业省、厚生劳动省共同制定实施"照护机器人开发导入体制"。2016年，日本内阁会议在"第五期科技基本规划"中正式提出"Society 5.0"，推动ICT辅助技术最大限度应用。[②]

亿欧智库《2021中国科技适老化产品研究报告》显示，日本智慧健康养老普遍采用"政府+企业+信息化平台"的运作模式。日本政府

① 谢虔.国外智慧养老的经验与启示［J］.北京经济管理职业学院学报，2018（9）：3-7.
② 施锦芳，吴学艳，隋霄.日本ICT辅助健康养老产业发展研究［J］.财经问题研究，2020（6）：40-48.

出台相关政策，鼓励企业研发科技适老化产品并为其提供补贴，尤其是对移动辅助、步行助力、自动排泄处理、健康监测、走失监视等产品的研发和推广进行重点扶持。信息化平台收集和分析养老设施、社区养老及居家养老的相关数据，并提出解决方案。

健全的制度设计和先进的技术是日本发展智慧健康养老的优势，在完善的制度和健全的法律体系下，日本的各项养老技术标准和规范更容易制定和实施，智慧健康养老能够更加健康地发展。

4.德国：面向智慧健康养老的智能技术平台建设模式

德国是欧洲人口老龄化最严重的国家，也是世界上人口老龄化程度比较高的国家之一，1960年德国就已进入老龄化社会，当时65岁以上老年人占比11.5%。据预测，到2030年，德国60岁以上的老年人口比重将达36.2%，2050年将超过40.9%。2007年，德国的弗里德里希斯哈芬市在全国率先启动了“智慧城市”建设，至今已经在医疗、教育等领域开启了40多个智慧城市建设项目，其中也包括智慧养老项目，如“远程诊疗”主要是针对慢性心脏病患者的远程监控项目，患者通过手机、互联网等通信技术可以定期将体重、血压等监测数据远程传送到医院的远程医疗中心，这样老年人可以免去经常去医院的麻烦。“肿瘤会诊”是一个主要针对癌症患者的治疗项目，参与会诊的医生可以通过视频会议共享患者的信息，并制订出有利于患者治疗的方案。“独立生活”是一个主要针对特殊服务对象（如因身体健康问题或年龄问题而行动受限的居民）的项目，在现代信息技术的帮助下，行动不便者可以更轻松地使用一些服务，如日常看护、就医、物资配送等。德国Infineon技术公司开发了可用于智慧养老领域的智能服装，将封装在特殊包装中的芯片和微小传感器固定在织物中，这种智能服装可以监测心跳、体温和脉搏，并将数据传递到网络中，医生或管理中心可以远程进行人体健康指标分析，以解决老年人和残疾人的护理问题。[①]

此外，为了应对严重的老龄化问题，德国还通过打造可扩展的智能技术平台，将各种智能服务一并链接到这个平台上，为居家和机构养老

① 谢虔.国外智慧养老的经验与启示［J］. 北京经济管理职业学院学报，2018（9）：3-7.

的老年人提供智慧化服务。2007年，德国制订并开始实施环境辅助生活（ALL）系统计划，该系统是专为老年人设计的智能家居系统，包括智能技术平台和智能仪器在内，通过现代化的感应传输装置，将智能仪器连通在一个具有扩展性的智能技术平台上，能够对老年人的身体状态和生活环境做出即时反应。环境辅助生活系统适合养老院、社区和家庭等环境，打破了养老空间的限制。利用环境辅助生活系统，老年人可以通过遥控器操作房间内的大部分设施，如自动升降床等。该系统还可以创建老人日常健康日志，家属和护理人员可以通过网络软件查询老人的身体情况。环境辅助生活系统旨在创造整体化的智能家居环境来提高老年人的生活舒适度；通过打造功能齐备的智能技术平台，提高各种智能设备的使用效率。

德国一家护理设备公司正在打造环境辅助生活系统。在覆盖有AAL系统的样板房中，墙角边嵌有长条状的夜视灯，以避免半夜突然亮灯让老年人晃眼。卧室墙顶装有“工”字形滑槽，吊有自动起降杆，能够让下半身瘫痪的老年人通过双手独立将自己“吊”在起降杆上，从而到达房间的任意一处。洗手间内也安装有老年人可以支撑、拉扶或坐卧的辅助设施，随处可见求助、报警按钮。AAL系统的目的，是完全实现老年人或生活不便者独立、安全生活。房间内的大部分设施都可以通过遥控器具来使用；床铺设计成一半为普通床铺、一半为升降床铺，避免与配偶分床；如果长时间卧床未动，床垫下方的感应垫会报警联络紧急联系人；床脚边的感应毯，一旦踩上就会报警，可以防止阿尔茨海默病患者半夜下床出走……此外，自动喂餐机、血压计、血糖监测仪等也一应俱全。①

通过打造强大的智能技术平台，完善环境辅助生活系统，提高智能设备的使用率，德国智慧健康养老不仅减轻了机构养老的成本，而且方便了机构养老和居家养老的老年人的生活。

此外，其他国家在智慧健康养老实践方面也十分活跃。例如，瑞典一家公司开发了移动健康监测系统，该系统通过无线接口连接手机与无

---

① 东方欲晓.智慧养老，国外这样做［J］. 中国商界，2021（10）：46-47.

线网络，将传感器采集到的多种生命体征数据传输到手机上并进行相应的数据分析。新加坡提倡开展多样化的智慧健康养老服务，为了保障服务的顺利进行，在社区高度自治的基础上制定了一系列法律、法规。新加坡的南洋理工大学推出了一个名为“非打扰智能传感器”的项目，该项目会在老年人家中的各个角落安装传感器，通过将数据整合在一起，旨在协助看护者对家中老年人的生活状况了如指掌。据了解，该项目由南洋理工大学于2015年投入研发，无须安装摄像头，也无须直接观看，只要将50多种传感器放置在家中的各个角落，就可通过数据即时还原用户的各项指标。该项目能更全面地保障独居老年人的安全，着重解决老年人易摔倒这一问题，同时让忙于工作的子女和看护者安心。传感器收集到的数据将发送至手机和网站上，使用者可选择将数据生成文本、语音或3D动画，以供观看。在荷兰的很多养老院内，行动不便的老年人会围成半圆，在一个人形机器人的带领下锻炼身体。机器人站在桌子上，像健身教练一样，一边示范动作，一边讲解动作要领。老年人可以模仿机器人的动作，活动肩膀或伸展四肢。这种护理机器人身上装有摄像机、扩音器和麦克风，可以模拟人的一些动作和表情，能够通过眨眼睛、眼神接触、点头和摇头等简单肢体语言与人进行互动；不仅可以上体操课，机器人还可以说话、唱歌、跳舞，为孤独的老年人送去快乐。①

国外养老服务龙头企业、以色列养老护理领域的领先企业Natali，能为居家养老的老年人提供完善的远程监护、远程医疗、安全援助和居家帮助等服务，在以色列的市场份额超过60%。韩国松岛的U-City智慧城市计划是由韩国政府、韩国浦项钢铁集团、LG集团及美国地产开发公司Gale合作推动建设的智慧绿色生活项目，在松岛生活的居民家中使用的设施可以用语音操控，智慧型机器人可以帮忙打扫，智慧型冰箱可根据食物状况自行调节温湿度。②

总之，英、美、日、德等国较早地建立了比较完善的社会养老服务体系，对发展智慧养老的探索也先于我国，积累了许多的发展经验，尤

① 东方欲晓.智慧养老，国外这样做［J］. 中国商界，2021（10）：46-47.
② 谢虔.国外智慧养老的经验与启示［J］. 北京经济管理职业学院学报，2018（9）：3-7.

其是在顶层设计、市场发展、技术研发等方面值得我国借鉴。然而我国未富先老的人口老龄化形势和社会养老服务体系尚不成熟的现实，决定了我国智慧健康养老发展道路的独特性。我国的养老机构建设尚不完善，现有的养老床位并不能满足老年人机构养老的需求。养老服务产业刚刚起步，因此社区照护也不能成为发展智慧健康养老的强大基础。但也正因如此，我国的智慧健康养老有了发达国家所没有的后发优势，不会被原有的体系所桎梏，可以将资金投入新的技术和设备的研发上。我们既要学习发达国家在智慧健康养老发展过程中的成功经验，也要考虑到我国在智慧健康养老发展过程中的独特性，走一条具有中国特色的智慧健康养老发展之路，[①]推动我国智慧健康养老产业实现良性发展。

重点问题探讨：智慧健康养老产业政策梳理

在养老供需矛盾日益凸显的背景下，智慧健康养老旨在利用信息化、智能化手段优化养老资源配置，解决我国养老服务事业与产业协同发展中的痛点、难点、堵点问题，以提升养老服务质量。国家一直高度重视智慧健康养老产业的发展，2009—2023年，国家出台了一系列智慧健康养老政策。经过详细梳理对比，智慧健康养老产业的发展大致可以分为以下四个阶段：

1.起步阶段（2009—2012年）

2009—2012年，国内出现了基于互联网和电话呼叫的为老服务，养老服务信息化被提出来，开始推动建设基于互联网的虚拟养老院，关注养老的产业性与信息化建设。2010年，党的十七届五中全会通过了《关于制定国民经济和社会发展第十二个五年规划的建议》，建议指出，应全面提高信息化水平，培育壮大老龄服务事业和产业，老龄服务事业与产业协同发展被提上议程；2011年，国务院发布的《中国老龄事业发展“十二五”规划》提出，“加快居家养老服务信息系统建设，做好居家养老服务信息平台试点工作，并逐步扩大试点范围”。2012年可以

① 刘伟祎.国外智慧养老的发展现状及对我国的启示［J］. 中国集体经济，2019（7）：166-168.

被称为“智慧养老元年”，全国老龄办举办首届全国智能化养老战略研讨会，首次提出了“智能化养老”的概念，针对智能化养老的基本理论、科技应用、技术标准和发展方式进行了深入探讨，国家开始鼓励、支持各地进行智慧养老实践探索，发布智能养老基地建设标准。

至此，智能化养老开始被政府、学界和业界所关注，各地开始了养老信息化建设探索，对智慧养老的理论探讨和实践探索开始萌芽，居家养老服务信息平台试点工作逐渐展开，老龄政策开始关注老龄事业与产业的协同发展。

2.探索阶段（2013—2015年）

探索阶段主要还是围绕养老服务信息化建设出台相关政策，尤其是加大了居家养老服务信息化建设力度，开始明确支持智慧健康养老产业发展。

2013年，《民政部关于推进养老服务评估工作的指导意见》发布，意见提出“加快推进与养老服务评估配套的行业标准、信息化管理等软环境建设”。同年，《国务院关于加快发展养老服务业的若干意见》提出，发展居家网络信息服务，地方政府要支持企业和机构运用互联网、物联网等技术手段创新居家养老服务模式，发展老年电商，建设居家服务网络平台，提供紧急呼叫、家政预约、健康咨询、物品代购、服务缴费等适合老年人的服务项目。2014年，国家发展改革委等12部委联合发布《关于加快实施信息惠民工程有关工作的通知》，全面部署实施信息惠民工程。其中，养老服务信息惠民行动计划为重点任务之一。通知指出，要建立养老服务机构、医疗护理机构等网络互联、信息共享的服务机制，重点推进养老服务机构信息化建设，推广远程健康监测，拓展养老机构专业化服务的惠及面，推动养老、保健、医疗服务一体化发展。计划先在200个养老服务机构开展试点，大幅提升了养老信息服务水平。2015年，《国务院关于积极推进“互联网+”行动的指导意见》发布，明确提出促进智慧健康养老产业发展，支持智能健康产品创新和应用。这标志着智慧养老成为解决老年人养老难题的新的政策选择和发展趋势。该意见鼓励健康服务机构利用云计算、大数据等技术搭建公共服务信息平台，提供长期跟踪、预测预警的个性化健康管理服务，以及第三方在线健康市场调查、咨询评价、预防管理等应用服务；依托现有互联网资源和社会力量，以社区为基础，搭建养老信息服务网络平台，提供护理看护、健康管理、康复照料等居家养老服务；鼓励养老服务机构采用基于移动互联网的便携式体检、紧急呼叫和监控等设备，提高养老服务水平。

此阶段，国家智慧养老政策开始探索养老服务信息化建设，建设居家和公共服务信息化平台，提供居家紧急呼叫、家政预约、健康咨询、物品代购、服务缴费和市场化的护理看护、健康管理、康复照料等服务。"智慧健康养老产业"概念在2015年首次被提出后，在国家推动居家养老网络信息服务建设和智慧养老产业政策的指引下，各地开始了大规模的居家、社区和机构智慧养老产业的探索。

3.示范阶段（2016—2019年）

2016—2019年为智慧健康养老试点示范阶段。2016年，《国务院办公厅关于全面放开养老服务市场提升养老服务质量的若干意见》发布，意见提出，全面放开养老服务市场，发展智慧健康养老服务新业态，开发和运用智能硬件，推动移动互联网、云计算、物联网、大数据等与养老服务业结合，支持适合老年人的智能化产品、健康监测可穿戴设备、健康养老移动应用软件（App）等的设计开发，支持企业研发老年人乐于接受和方便使用的智能科技产品。2017年，《国务院关于印发"十三五"国家老龄事业发展和养老体系建设规划的通知》提出，丰富养老服务产业新模式、新业态，鼓励互联网企业进入养老服务产业，利用信息技术提升健康养老服务质量和效率，提升老年用品的科技含量。2017年，《工业和信息化部办公厅 民政部办公厅 国家卫生计生委办公厅关于开展智慧健康养老应用试点示范的通知》发布，通知指出，加快推进智慧健康养老试点工作。同年，《智慧健康养老产业发展行动计划（2017—2020年）》明确了智慧健康养老产业发展的重点任务：推动关键技术产品研发、推广智慧健康养老服务、加强公共服务平台建设、建立智慧健康养老标准体系、加强智慧健康养老服务网络建设和网络安全保障。2019年，《国家积极应对人口老龄化中长期规划》发布，规划指出，将深入实施创新驱动发展战略，提高老年服务科技化、信息化水平，加大老年健康科技支撑力度，加强老年辅助技术研发和应用，将其作为应对人口老龄化的具体措施之一。同年，《国务院办公厅关于推进养老服务发展的意见》明确将实施“互联网+养老”行动，持续推动智慧健康养老产业发展，拓展信息技术应用，并进一步制定了智慧健康养老产品、服务推广目录，扩大智慧健康养老应用试点示范范围。

此阶段将智慧健康养老产业发展作为积极应对人口老龄化的战略任务之一，开展智慧健康养老应用试点示范，重视智慧健康养老服务新业态、新模式的培育，开始注重建立智慧健康养老标准，意识到智慧健康养老发展中信息安全和保障的重要性，重视从老年人需求的视角研发智能产品，开启了智慧健康养老产业体系化、标准化阶段，为智慧健康养老产业有序发展、遵循市场供需规律提供了依据，为各地智慧健康养老产业的深入探索提供了明确指引。

4.爆发阶段（2020年至今）

2020年以来，国家高度重视智慧健康养老产业的发展，密集出台了一系列智慧健康养老深度融合发展的政策，智慧健康养老产业发展迎来黄金期，很多企业纷纷涉足养老服务市场，创新的智慧健康养老服务模式不断涌现。2020年，《中共中央关于制定国民经济和社会发展第十四个五年规划和二〇三五年远景目标的建议》指出，构建居家社区机构相协调、医养康养相结合的养老服务体系，健全养老服务综合监管制度，加快提升社会治理等数字化、智能化水平。2020年，《国务院办公厅印发关于切实解决老年人运用智能技术困难实施方案的通知》将便利老年人日常交通出行、就医、消费、文体活动、办事服务的智能化产品和服务应用列为重点任务，以便老年人更好地共享信息化发展成果。2020年，《中国老科协、中国科协科普部智慧助老行动三年计划》将提高包括老科技工作者在内的老年人数字技能，让广大老年人更快更好地适应并融入智慧社会作为重点目标。2021年，《智慧健康养老产业发展行动计划（2021—2025年）》发布，计划指出，拟通过强化信息技术支撑、推进平台提质升级、丰富智慧健康服务、拓展智慧养老场景、推动智能产品适老化设计与优化产业发展环境等方式来提升产品供给、数据应用、健康管理、老年人智能技术运用等能力。2021年,《民政部 国家开发银行关于“十四五”期间利用开发性金融支持养老服务体系建设的通知》发布,通知明确支持互联网、大数据、物联网、云计算、人工智能、区块链等技术在养老服务管理中的应用,建设社区居家养老服务信息平台,引导养老机构依托新兴技术手段构建“互联网+养老服务”和智慧养老模式;支持智慧健康养老产品研发、推广、应用,开发适老化技术和产品,重点研发适老康复辅助器具、智能穿戴设备、服务型机器人与无障碍科技产品。2022年,《国务院办公厅关于进一步释放消费潜力促进消费持续恢复的意见》提出,培育壮大智慧养老消费新业态,实施智慧助老行动,加快推进适老化改造和智能化产品开发。同年,《国务院办公厅关于印发“十四五”国民健康规划的通知》提出,支持面向老年人的健康管理、预防干预、养生保健、健身休闲、文化娱乐、旅居养老等业态深度融合,创新发展健康咨询、紧急救护、慢性病管理、生活照护等智慧健康养老服务。同年,国务院还印发了《“十四五”国家老龄事业发展和养老服务体系规划》,明确推动“互联网+养老服务”发展,与2019年的“互联网+养老”行动相比,该规划进一步定位为“互联网+养老服务”,明确了互联网信息技术与养老服务的结合,尤其是引导有条件的养老服务机构线上线下融合发展,利用互联网、大数据、人工智能等技术创新服务模式,开发活动场景监测、提醒功能,方便老年人居家出行、健康管理和应急处置,在促进老年用品科技化、智能化升级方面起到了积极的引导作用。2022年,《民政部贯彻落实〈国务院关于加强数字政府建设的指导意见〉的实施方案》提出,加快汇聚形成全口径、全体量的老年人和养老服务机构信息资源,为智慧健康养老和医养结合、养老服务机构监管提供有力支撑。2023年,《国家标准化管理委员会关于印发〈2023年国家标准立项指南〉的通知》发布,通知将机构、居家、智慧养老和适老化改造等生活性服务标准列为立项重点。

此阶段,国家开始重视和解决老年人运用智能技术困难的问题,提升老年人数字化水平,以优化智慧健康养老产业发展环境,重点开发适老化技术和产品,实施智慧助老行动,鼓励养老服务机构将线上线下的服务相融合，将智慧技术融入老年人的生活服务中，基于老年人需求的视角，为养老事业与养老产业深度协同发展提供契机，政府、市场和社会的合力使智慧健康养老产业得以快速高质量发展，自此智慧健康养老服务产业发展进入了爆发期。①

① 彭青云，张俊玲，洪焕森.我国智慧养老产业政策梳理、应用场景、面临挑战及其对策［J］. 智能社会研究，2023（4）：37-54.

第五章　智慧健康养老人才一体化培养与供给路径选择

当前，我国老龄化形势日益严峻，智慧健康养老服务与管理人才非常匮乏。加快智慧健康养老人才培养，需整合相关职教资源，发挥职业教育机构等的技能型人才培养的优势。为此，开展智慧健康养老人才一体化职教培养体系构建研究势在必行。

目前，我国已迈向中深度老龄化，党和国家高度重视养老事业和养老产业发展。党的二十大提出“实施积极应对老龄化国家战略，发展养老事业和养老产业”。此外，《关于推进养老服务发展的意见》《中共中央、国务院关于加强新时代老龄工作的意见》中均提出“加强人才队伍建设”“大力发展相关职业教育”。因此，构建积极应对老龄化的智慧健康养老人才职教体系，成为加快养老服务业人力资源建设、促进养老服务业发展的关键。“十四五”开局之年召开的全国职教大会进一步指明了全面建设社会主义现代化国家新征程中我国职业教育的发展道路。大会提出“优化职业教育类型定位”“建设高水平、高层次的技术技能人才培养体系”“一体化设计中高本职业教育培养体系”。一体化职业教育培养体系从形式一体化走向内涵一体化，是职业教育高质量发展对人才培养体系建设提出的新要求。

通过知网文献检索和分析可以发现，围绕“养老服务人才教育”相关问题的研究具体包括：①汪群龙、高强探讨了高职院校等不同利益主体对养老服务职业教育的实践与诉求，提出建立养老服务职业教育长效机制，通过“行业学院”模式的运行，形成集“孵化、输出、跟踪、评估”于一体的立体化的养老职业教育机制[①]。②杨根来、曹雅娟、杨扬梳理了20年来我国养老人才培育的历史阶段及其成效，提出了构建老年专业人才培养工作体系的建议[②]。③许峰探讨了养老服务人才培养体系的内涵、意义，提出了养老服务业人才培养体系构建的路径[③]。④张雪永较系统地探讨了涉老人才教育问题，强调了涉老人才对养老业发展的支撑作用，提出应从高等教育、职业教育、代际教育和终身教育方面完善积极应对老龄化背景下的涉老人才教育新体系[④]。⑤刘克勇提出了一体化职业教育培养体系的内涵与构建策略，对养老服务人才一体化培养具有一定的指导意义[⑤]。以上这些研究虽不同程度地探讨了养老服务人才培养问题，但针对智慧健康养老人才一体化职教培养体系建设的研究基本上没有，现有研究虽有所涉及，但过于笼统，经验性研究较多，实证研究不足，或理论分析系统性不强、深度不够；有的研究理论、实践探索囿于条件，不够深入，可借鉴性不高。因此，有必要从一体化职业教育培养体系构建的战略高度，探究积极应对我国人口老龄化的中职-高职-职教本科智慧健康养老人才一体化职教培养体系构建问题，确立并巩固职业教育在智慧健康养老人才培养中的主体地位。

---

① 汪群龙，高强.基于能力、质量、标准间关系视角的养老服务职业教育机制研究[J]. 浙江树人大学学报（人文社会科学版），2016（3）：51-55.

② 杨根来，曹雅娟，杨扬.历史发展视域下中国养老服务专业发展和人才培育工作研究[J]. 社会福利（理论版），2020（4）：12-19；33.

③ 许峰.养老服务人才培养体系构建路径与策略——基于涉老职业教育的视角［J］. 社会福利（理论版），2016（9）：9-12；17.

④ 张雪永.积极应对人口老龄化视域下的涉老人才教育初探”［J］.西南交通大学学报（社会科学版），2017（1）：32-39.

⑤ 刘克勇.一体化职业教育培养体系的内涵与构建策略［J］. 职教通讯，2021（5）：3-4.

第一节 智慧健康养老人才供需矛盾及其原因

中国老龄科学研究中心发布的《中国老龄产业发展报告（2021—2022）》显示，截至2022年年末，国内60岁及以上老年人达到2.8亿，其中半失能、失能和失智老年人约4 400万。但从业人员的供给远远跟不上日益增长的养老服务需求。据中国老龄科学研究中心发布的数据，目前，我国养老照护相关从业人员只有50万人，然而，我国对养老护理员的需求达到600万人，并且随着老龄化进程的加速，这一数据缺口呈扩大趋势。[①]反差极大的数字揭示了目前养老服务业人才供应链端的突出矛盾。供给侧结构性改革强调要在适当增加社会总需求的同时，着力提高整个供给体系的质量、水平。[②]就处于“夕阳市场、朝阳产业”的养老服务业而言，其对人才的需求将在未来持续增加，而作为其人才主要供给方的职业院校必须进一步发挥好教育主体的作用，承担起相应的社会职能。因此，开展供给侧视角下职业院校与养老服务业的衔接路径研究，有着重要的理论与实践意义。分析智慧健康养老人才供需矛盾及其原因，是智慧健康养老人才一体化职教培养体系构建的一项重要工作。

一、智慧健康养老人才的供需矛盾

职业院校与养老服务业间的人才供需矛盾主要存在于智慧健康养老人才供给方面，具体而言，职业院校无法满足后者发展对智慧健康养老专业人才数量和结构层次的需求，助推其职业化的程度不深。

1.智慧健康养老服务专业人才数量不足

随着社会的发展，老年人的养老需求已经不再局限于日常照料，还涉及老年护理、保健、急救、精神慰藉、文娱休闲、法律服务、理财保险等诸多方面。这些丰富的、高层次的需求，无疑需要专业化人才来满

① 周妙妙.当养老从业者也“老了”养老人困局何解［EB/OL］.［2024-03-12］. https：//www.163.com/dy/article/IT40HA1V05199NPP.html.

② 梁赉.供给侧改革视角下老年服务与管理专业的人才培养定位与课程设计［J］. 普洱学院学报，2017（11）：128-129.

足。目前，我国养老服务业中的大部分从业人员来自下岗职工、进城务工人员等，他们仅经过短期培训就上岗，显然无法满足上述需求。而职业院校作为我国培养养老专业人才的主阵地，却一直处于“前期招生难、中期培养难、后期从业难”的境地。因此，在养老机构中，护理、管理等专业人才匮乏，人才流失率居高不下；在居家养老中，相关社会工作专业人才严重不足。以养老护理员为例，国际通用标准规定，护理人员与服务对象的数量应符合配比要求，即服务对象生活能自理的不低于1∶8，需要半护理的不低于1∶5，需要全护理的不低于1∶3。据此初步估算，全国养老护理员缺口达千万。[①]

2.智慧健康养老服务专业人才结构不匹配

当前，养老服务业入职门槛低，大部分基础护理人员在无任何专业背景的情况下，经过短期培训即可从业，专业素质普遍不高。智慧健康养老服务专业仍主要集中在职业教育层面，但受限于课程设置缺乏系统性、专业教材匮乏、师资力量不足、产教融合不深等因素，学生培养质量整体不高。在普通高等教育中，智慧健康养老服务专业规模较小且发展滞后，高端人才稀缺。据不完全统计，我国养老服务本科专业最早于2010年开始正式招生，通过在护理学、社会工作等专业中下设老年服务相关方向的模式进行，而养老服务管理、老年学在2019年才作为本科层次的特设专业出现在《普通高等学校本科专业目录（2020年版）》中。在研究生层面，根据中国研究生招生信息网的查询结果，2020年仅有北京大学、中国人民大学、复旦大学3所院校设立的老年学专业共招生9人。

3.智慧健康养老服务业职业化程度不高

职业化，即一项工作的标准化、规范化以及制度化，主要涵盖职业行为规范、职业素养和职业技能。劳动经济学的相关研究表明，工作效益=员工从业水平×职业化水平，[②]而工作效益又与企业利润息息相关。因此，职业院校通过系统化的人才培养、参与行业标准和规范的制定等

① 傅文第，李和伟，邸维鹏，等.分类分层加快培养适合地方发展需要的养老服务业人才［J］. 成人教育，2015（35）：32-35.

② 曲丽秋.高职老年服务与管理专业职业化人才培养研究［J］. 辽宁高职学报，2018（5）：24-27.

方式，提升智慧健康养老服务业的整体职业化水平，将一定程度上解决当前我国养老服务业服务和管理水平参差不齐、标准不健全、人才流失严重、人员职业素养低等问题。这不仅有利于促进行业规范化发展，还能提高智慧健康养老从业人员的综合素养和待遇，增强职业吸引力。[①]

二、智慧健康养老人才供需矛盾的原因分析

智慧健康养老人才供应链端的主要矛盾，归结起来，主要有以下三点原因：

1.专业体系建设相对滞后

智慧健康养老服务与管理专业（其前身是老年服务与管理专业）属跨学科交叉型新兴专业，起步时间较晚，专业体系建设不健全，教学力量薄弱，人才上升通道狭窄，一定程度上导致专业吸引力不强。教育部公布的2024年高等职业教育专科专业设置备案和审批相关工作结果显示，在现代服务业方面，增设智慧健康养老服务与管理、现代家政服务与管理、婴幼儿托育服务与管理等民生紧缺专业点806个。[②]智慧健康养老服务与管理已经成为职业教育中养老服务类专业的主流。相比较而言，这一专业属于养老服务类专业中起步较早、开设院校最多、发展较为成熟的专业。在该专业20余年的发展历程中，其得到了国家和社会的大力支持，各个院校、企业和行业都做了大量工作，取得了一定成绩。但是，时至今日，该专业依然面临各种各样的难题，如缺乏系统化的人才培养方案和规范化的课程标准，缺少符合职业院校培养特点的理论和实训教材，师资力量严重不足，学历升级通道有限，校企合作不深等，远远不能达到预期的培养目标，使得培养质量始终处于较低层次。

2.协同联动机制仍需深入探索

从发达国家养老服务业的发展情况来看，尽管各国所采取的政策、措施有差异，但主张的理念是相对一致的，均需要构建一个“政府主导、行业规范、院校育人、市场运作、社会参与”的社会化养老服务体

① 刘茜，杨梦迪，贾盛兰，等.供给侧视角下职业院校养老服务专业人才培养优化路径探析［J］.新疆职业教育研究，2020（4）：20-23.

② 戴凛.一大波新专业来了［EB/OL］.［2024-04-12］. https://baijiahao.baidu.com/s?id=1796089218723910755&wfr=spider&for=pc.

系。[①]近年来，我国密集出台了一系列政策，行业学会、协会陆续制定标准和规范，院校不断探索人才培养模式，相关企业持续深化校企合作，这些举措有效助推了我国养老产业的飞速成长。但是，就现状而言，政行校企四方协同联动的体制机制仍未完全成型。协同联动存在浮于表面、不深不细、不协调不同步的问题，导致人才培养困难重重，严重制约了我国养老服务业的发展。因此，协同联动、稳健运行、健康发展的产教融合体制机制急需各方共同加以完善。以校企合作为例，当前，仍有不少地方面临“学校热、企业冷”的尴尬局面。一方面，很多企业仍认为教育的责任在学校，参与程度不深；另一方面，由于政策扶持力度等显性效果不明显，企业参与的热情也不高。

3.职业化体系研究实践不够充分

近年来，各级政府和行业学会、协会陆续制定了不少规范、标准，有力推动了养老服务行业职业化水平的提高。如人社部、民政部联合颁布实施的《养老护理员国家职业技能标准（2019年版）》，为人才培养的职业化规范管理提供了理论依据。但由于对职业化的管理制度、课程体系、人才评价机制和文化氛围建设等方面的研究和实践较少，我国的养老服务业整体职业化程度相对于养老产业发展较为成熟的国家而言，仍处在较低层次，这制约了我国养老服务业整体的高水平发展。[②]以养老服务短期培训为例，不少机构的培训资质和水平不高，直接导致从业人员的职业素养参差不齐，影响了行业的社会价值认知和人员的职业待遇及发展。

第二节　一体化职教培养体系构建概述

“十四五”开局之年召开的全国职教大会进一步指明了全面建设社会主义现代化国家新征程中我国职业教育的发展道路。加快建立“中高本”衔接贯通的现代职业教育体系，寻找有效的人才培养模式和路径，推进“中高本”一体化人才培养模式，已经成为“中高本”院校的共识

① 冯志华.供给侧视角下养老服务人才培养浅析［J］.黑河学院学报，2018（5）：51-53.

② 刘茜，杨梦迪，贾盛兰，等.供给侧视角下职业院校养老服务专业人才培养优化路径探析［J］.新疆职业教育研究，2020（4）：20-23.

及社会关注的热点。[①]

一、一体化人才培养模式的发展历程和研究现状

世界各国在对“中高本”一体化人才培养模式的探索和实践过程中逐渐达成了终身教育的共识。最初的“中高本”衔接只是实现简单的“学历嫁接”。时至今日，基于现实的需要，“中高本”衔接已经有了明确的终极目标，即构建以终身教育为特色，互相贯通、有机衔接融合的统一、开放、灵活的现代职业教育体系。[②]

中职教育、高职教育与本科一体化培养是推进应用技术技能人才培养发展的必然要求。英国从20世纪中后期就逐步建立了职业教育资质与普通本科文凭等值制度，将中职、高职与本科教育纳入统一培养要求中，课程的设置由国家职业考核部门与中职、高职院校共同制定，实现中职、高职课程学分与本科教育阶段学分等值，保证学生所修读的课程的衔接性。德国职业教育以“双元制”为基础，实施螺旋式循环上升的学制体系衔接，在课程上实行“阶梯式”综合性职业课程的中职、高职衔接模式[③]，教学过程中重视基础教育和能力培养，为学生多渠道就业和申请本科学习创造机会。日本在制订“中高本”一体化的人才培养方案时，以终身教育为基础，寻求职业教育与本科教育的结合点，注重职业类课程与高等院校课程的衔接性，强化职业资格证书的考核，将职业资格证书作为学生升入高等职业专门学校学习的重要考核指标。

我国的“中高本”教育经过十几年的发展与探索，已经逐步建立起本专科相衔接的人才培养体系。目前，主要有“3+2”模式（大专三年、本科两年）、“3+4”模式（中专3年、本科四年），以及技校转高职等类型。升学类型主要有两类：一类是中职、高职及本科独立办学，中职阶段性学业完成后，高职院校通过考核择优录取；另一类是中职、高职及本科一体化培养，即普通本科院校与中专学校联合招生，学生在中专学校修读几年后，学校对其进行考核，达到合格标准，便可被录取到

① 张根友.应用型院校中职、高职、本科一体化人才培养模式探索［J］.教育观察，2017（12）：11-12.

② 何万能.中高职衔接的现状及问题探讨［J］.教师，2014（11）：18-19.

③ 董绿英.国外主要发达国家与我国中、高职衔接模式比较［J］.柳州职业技术学院学报，2004（9）：44-48.

本科院校的相关专业进行学习，毕业后颁发本科院校文凭。[①]

二、一体化职教培养体系的内涵和价值意蕴

明确一体化职教培养体系的内涵和价值意蕴，才能加快建立“中高本”衔接贯通的一体化现代职业教育培养体系，提高人才培养的实效性。

1.一体化职业教育培养体系的内涵

一体化职业教育培养体系的本质是应用型人才培养体系。与学术型人才不同，应用型人才的成长具有其独特之处，如强调操作技能熟练的阶段性、理论与实践的一体化，以及对真实工作情境的体悟和对非良构情境问题的解决能力。应用型人才的培养需要理论支撑，更需要以实践教学为纽带，将理论整合进实践问题的解决过程中。实践问题解决能力的培养是一个系统性的过程，需要基于应用型人才的目标特征进行顶层设计，契合不同阶段学生的身心发展特点，系统规划不同阶段的学习内容、学习方式和学习场景，从而让学生能够沿着应用型人才成长的轨道，系统性地积累知识、训练技能，培养适应工作情境的能力和素养。要实现这一目标，必须在中职、高职和本科职业教育之间形成一体化的设计思维、传承机制和发展模式，改变各层次职业教育相互割裂的发展现状，或“中高本”之间停留在组织层面的表面贯通的局面，将一体化深入人才培养的基本环节和基础要素之中。

在过去若干年里，我们曾尝试通过学制层面的贯通构建贯通式的人才培养体系，实现人才培养的一体化设计，如各省市试点开展的中高贯通、中本贯通等贯通类人才培养模式。这些贯通模式试图在课程体系、教学内容、学习环境等方面实现衔接，在一定程度上体现了人才培养的系统化理念。但是，这些贯通模式仍然存在很多问题。例如，贯通仍然停留在组织或框架层面，未在内容、标准等更深层次上实现贯通；尽管有了所谓一体化课程体系的设计，但是课程贯通的效果不理想，或者仅仅是课程体系形式上的贯通，并没有在能力培养的过程中实现贯通。此

---

① 刘育锋.中高职课程衔接：依据、制度和方法［J］. 江苏教育，2012（12）：21-22.

外，贯通的效果缺乏有效评价，目前尚无科学的方法对贯通培养人才的就业质量和生涯发展开展历史研究和比较研究，也没有发挥贯通培养在提升各级各类职业教育人才培养质量方面的重要作用。相反，由于贯通的本科学校主要是应用型高校，其人才培养逻辑仍以知识为出发点，培养过程主要采取的是学术教育的模式，因此通过中本贯通、高本贯通进入本科院校学习的学生，往往不太适应本科院校的学习要求，尤其是在高等数学、英语等科目的学习上难以达到规定的标准，这就导致通过贯通构建人才培养体系的目标无法达成，贯通仅仅成为职业学校解决学生升学问题的工具。因此，一体化的职业教育人才培养必须站得更高、走得更远、想得更全，应在现代职业教育体系尤其是在职业本科教育办学取得突破的大背景下，重构一体化人才培养体系的样态与内容。①

2.一体化职业教育培养体系的价值意蕴

一体化职业教育培养体系的价值意蕴主要体现在以下几个方面：

（1）构建现代职业教育体系的必要条件。一体化职业教育培养体系的建立是完善现代职业教育体系的重要内容。现代职业教育体系是适应地方经济社会发展，满足人民群众多样化的职业教育需求，中职、专科、本科和研究生有机衔接的一种教育体系。②职业教育、普通教育、继续教育相互沟通的现代职业教育系统，涵盖中等职业教育、专科层次职业教育、本科层次职业教育和研究生层次职业教育。

一体化职业教育作为现代职业教育体系构建的主要载体，以课程衔接体系为重点，旨在推动职业教育的高质量发展。一体化职业教育强调以立德树人为目标定位，以能力开发为逻辑主线，以课程体系为重要载体，以评价反馈为关键动力，切实增强人才培养的针对性、系统性和多样化。一体化职业教育通过打通从中职、专科、本科到研究生的上升通道，打破了中职或高职就是成才“断头路”的旧有局面，为进一步创新现代职业教育体系奠定了坚实基础。

随着我国职业教育发展步入快车道，单一层次的职业教育体系已经

---

① 刘克勇.一体化职业教育培养体系的内涵与构建策略［J］. 职教通讯，2021（5）：3-4.

② 郭稳涛，肖志芳.高职本科教育的内涵特征与发展途径［J］. 教育与职业，2016（15）：16-19.

无法适应经济发展方式转变、现代产业体系建设和人的全面发展的要求，多层次职业教育体系成为培养现代职业教育人才的关键。因此，推动一体化职业教育发展、统筹协调各层级职业教育有效衔接，是现代职业教育体系建成的必然要求。

（2）培育工匠人才的关键环节。人才是强国之本、圆梦之基。新一轮的科技革命和产业变革的兴起，需要更多技术技能人才作为支撑。职业教育作为实施科教兴国战略以及人才强国战略不可或缺的重要部分，是为我国现代科技发展培养技术技能人才的中坚力量。因此，发展现代职业教育，是培养现代新型人才的必经之路。

智能时代的到来，使知识、技术和经验更加多元化和复杂化。[①]知识结构的交叉和重构使得简单的职业教育层次已经无法满足现代新型人才培养的需求，亟待构建更加多样化的办学体系。而“中高本硕”职业教育一体化人才培养体系的建立，为现代新型人才成长搭建了“立交桥”。“中高本硕”职业教育一体化通过建立多层次的职业教育体系来呈现知识的多元形式，将知识脉络串联，使学生灵活运用知识，加强对知识的重组运用。因此，“中高本硕”职业教育一体化培养是畅通人才成长渠道的关键。

（3）缓解中考分流压力和教育焦虑的内在要求。职业教育是教育体系的重要组成部分，与普通教育是两种不同的教育类型。长期以来，人们对职业教育一直有一种刻板印象，认为职业教育是“低人一等”的教育，大多数家长不愿意让自己的孩子上职业学校，这就导致了高考“千军万马过独木桥”的问题。而一体化职业教育培养体系真正实现了职业教育的纵向贯通，增强了职业教育的吸引力，既能改变人们对职业教育的刻板印象，又能有效缓解中考分流压力和“教育焦虑”。

随着职业教育改革的深入，国家不断推出各种政策。一体化职业教育培养体系的建立，通过打通职校生的升学通道，满足更多职校生接受高层次教育的需求，让更多的学生和家长认可职业教育，选择职业教

① 王一涛，路晓丽．“中高本硕”衔接的理论溯源、实施现状与路径优化——基于类型教育的视角［J］．教育发展研究，2021（3）：60-67.

育，从而形成职业教育和普通教育协调发展的良好局面。[①]

（4）经济全球化、终身化教育和实现人的协调发展的需要。首先，经济全球化需要构建一体化职业教育培养体系。经济全球化推动国际分工进一步细化，带来新一轮的科技创新和产业革命，国内各行各业都在发挥自身优势，研发新产品，提高竞争力。高职教育作为我国中高等教育的重要组成部分，要积极响应经济全球化的要求，积极面对经济全球化对我国高等职业教育提出的新挑战。如“3+2”“3+4”“4+0”等“中高本”一体化人才培养模式，在人才定位、个性发展、培养模式及价值取向等方面进行深入的探讨和研究，在交互培养、课程衔接、职业资格证书及学历互认等方面加强区域和国际合作；要根据经济全球化和我国高等职业教育发展的要求，适时调整和优化教育资源，为培养国际化的技术技能型人才提供开放和优越的育人环境。其次，终身化教育需要构建一体化职业教育培养体系。终身化教育是人所受不同教育的综合，只有不间断地学习，更新知识观念，才能做到终身就业。中职、高职、本科教育作为终身化教育的重要组成部分，在人的教育发展过程中起着非常重要的作用，是提供知识和技能的最好方式和手段。职业院校要根据终身化教育发展趋势的要求，制定灵活的终身职业教育政策，培养学生的理论学习能力、动手实践能力和社会适应能力，从而促进学生知识体系的系统化和技能化。最后，实现人的协调发展需要构建一体化职业教育培养体系。人的根本属性是建立在认知基础上的创造性。教育通过传授知识、传承文明提升人的生存能力和人文素养，实现人的协调发展。“中高本”教育的根本使命是培养具有实践能力、创新意识、人文精神的应用型和技术技能型人才，而人性化的教育比较注重学生的人文精神，需要教师在传播广博的文化知识的过程中，体现对人性的尊重、关怀。这就要求教师在教育过程中，要通过多种途径营造高雅的文化氛围，使学生先由内而外，再由外而内，双向受到影响和熏陶，成为一个有人文素养的人。一个人有人文素养才能适应整个社会环境，成为一个社会化的人。因此，在我国经济正由粗放发展向集约型、科学型发展的

① 单怡，孙凤芝，吕志琼．“中高本硕”职业教育一体化：逻辑机理与优化路径［J］．中国成人教育，2021（21）：14-19．

这一重要时期，“中高本”在人才培养模式转型升级过程中，要把专业教育和人性化培养紧密结合起来，将以人为本的教育理念贯穿始终。①

三、一体化职业教育人才培养体系的核心要素

当前，一体化职业教育人才培养体系构建的重心已经发生转移，即从组织建制层面转移到人才培养层面。这需要围绕一体化人才培养目标，对能力开发、课程体系、评价制度等进行一体化设计。“中高本”职业教育一体化人才培养体系的核心要素可概括如下：

1.立德树人是一体化职业教育人才培养体系构建的根本任务

在“纵向贯通、横向融通”的现代职业教育体系框架基本建立的大背景下，未来体系的现代化将逐步由组织层面的体系化向人才培养内涵的体系化迈进，这是职业教育高质量发展对人才培养体系建设提出的本质要求。②区别于高水平学术型人才，高素质技术技能人才具有独特的人才培养规格，具体表现为：既要具有熟练的技能，也要具备较高的理论水平，还要具备一定的复杂问题解决能力。这就要求在高素质技术技能人才培养的过程中，兼顾理论教学与实践教学，并以项目为载体对二者进行有机融合。高素质技术技能人才所具备的这种复杂职业能力的培养，不仅是一个漫长的过程，更是一个系统性的过程。在此过程中，需要紧扣高素质技术技能人才的培养目标进行一体化设计，并结合不同阶段学生成长与学习的特点，系统规划学习内容、学习方式及学习场景等。其最终目标在于回应立德树人的人才培养要求，打造一体化的高素质技术技能人才成长轨道，让学生在具有相似培养模式的轨道上持续积累知识与技能等。这一目标的实现，在很大程度上依赖中职、高职、职业本科在人才培养层面的一体化程度，要改变过去很长一段时间各层次职业教育缺乏衔接、独立发展的尴尬局面，并立足高素质技术技能人才培养需求，将一体化理念融入基本办学要素和人才培养的各个环节中。

---

① 张根友.应用型院校中职、高职、本科一体化人才培养模式探索［J］.教育观察，2017（12）：11-12.

② 刘克勇.一体化职业教育培养体系的内涵与构建策略［J］.职教通讯，2021（5）：3-4.

2.能力开发是一体化职业教育人才培养体系构建的逻辑主线

作为一种跨界教育，职业教育跨越了企业与学校，跨越了工作与学习，一句话，它跨越了职业与教育的疆域，因此，职业教育不能只在“围城”中办学。[①]作为与产业发展存在密切联系、以培养技术技能人才为目标的教育类型，职业教育各层次间的区别主要在于其对应的岗位类型有一定的差异。众所周知，能力成长是一个连续性的过程，一体化培养的关键就在于能力成长的一体化，要以能力成长为主线，一体化构建具有更强衔接性的职业教育人才培养体系。具体来说，中职、高职和职业本科培养的人才能力差别主要体现在熟练度与复杂性两个方面，需要对不同层次职业教育人才的职业能力结构进行一体化开发。对此，需要充分发挥国家和省级教育行政部门与人社部门的力量，统筹优势资源，优化体制机制，推动两大部门协作开发职业能力标准与职业教育专业教学标准等。同时，在两大部门的协作下，对产业内不同层次、不同内容的岗位职业能力进行系统分类，最终形成具有开放共享、实时更新特征的职业能力模块库。在针对职业能力进行分析的基础上，教育行政部门要依据能力分析结果，对中职、高职、职业本科的专业教学标准进行一体化设计，进而为实现课程层面的真正一体化提供条件。

3.课程体系是一体化职业教育人才培养体系构建的重要载体

没有一体化的课程体系，很难实现一体化职业教育人才培养体系的构建，甚至会影响到现代职业教育体系的构建。有学者以中高职衔接为例指出，中高职衔接的具体内容要在同一专业范围内实现课程内容的区分与相关，而其核心目标指向的是我国现代职业教育体系建设。[②]从一体化职业教育人才培养体系的整体布局来看，能力成长的一体化仅仅完成了从工作体系向教育体系过渡的第一个环节，一体化人才培养的实现还需要依托课程体系这一重要载体。教育部最新修订并颁布的《职业教育专业目录（2021年）》已在专业设置层面充分体现了一体化的理念，但从专业设置的一体化到课程内容的一体化还有很长的一段路要走。所谓中职、高职和职业本科一体化的职业教育课程体系，应该以相对一致

---

① 姜大源.当代世界职业教育发展趋势研究［M］.北京：电子工业出版社，2013：197.
② 徐国庆，石伟平.中高职衔接的课程论研究［J］.教育研究，2012（5）：69-78.

的工作任务与职业能力分析结果为依据，同时基于一体化设计的专业教学标准选择合适的课程内容。具体而言，在进行中职、高职和职业本科一体化职业教育课程体系设计时，需要统筹考虑不同阶段内容的丰富度、难易度、衔接点和命名法则等。这种一体化的职业教育课程，并不以牺牲职业院校的办学特色为代价。职业院校可以基于一体化课程体系的基本框架，围绕一体化人才培养目标，进行校本课程的探索与开发，尤其是可以发动当地行业企业的力量，开发具有地方特色、区域特色的校本课程。除此之外，还可以开发一些符合本校实际情况的校本教材。

4.评价反馈是一体化职业教育人才培养体系构建的关键动力

在一体化职业教育人才培养体系构建的过程中，评价往往发挥着重要的指挥棒作用。如果说能力成长的一体化、课程体系的一体化可以为一体化人才培养提供依据，那么评价制度的一体化则可以为体系的构建提供关键动力。唯有如此，中职、高职和职业本科才能形成人才培养质量控制的闭环系统，并充分发挥指挥棒的正面作用。具体而言，可以"职教高考"制度改革为重要抓手。"职教高考"不能简单地理解为职业教育的高考这一特定时间节点的考试活动，而是包括中职学业水平考试制度、高等职业教育招生考试制度、职业高等学校教学管理"三独立"（独立编制、独立教学、独立评价）制度在内的完整的"职教高考"制度。建立"职教高考"制度的目的在于为技术技能人才提供向上发展的重要通道，打破长期以来职业教育发展"断头路"的尴尬局面。在成熟的"职教高考"制度导向下，中职、高职和职业本科之间会自动形成传导机制，更高层次的职业教育人才选拔方式会对低层次职业教育的人才培养方式产生影响。展望未来，职业教育评价制度改革应该以招生考试制度改革为重要突破口，不断提升"职教高考"内容设计的合理性与科学性，通过评价制度的改革倒逼各层次职业教育实现人才培养的一体化。①

① 刘克勇.职业教育一体化人才培养体系的构建与运行［J］.中国职业技术教育，2022（7）：5-10.

第三节　智慧健康养老人才一体化职教培养体系构建策略

为了解决智慧健康养老人才供应链端的主要供需矛盾，必须强化智慧健康养老专业体系建设，建立协同联动机制，开展职业化体系研究，构建智慧健康养老人才一体化职教培养体系。这也是完善我国社会养老服务体系、加快推进智慧健康养老产业发展的需要。人是一切事业发展的关键和基础，只有加强智慧健康养老人才培养和培训，才能更好地打造养老服务人才队伍；否则，为老年人提供良好服务就成为一句空话。

一、搭建一体化人才培养平台

当前，我国的职业教育还不能完全满足技术进步和经济社会发展对智慧健康养老技术技能人才的需求，为了构建具有中国特色的职教体系，开展一体化智慧健康养老人才培养是必然路径。要实现“中高本”人才培养目标、学制、专业等众多方面的有机衔接，搭建好一体化的人才培养平台是关键，亦是基础。《国家教育中长期改革和发展规划纲要》明确提出，建立区域内职业教育间的沟通机制。《国家职业教育改革实施方案》也指出，通过示范性职业教育集团（联盟），带动中小企业参与。围绕区域经济社会发展对技术技能人才的需求，组建以示范高职为龙头的职教集团（联盟），正是落实《国家职业教育改革实施方案》的重要举措。高职院校应契合区域经济发展需求，牵头成立智慧健康养老服务与管理专业集群职教联盟，联盟成员可以涵盖区域高职学校、中职学校、大中微型涉老企业。联盟要制定相关章程，对各成员单位的责、权、利给予明确规定，充分发挥组合规模效应，共同优化资源配置，促进资源共享，实现“中高本”学校与行业紧密相关的专业人才培养衔接，为共同制订智慧健康养老人才培养方案、共建课程体系、共享教学资源、共同管理教学过程保驾护航，助力构建具有智慧健康养老行业特色的职教体系，推动联盟各成员单位共同发展和智慧健康养老人才间的良性互动，为“中高本”衔接的智慧健康养老一体化职教人才培养探索与实践以及最终实现中职、高职以及本科集团化办学搭建宽广平台。[①]

二、制订一体化人才培养方案

制订智慧健康养老服务与管理专业“中高本”一体化人才培养方案，要从以下三方面着手：

1.明确以职业能力为导向的一体化人才培养目标与规格

就培养目标而言，高职阶段和本科阶段的智慧健康养老人才培养目标要统一，要凸显职业性，要以培养本科层次的应用型人才为主。就培养规格而言，要根据智慧健康养老人才培养总目标和各阶段的具体定位，从道德、文化和技术技能素质方面入手。就技术技能素质来说，要以智慧健康养老职业能力为标准，掌握智慧健康养老职业能力的基础知识、基本理论、基本方法和基本技能，了解智慧健康养老职业发展动态，具有扎实的满足智慧健康养老职业岗位所需的理论基础和职业技术技能。

2.强化通识教育，建立“平台+模块”课程框架

智慧健康养老人才培养的通识教育平台要以增强道德与价值判断能力、人际沟通与表达能力、自主学习与可持续发展能力为目标来搭建，要避免在一体化教学过程中使学生重复学习；智慧健康养老人才培养的学科教育平台应体现专业学习的基础性、支撑性和有效性；智慧健康养老人才培养的专业教育平台课程设置要突出应用性、方向性和衔接性，着力体现专业特色。

3.优化学分框架，实行弹性学制

要鼓励智慧健康养老服务与管理专业的学生根据职业生涯的发展需要适时灵活地安排学业与创业；提高实验、实习环节的学分比例，强化学生的实践能力培养；提高选修学分比例，打通学分校企间置换通道，构建多渠道学业路径，满足学生的个性化发展需求。[②]

---

① 姚波.“一平台、四共同”中高职一体化人才培养模式探索与实践［J］. 教育科学论坛，2020（7）：53-56.

② 张根友.应用型院校中职、高职、本科一体化人才培养模式探索［J］. 教育观察，2017（12）：11-12.

三、强化一体化课程体系建设

一体化课程体系是实现“中高本”有机衔接的核心和落脚点；应从课程体系衔接的供给侧方面对“中高本”协同育人目标和规格进行科学定位，以职业能力为本位，确定“中高本”衔接课程体系，优化教育资源配置，避免中、高职课程内容的重复，真正实现课程标准和课程教学内容衔接的连续性、逻辑性和整合性，确保教学重点、课程内容、能力结构以及评价标准的有机衔接和贯通，搭建人才成长的“立交桥”。根据岗位需求，共同构建以智慧健康养老职业能力为本位的“中高本”一体化课程体系，将智慧健康养老专业的学生综合职业素质培养和职业能力认知规律有机整合，把衔接课程植入“中高本”衔接课程体系中。“中高本”衔接的智慧健康养老一体化课程体系由公共基础课程、职业基础课程、职业技能课程和“1+X证书”对应课程四个模块组成。①

“中高本”各个层次的职业院校要依照对口专业设置课程，在科学定位中高职人才贯通培养目标和培养规格的基础上，以综合职业能力的层次化培养为指向，遵循“专业对口、课程对应、内容区分、由浅入深”的原则一体化设计“中高本”相互衔接、循序渐进的课程体系，充分体现课程结构和内容的类型定位。不同层次的职业院校要共同探索课程一体化设计，把握公共基础课程、专业基础课程、专业核心课程、专业实践课程等的比重以及考核目标与课程标准，设计具有针对性的职业素养学习课程模块；组织教师根据学生的培养目标和成长规律特点来编写教材，重新编排课程内容。②

四、共建数字化教学资源平台

高职学校应联合中职学校、行业企业共同打造精品在线开放课程，将各种资源充分用于课程教育，将数字化平台对衔接班学生开放；实施线上线下混合式教学模式，激发学生学习的主观能动性，同时让专业教

① 姚波．“一平台、四共同”中高职一体化人才培养模式探索与实践［J］．教育科学论坛，2020（7）：53-56．

② 单怡，孙凤芝，吕志琼．“中高本硕”职业教育一体化：逻辑机理与优化路径［J］．中国成人教育，2021（21）：14-19．

师有更多的时间提升业务能力，有更多的精力参与对衔接班的管理；开发数字化教学资源，发布、共享和管理系统，包括网上学习、在线辅导、考试评价、证书考核等学习支持服务系统和资源获取、教研交流、进修提高等教学支持服务系统，为“中高本”衔接提供优质的教育资源。

充分发挥职业教育本、专科院校智慧健康养老相关专业的学科、技术优势，与各数字资源平台合作，连同中职学校共同开发建设优质智慧健康养老数字化教学资源。同时，加强智慧健康养老数字化教学资源的实践应用，向中高本衔接班开放，采取线上线下混合式教学模式，采用项目化教学方法，优化教学设计，科学组织课程内容，打通学生信息反馈通道，根据反映的问题、建议，持续完善资源，确保教学资源的质量和水平；深化教学改革，真正做到资源共享、课堂共管，有效解决中职学校的资源匮乏难题。①

五、构建一体化质量监控体系

构建“中高本”一体化质量监控体系要建立教育实施过程管理与教学质量监控体系。中职学校、高职院校和本科院校要密切配合，联合成立教学督导组，全面统筹，精心设计，构建统一的多元化综合评价体系。根据学校自身的特点，将智慧健康养老各专业人才培养方案、课程设置、课程评价等一系列工作纳入监控范围，采用不定期抽查等方式，对教学过程与考核情况进行随机抽查和分析，发现问题及时督促整改，确保智慧健康养老“中高本”一体化人才培养质量。②

第四节　完善智慧健康养老人才供给的路径选择

随着我国老龄化程度的不断加深，新时代背景下养老服务需求的专业化、多样化、个性化趋势日益明显。但我国养老服务人才缺口大，且

① 姚波.“一平台、四共同”中高职一体化人才培养模式探索与实践［J］. 教育科学论坛，2020（7）：53-56.

② 张根友.应用型院校中职、高职、本科一体化人才培养模式探索［J］. 教育观察，2017（12）：11-12.

存在专业化水平低、年龄和性别结构比例失调、学历水平低、高级管理人才匮乏、社会力量缺乏参与积极性等问题。为此，应借鉴日本、美国、德国等国家养老服务专业人才培养模式、教育内容、办学形式、法律、法规和政策等方面的经验，在优化养老服务人才供给顶层设计、产学研一体化、保障养老服务人才权益、鼓励社会力量进入养老服务业等对策的基础上，建立健全养老服务人才的能力培养、薪资待遇、晋升渠道、评价激励等供给机制，打造一支敬业奉献、技艺精湛、素质优良、规模宏大、结构合理的养老服务人才队伍，为新时代背景下养老服务业快速发展奠定坚实的人才基础。我国有着特殊的国情和民情，"未富先老"背景下，我国智慧健康养老人才供给路径需结合时代背景进行完善。

一、加强顶层设计，优化人才供给

完善的顶层设计是保障我国智慧健康养老人才供给的基础。政府应积极协调有关部门共同研究、出台智慧健康养老人才的培养、教育、就业、社会保障政策，完善细化智慧健康养老人才培养、评价、使用、激励的顶层设计。①

一是应加大智慧健康养老人才供给政策扶持力度，从国家立法层面针对人才供给制定操作性强、清晰明确的法律条例，做到有法可依。从人才培养源头入手，制定切实可行的智慧健康养老人才招生和培养政策。可参考国外的相关经验：如日本政府出台了《社会福利士及看护福利士法》(1987) 等一系列法律，并根据人口老龄化及社会发展状况不断进行修改和调整，切实保障了养老服务行业从业人员的权益，如制定助学贷款以及免还款制度、从业资格证体系。国内经验可参照我国教育力量缺乏时的师范生招生和培养政策，即采取降低高考录取分数线、提供高额助学补贴等激励政策，吸引人才进入智慧健康养老服务业。

二是应明确智慧健康养老人才供给目标。智慧健康养老人才匮乏的严重性已引起社会各界重视，但智慧健康养老人才的供给目标并不明

① 王君岚.我国养老护理服务人才培养问题研究［D］. 济南：山东师范大学，2019：10.

晰。智慧健康养老人才供给目标应该强调层级、专业、领域，养老服务业的有序发展需要全方位、多层次、跨领域的智慧健康养老人才支撑，而不是一味地供给“综合型”智慧健康养老人才。“综合型”智慧健康养老人才可能会降低专业性，使其就业方向模糊、就业能力不足，所以应从根本上对智慧健康养老人才按服务层次、产业链、服务模式等进行分层、分类定位，形成就业分流，进一步明确智慧健康养老人才供给目标。一般地，按智慧健康养老服务层次划分，智慧健康养老人才供给目标可分为智慧健康养老管理人员、智慧健康养老专业技术人才和智慧健康养老非专业人才；按智慧健康养老产业链划分，智慧健康养老人才供给目标可分为智慧健康养老研发人员、智慧健康养老经营人员和智慧健康养老市场人员；按智慧健康养老服务模式划分，智慧健康养老人才供给目标可分为智慧健康养老机构服务团队和社会工作者。

二、产学研一体化，实施供给战略

我国智慧健康养老人才供给存在素质偏低且多为一线护理员、智慧健康养老服务行业缺失后备中坚力量、智慧健康养老人才的培养浮于表面等问题，急需建立完善、系统的智慧健康养老人才供给体系。这需要政府、社会、高校三方通力合作，使教学、科研、培训、上岗融为一体，打造“产学研”三位一体的现代智慧健康养老人才供给模式。[①]智慧健康养老人才“产学研一体化”供给战略是将智慧健康养老产业、智慧健康养老服务教学、智慧健康养老科研三者结合在一起的发展规划[②]，旨在解决基于老龄产业需求和专业人才个人价值实现的人才培养问题。

在智慧健康养老人才“产学研一体化”供给战略中，政府应发挥引导作用，重点提供政策保障，根据市场需求制定具有可操作性的政策，以政策支持智慧健康养老人才队伍建设，加强智慧健康养老专业人才培养，增强养老服务的职业吸引力，提升智慧健康养老人才的专业素质。

① 闫志俊.“产教融合”视角下现代养老服务产业人才培养改革探索［J］. 长沙民政职业技术学院学报，2016（2）：88-91.

② 隋国辉，蔡山彤.养老服务专业产学研一体化人才培养模式探索：基于老龄产业需求和个人价值实现的研究［J］. 老龄科学研究，2015（12）：11-20.

企业应发挥管理职责，根据智慧健康养老产业现有人才素质缺失类型，明确人才培养目标，从人才供给末端反映实际问题。政府和企业应充分合作，利用智慧健康养老企业的人才管理经验、技术优势，对智慧健康养老人才进行管理和继续教育，使政策成果落地实施；充分利用各自的优势，政策与社会资源双管齐下，理论与实践相结合，使智慧健康养老人才在实践中找到目标方向以及自身的不足，形成个人价值与社会价值的统一。高校应贡献科研力量，在接受政府资金的同时，应通过成立智慧健康养老服务与管理专业研究团队等形式，探索智慧健康养老专业人才供给模式，制定智慧健康养老人才评定资格机制，研发核心课程，引领学科前沿；基于智慧健康养老服务需求制订分层培训与分类培训、长期教育与短期培训相结合的全面综合的智慧健康养老人才培养方案[①]，并对智慧健康养老人才服务进行层级划分，对现有智慧健康养老人才进行规范化管理和评定，提升智慧健康养老人才的专业素质。

三、保障人才权益，提高其社会地位

智慧健康养老人才的社会地位低下、工资待遇低、不受人尊重是客观事实。面对这样的情况，需多措并举，保障我国智慧健康养老人才的权益，提高其社会地位。

1.建立人才积分评定机制，吸引高素质智慧健康养老人才

为优化智慧健康养老人才供给结构，应采用智慧健康养老人才积分评定机制，打造“贡献-职称-学历”三位一体的评价体系以及多元化工资分配模式，做到一流业绩、一流人才、一流报酬，其中贡献在积分中占50%的比例，职称占30%的比例，学历则占20%的比例。在贡献层面，通过贡献（专利、技术、科研）作价入股、转让收入提成、转化利润分成等形式增加高素质智慧健康养老人才的收入。在职称层面，鼓励智慧健康养老人才积极更新知识体系，不断获取更高的职称，提高服务专业素养。在学历层面，促进智慧健康养老人才队伍整体学历水平、知识水平的提升。可以设定考核评价指标并将其具体化，打造收入与贡

① 李红武.养老服务专业人才培养的现状及对策分析［J］.老龄科学研究，2014（7）：53-60.

献、职称、学历紧密关联的体系，充分调动高素质智慧健康养老人才的积极性。

2.提高薪酬待遇，注入年轻新鲜血液

智慧健康养老产业应稳步提升智慧健康养老人才薪酬水平，使其收入和付出成正比。为吸引高校毕业生，应建立完善的大学生入职补贴和年度补贴制度；对于进入养老机构、社区从事智慧健康养老服务与管理工作的高校毕业生，应按其学历和智慧健康养老服务的专业程度，提高其一次性入职补贴标准并分年发放年度补贴。

3.畅通养老服务行业职位晋升通道

要畅通养老服务行业职位晋升通道，必须制定严格有效的职称评定机制和服务对象评价系统，做好智慧健康养老人才的职业生涯规划。对于在临终关怀、失能和失智老人照顾等特殊岗位工作的智慧健康养老人才，要建立专门的贡献评估机制，适当提高其待遇水平，并进行定期的心理疏导和精神慰藉。明确事故责任承担方式，降低智慧健康养老人才所承担的风险，维护智慧健康养老人才的基本权益。

四、社会力量参与，加大供给力度

智慧健康养老人才供给中的各项工作不是相互独立的，而是有着相互联系的统一整体，不仅需要依靠政府的力量，还需要社会各界力量的参与，共同实现智慧健康养老人才供给主体多元化的目标。政府要发挥在智慧健康养老人才供给工作中的主导作用，但社会力量的贡献度也不应忽视。社会力量可利用管理、技术优势，参与培养管理、技术、研发、营销、服务等各层级的专业智慧健康养老人才。一方面，可筹集社会资金建设培训硬件设施齐备、教学管理能力较强和培养业绩良好的智慧健康养老人才培训基地，还可聘用职业经理人对养老服务机构的管理人才进行管理方法、技能方面的培训。另一方面，可从各种类型老年人的实际情况出发，依据不同自理程度、不同经济状况的老年人的养老服务需求，广泛招收社会上的专业智慧健康养老人才；同时，应通过时间储蓄机制发展更多的能够兼职从事养老服务工作的群体，通过“时间储蓄卡”记录社会志愿者公益服务的时长，自己及直系亲属年老后可享受同等时长的服务[①]。这适用于已退休但仍身体健康、有工作能力的低龄老人、全职妈妈。各方面力量的汇聚，必定能够迅速壮大我国智慧健康养老人才队伍。[②]

重点问题探讨：智慧健康养老职业素养培育

随着社会的不断进步和人口老龄化趋势的逐渐显现，智慧健康养老服务与管理专业应运而生。它旨在培养具备养老服务领域专业素养和职业素养的学生，以满足养老服务行业不断增长的需求。学者黄楹对此进行了研究，重点探讨了智慧健康养老职业素养的构成要素和培育路径。

1.智慧健康养老职业素养的构成要素

（1）专业知识与技能。在智慧健康养老服务与管理专业的学习中，学生需要掌握各个方面的专业知识与技能。首先，在管理原理方面，学生必须理解养老机构的组织结构、运营模式以及财务管理等关键要素。这包括学习如何有效地分配资源、管理相关人员和维护养老机构的可持续发展。其次，康复护理技术是不可或缺的一部分，学生需要了解各种康复治疗方法，以帮助老年人康复、维持身体健康和提高生活质量。这可能涵盖康复训练、物理治疗、药物管理等领域的知识。最后，老年心理学是至关重要的，学生需要了解老年人的心理需求，应对老年人的情感问题，以及如何与他们建立支持性和相互理解的关系。这方面的知识将帮助学生更好地了解老年人的内心世界，为其提供人性化服务。

（2）道德品质。智慧健康养老服务与管理专业的学生需要具备良好的道德品质，以确保他们能够胜任这一领域的工作。首先，诚实守信是道德品质的基石。学生需要在工作中保持真诚和诚实，不仅要向老年人提供真实信息，还要诚实地与同级别员工和管理层沟通。其次，责任感是不可或缺的。学生需要认识到他们的工作对老年人的生活和福祉至关

---

① 任志华，高贵如.时间价值银行模式在社区养老中的应用［J］.特区经济，2013（3）：81-82.

② 徐宏，王金，郝涛.新时代背景下我国养老服务人才供给困境与路径选择［J］.齐鲁师范学院学报，2021（4）：62-71；101.

重要，因此，他们需要担负起自己的职责，确保能提供高质量的服务。最后，要尊重老年人的权益。学生需要理解老年人的独立性和尊严，尊重他们的选择和决策，不侵犯他们的权益，保护老年人的隐私。这有助于建立与老年人之间的信任关系，为其提供更好的服务。

（3）沟通与协作能力。在智慧健康养老服务与管理专业中，沟通与协作能力被视为学生必备的核心素养。老年人作为服务的受益者，其需求和期望千差万别，因此，学生需要具备高度敏锐的沟通技巧，以有效地与老年人、他们的家庭成员、医疗团队等各方进行交流。这不仅包括表面上的对话，还需要学生具备倾听和理解老年人需求的能力，能够真正洞察他们的情感和身体状况，以个性化的方式提供服务。清晰地传达信息也是沟通的关键，学生需要将复杂的医疗术语和信息转化为老年人能够理解的语言，确保信息的传递不产生误解。而在多样化的文化和需求背景下，建立互信关系变得尤为重要。学生需要培养跨文化沟通的能力，尊重和理解不同文化背景的老年人，以建立互敬互信的关系。此外，协作能力在养老服务中也至关重要。养老服务通常需要多个专业人士之间的紧密协作，包括医生、护士、社会工作者等。学生要学会有效地协同，共同制订和执行养老服务计划。这需要学生具备团队合作的能力、领导能力和解决冲突的技能，以确保老年人得到全面的关怀和支持。综合而言，较强的沟通与协作能力是养老服务事业成功的基石，使学生能够在多元和复杂的环境中提供高质量的服务。

（4）创新能力。养老服务领域的不断变化和挑战需要学生具备创新思维和问题解决能力。创新不仅指开发新的养老服务模式，还包括寻找解决老年人所面对的问题的新途径。学生需要培养观察、分析和解决问题的能力，以提供更加个性化和有效的养老服务方案。创新还包括对最新养老服务趋势和技术的持续学习和适应。学生需要保持灵活性和开放性的思维，随时准备接受新的知识和技能，以跟上养老服务业的发展步伐。这种不断学习的态度将使学生在未来成为养老服务领域的佼佼者，能够不断改进和提高养老服务的质量。创新能力是养老服务与管理专业中不可或缺的素养，它使学生能够较快地适应变化和应对各种挑战，为老年人提供更好的生活质量和关怀。通过培养创新思维和问题解决能力，学生能够在不断变化的养老服务领域中脱颖而出，为社会健康老龄化提供创新解决方案。

（5）社会责任感。在智慧健康养老服务与管理专业中，培养学生的社会责任感至关重要。学生需要认识到他们所从事的工作不仅仅是一份职业，还是一项重要的社会工作。这一领域的专业人士直接影响着老年人的生活质量和幸福感，因此，他们的工作具有深远的社会影响。具备社会责任感的学生会更积极地关注老年人的需求和权益，他们不仅追求工作上的经济回报，还希望通过自己的努力为社会做出积极的贡献。这包括尊重老年人的权益，维护他们的尊严，提供高质量的服务，以及积极参与社区和社会的养老服务改革和发展。学生应积极参与志愿活动，关心社会养老政策的制定和改进，推动老年人的社会融合以及养老服务事业的进步。社会责任感不仅有益于老年人，还有助于社会的可持续发展。随着人口老龄化趋势的加剧，社会需求不断增长，而具备社会责任感的专业人士将成为满足这些需求的关键力量。他们通过提供高质量的养老服务，帮助社会减轻了养老人口对家庭和社会资源的压力，促进了社会的和谐与稳定。①

2.智慧健康养老职业素养培育的路径

（1）课程设置。这是智慧健康养老服务与管理专业的核心，为学生提供扎实的理论基础和实际操作技能。为了培养具备较强职业素养的学生，学校应设计符合行业需求的课程体系，其中包括以下关键课程：

① 养老机构管理课程。这门课程涵盖了养老机构的组织结构、运营模式、财务管理、人力资源管理等方面的知识。学生将学习如何有效地管理养老机构，确保老年人得到高质量的服务，同时也需要了解养老法律、法规，以确保养老机构合法、合规经营。

② 老年照护课程。老年照护是帮助老年人维持健康和提高生活质量的关键领域。学生需要学习老年生活照护和老年常见病照护的知识和操作方法。通过理论学习和实际操作，学生将掌握老年照护的要领。

③ 老年心理学课程。这门课程关注老年人的心理需求和情感健康。

① 黄楹.智慧健康养老服务与管理专业学生职业素养培育路径探析［J］.现代职业教育，2023（31）：169-172.

学生需要了解老年人的心理特点，学习如何与他们建立支持性和相互理解的关系，以及如何处理老年人可能出现的心理问题，这有助于提供更为综合的养老服务。

④ 健康管理课程。健康管理是养老服务的重要组成部分，学生需要了解老年人的健康需求，包括营养、照护和疾病管理等方面的知识。学生应学习如何制订健康计划，帮助老年人保持身体健康。课程设置应注重理论与实践相结合，通过案例分析、模拟操作、实地考察等方式，帮助学生将所学知识和技能应用到实际工作中。此外，要跟踪行业发展趋势，不断更新课程内容，确保学生毕业时能够满足行业的最新需求。

（2）实践教育。学校积极寻找养老机构或养老服务中心作为合作伙伴，建立长期的合作关系，是确保学生能够在真正的养老服务场所获得实践机会的关键。与养老机构合作需要明确双方的责任和期望，包括学生的参与时间、任务分配、安全措施等方面。学校还应制订详细的实习计划，包括实习的时间安排、实践内容、学习目标和评估标准等。实习计划应该与课程内容相衔接，确保学生能够将理论知识应用到实际工作中。每位学生在实习期间都应分配一个经验丰富的导师或督导，负责指导学生的实践活动。导师应具备较强的教育能力，能够指导学生开展各种养老服务工作，并提供反馈和建议。导师应有助于学生更好地适应实际工作环境，解决遇到的各种问题。此外，学校还应建立定期反馈和评估机制，以监测学生在实践教育中的表现，包括学生的日常工作日志、导师的评估报告、学生的自我评估等。通过这些反馈信息，学校可以及时调整实践教育计划，确保学生的成长和发展。在实践教育之前，学校应为学生提供安全和伦理培训，包括了解老年人的特殊需求，学习如何处理紧急情况，以及遵守伦理准则和法律、法规。安全和伦理培训有助于学生在实践中提供安全和负责任的服务。学生在实践教育结束后应提交实践报告和总结，反映他们在实际养老服务工作中的经历和获得的经验，这有助于学生总结和巩固所学知识，同时也能为学校提供评估学生实践成果的依据。

（3）团队合作与协调能力的培养。在养老服务领域，学生通常需要与多个专业团队协作，包括医生、护士、社工等，因此需要具备团队协作和协调的能力。首先，定期进行模拟演练，即真实情况下的团队协作。这种实践有助于学生了解在协调和合作方面可能出现的挑战，并提前寻找解决方案。其次，学生可以参与团队项目，这些项目旨在让他们合作解决养老服务领域可能会遇到的复杂问题。这些项目包括实际的案例研究，让学生学会如何有效地与不同专业团队成员协作，共同制订和实施综合性养老计划。此外，学生需要培养良好的沟通技巧，包括倾听、表达意见、协商和解决冲突。这对与具有不同背景和专业知识的团队成员进行有效沟通至关重要。最后，领导力培养也是重要的一环，学生应注重培养领导力素养，以在团队中发挥重要作用，引导和协调其他成员的工作。这对确保养老服务工作的顺利进行和老年人的福祉至关重要。通过采用这些方法，学生将更好地在养老服务领域与多个专业团队合作。例如，将学生分成小组，每个小组负责为一名模拟老年人制订综合养老计划。这包括实际案例研究，学生需要分析客户的健康状况、社会需求和财务状况，然后共同制订一个综合计划，涵盖医疗、康复、心理支持等各个方面。在小组内，学生需要不断地进行沟通，包括倾听客户的需求、协调各种建议，并确保每个团队成员都能有效地表达自己的观点。这有助于培养学生良好的沟通技巧，以便与团队成员合作。每个小组都需要选择一名学生担任领导角色，负责协调团队成员的工作，确保计划的顺利执行，这能培养学生在团队中发挥领导作用的能力。通过这种方式，学生将在实践中提升团队合作与协调的技能，不仅能学会如何有效地与不同专业背景的团队成员协作，还能学会如何为老年客户制订全面的养老计划，提升未来从事养老服务与管理工作的职业素养。

（4）伦理与社会责任教育。它在智慧健康养老服务与管理专业中扮演着关键的角色。这一教育的核心目标是培养学生的伦理操守和社会责任感，以确保他们在养老服务领域能够胜任本职工作，为老年人的幸福生活做出积极的贡献。伦理教育强调行业的伦理准则和职业操守，教育学生如何处理伦理和道德难题，包括维护老年人的尊严和权益，保护老年人的隐私，提供公正和平等的服务等，学生需要深刻理解并积极遵守这些准则。通过伦理情景讨论和案例分析，学生可以探讨现实生活中可能出现的伦理问题，分析并做出妥善的决策，增强处理伦理问题的能力。社会责任教育强调学生在养老服务领域的社会使命，学生需要明白他们的工作不仅仅是一份职业，更是为社会和老年人的福祉服务的责任。通过积极参与志愿活动和社会项目，学生可以与老年人建立联系，了解他们的需求，体验社会责任感的满足。这些活动不仅会让学生更加亲近社区和老年人，还能培养他们的社会责任感和关怀精神。

（5）跨学科合作。在智慧健康养老服务与管理专业中，鼓励学生跨学科合作是培养其全面素养和开阔其视野的重要内容。跨学科合作不仅有助于学生深入了解养老服务与管理领域的多个维度，还可以培养其跨界解决问题的能力，提高其综合素养。跨学科合作的方式包括以下几种：①与医学领域的合作。学生可以与医学专业的学生合作，了解老年人的健康需求和医疗服务的相关知识。这有助于他们更好地理解老年人的健康状况，为更全面的养老服务提供支持。②与社会工作专业的合作。社会工作专业与养老服务领域有很大的交叉，学生可以与社会工作专业的同学合作，共同探讨老年人的社会需求、心理问题和支持体系的建设，这有助于学生更好地理解老年人的社会背景和心理状态，提供更贴切的服务。③跨学科课程。学校可以设计跨学科课程，将养老服务与管理领域和其他相关学科相结合。例如，开设跨学科的老年心理学、老年健康管理等课程，让学生获得更全面的知识。④项目合作。学生可以参与跨学科的项目，解决养老服务领域的现实问题。这种合作可以模拟真实的工作环境，培养学生的团队协作和问题解决能力。⑤研究机会。学生可以参与跨学科研究项目，与其他领域的研究人员合作，探讨养老服务领域的前沿问题。这不仅有助于学生深入了解行业的发展趋势，还提供了独特的研究机会。跨学科研究不仅有助于学生获得更广泛的知识，还能培养他们的团队合作和跨界解决问题的能力。这种多维度的教育有助于学生更好地理解养老服务与管理领域的复杂性，为未来的职业生涯做好充分的准备。同时，跨学科研究也有助于促进不同领域的知识交流和创新，推动养老服务业的发展。

（6）职业发展规划。养老服务是一个充满机遇和挑战的行业，不仅要求学生在入行时拥有丰富的专业知识和技能，还要求他们具备持续学习和制定职业发展规划的能力，以不断适应行业发展和老年人需求的变化。首先，学生需要明白，养老服务领域的知识和技术需不断更新，医学研究、科技创新以及社会政策都会对这个领域产生深远的影响。因此，持续学习是职业发展的基石。学生应积极参与与行业相关的研讨会、研究项目和继续教育课程，以保证专业知识的最新和深度。不断学习还可以让他们更好地了解老年人的健康需求和社会需求，提供更有针对性和创新的养老服务。其次，职业认证在养老服务领域也非常重要。学生可以考虑获得相关的职业认证，如养老护理员、健康管理师、社会工作者资格认证等，这些认证可以增强他们在职场上的竞争力，为他们提供高水平的养老服务提供合法资质。最后，学生应该制定明确的职业发展规划，包括设定短期和长期的职业目标，明确个人的兴趣和优势，考虑在不同领域和岗位工作的可能性。职业发展规划还包括对职业晋升和领导岗位的考虑，以及提升管理和领导技能的可能。此外，与导师建立良好的关系也是有益的发展策略，从经验丰富的专业人士那里获得指导和建议，可以加速学生的职业成长。[①]

① 黄楹.智慧健康养老服务与管理专业学生职业素养培育路径探析［J］.现代职业教育，2023（31）：169-172.

参考文献

［1］ 彭青云，张俊玲，洪焕森.我国智慧养老产业政策梳理、应用场景、面临挑战及其对策［J］. 智能社会研究，2023（4）：37-54.

［2］ 黄楹.智慧健康养老服务与管理专业学生职业素养培育路径探析［J］. 现代职业教育，2023（31）：169-172.

［3］ 高琳，张岩松.产业融合视阈下养老产业发展研究［J］. 社会福利（理论版），2022（2）：3-8.

［4］ 张岩松.养老服务业人才创新培养与优化配置研究［M］. 大连：东北财经大学出版社，2021.

［5］ 张岩松，刘爽，刘志敏.养老服务理论与实践［M］. 北京：化学工业出版社，2021.

［6］ 张岩松，侯晓霞.养老服务创新发展研究［M］. 大连：东北财经大学出版社，2021.

［7］ 王杰，董少龙.智慧养老基数及落地应用指南［M］. 北京：电子工业出版社，2021.

［8］ 东方欲晓.智慧养老，国外这样做［J］. 中国商界，2021（10）：46-47.

［9］ 张陈晨，刘加萍，张自强，等.室内定位技术在智慧养老中的应用研究［J］. 信息与电脑（理论版），2021，33（15）：16-18.

［10］ 张博.供给侧视角下社会资本参与智慧健康养老服务供给研究［J］. 兰州学刊，2021（3）：171-184.

［11］ 刘军军.智慧健康养老产业发展的现实困境与路径优化［J］. 中国医疗管理

科学，2021，11（5）：1-5.
[12] 陈大庆，魏晨婧，赵强.发展多元智慧养老的思考［J］. 中国社会工作，2021（2）：38-40.
[13] 黄清峰.新发展阶段我国智慧健康养老产业发展的时代要求与路径选择［J］. 延边党校学报，2021，37（4）：71-76.
[14] 蒋金泰，文玉春，肖喜银，等.我国智慧健康养老发展模式研究——基于上海的典型案例［J］. 产业创新研究，2021（15）：30-34.
[15] 张云平，黄河.智慧养老实践［M］. 北京：人民邮电出版社，2020.
[16] 李健，石晓燕.养老机构经营与管理［M］. 2版.南京：南京大学出版社，2020.
[17] 史青灵.智慧健康养老服务对老年人健康的影响研究——基于成都市金牛区的调查［D］. 成都：西南交通大学，2020.
[18] 龚娜.基于老年人健康需求的智慧健康养老服务平台构建研究［D］. 上海：上海工程技术大学，2020.
[19] 徐志广.区块链技术在智慧健康养老的应用［J］. 科学技术创新，2020（12）：169-170.
[20] 赵宁，张健.国外智慧养老发展模式的经验与启示［J］. 社会科学动态，2020（8）：67-71.
[21] 钱艺倩.基于人工智能的养老机器人功能设计及发展研究［J］. 智能计算机与应用，2020，10（7）：292-293；296.
[22] 韦艳，徐赟.智慧健康养老产业发展的困境与路径——以陕西省为例［J］. 西安财经大学学报，2020，33（3）37-45.
[23] 孙子雯.有效供给视角下智慧健康养老产业发展问题分析［J］. 边疆经济与文化，2020（4）：33-35.
[24] 韦艳，李坤城，徐赟.整体性治理视角下的智慧健康养老产业发展碎片化与路径优化研究［J］. 新西部，2020（1）：52-55.
[25] 雎党臣，刘星辰.人工智能居家养老模式构建［J］. 重庆社会科学，2020（7）：6-19；2.
[26] 施锦芳，吴学艳，隋霄.日本ICT辅助健康养老产业发展研究［J］. 财经问题研究，2020（6）：40-48.
[27] 董红亚.技术和人文双维视角下智慧养老及其发展［J］. 社会政策研究，2019（4）：90-102.
[28] 豆小红.新时期我国智慧养老健康发展研究［J］. 湖南行政学院学报，2019（6）：5-10.
[29] 徐凤亮，王梦媛.国内外智慧养老比较与发展趋势研究［J］. 劳动保障世

界，2019（27）：17-18.

[30] 孙月.重庆市九龙坡区居家养老老年人智慧健康养老服务购买意愿影响因素研究［D］. 重庆：重庆医科大学，2019.

[31] 孙建娥，张志雄."互联网 +"养老服务模式及其发展路径研究［J］. 湖南师范大学社会科学学报，2019，48（3）：46-53.

[32] 邓术芬.智慧养老院人员定位系统研制［D］. 成都：电子科技大学，2019.

[33] 睢党臣，曹献雨.人工智能养老的内涵、现状与实现路径［J］. 新疆师范大学学报（哲学社会科学版），2019，40（2）：111-119；2.

[34] 王月娟，杨丽娜，李木子.浅谈可穿戴设备引入养老领域的设计需求［J］. 中国卫生产业，2019，16（15）：180-182.

[35] 刘芳，雷雨.养老服务机构人员培训与指导［M］. 北京：中国劳动社会保障出版社，2019.

[36] 黄岩松，谭秋玉.养老服务机构院长实务培训［M］. 北京：高等教育出版社，2019.

[37] 左美云.智慧养老内涵与模式［M］. 北京：清华大学出版社，2018.

[38] 谢虔.国外智慧养老的经验与启示［J］. 北京经济管理职业学院学报，2018，33（3）：3-7.

[39] 张博，韩俊江.人口老龄化背景下发展智慧养老产业研究［J］. 云南民族大学学报（哲学社会科学版），2018（4）：125-128.

[40] 郭源生.智慧医疗与健康养老［M］. 北京：中国科学技术出版社，2017.

[41] 张思锋，张泽滈.中国养老服务机器人的市场需求与产业发展［J］. 西安交通大学学报（社会科学版），2017，37（5）：49-58.

[42] 任彦，李秉新，冯雪珺.智慧养老悄然来临［N］. 人民日报，2017-05-26.

[43] 张岩松，等.老龄产业发展对策研究［M］. 北京：清华大学出版社，2016.

[44] 张岩松，等.社会养老服务体系建设研究［M］. 大连：东北财经大学出版社，2016.

[45] 陈志峰，刘俊秋，王晨昊.智慧养老探索与实践［M］. 北京：人民邮电出版社，2016.

[46] 朱海龙.智慧养老：中国老年照护模式的革新与思考［J］. 湖南师范大学社会科学学报，2016，45（3）：68-73.

[47] 荆爱珍，侯雨，齐彩虹.基于大数据技术的医养结合养老模式研究［J］. 湖北科技学院学报，2016，36（10）：19-21；26.

[48] 李长远."互联网 +"在社区居家养老服务中应用的问题及对策［J］. 北京邮电大学学报（社会科学版），2016，18（5）：67-73.

[49] 徐娟芳.可穿戴设备在居家养老服务中的设计策略［J］. 包装工程，2016，37（12）：125-128.

[50] 张岩松.养老服务业发展与个案研究［M］. 北京：清华大学出版社，2015.

[51] 张玉琼.构建失能老年人的智慧养老服务平台——以社会网络为视角［J］. 老龄科学研究，2015，3（6）：48-57.

[52] 张亭，薛伟莲.基于云计算的居家养老模型研究［J］. 中国管理信息化，2013，16（14）：96-98.

[53] 顾泳峰，周应龙.养老服务业：数字化转型势在必行［J］. 上海信息化，2021（5）：22-25.

索引